양육자와 상담자를 위한 안내서

아동·청소년을 위한

경험중심 사회기술훈련 1

일상생활·학교생활을 돕는 적응 기술

채수정 · 김주경 · 김유나 · 국주리 · 박꽃초롱 · 곽다미 · 임승비 공저

학지사

추천사

아이들의 사회적 적응행동 문제는 부모와 선생님 그리고 임상 전문가들이 자주 마주하는 복잡하고 중요한 도전과제이다. 『아동·청소년을 위한 경험중심 사회기술훈련』은 이러한 문제를 해결하기 위한 매우 구체적인 지침을 제공하는 책으로 아이들의 사회적 기술과 적응 능력을 향상시키는 데 중점을 두고, 기존의 전통적인 행동치료를 넘어서는 경험중심의 사회기술훈련을 통해 아이들이 건강한 적응 능력을 기를 수 있는 프로그램을 소개하고 있다.

이 책은 정신건강사회복지사, 미술치료사, 소아정신과 연구원, 인지치료사, 놀이치료사 등 다양한 전문가들의 실제 경험과 지식을 기반으로 구성되어 있으며, 책에서 제시하는 각 영역별 프로그램들은 이론적인 기반뿐 아니라 실제 현장에서의 경험과 전문지식을 토대로 만들어졌다. 이 책에 참여한 여러 전문가의 이러한 다양한 직역은 이 책이 아이들의 적응행동 문제를 다루는 데 있어 폭넓고 심도 있는 통찰을 제시하며 이 책을 활용할 많은 부모님과 치료사를 포함한 읽는 이에게 보다 현실적인 해결책을 제공한다.

『아동·청소년을 위한 경험중심 사회기술훈련』은 아이들이 다른 사람들과 효과적으로 의사소통하고 관계 맺는 방법을 단계적으로 배울 수 있도록 다양한 방법을 소개하고 있다. 이 책은 활동지, 롤플레잉, 협력 게임 등 다양한 활동을 통해 아이들이 자연스럽게 사회 기술을 습득하도록 도와준다. 또한 이 책의 경험중심적 접근은 아이들이 실제로 현장에 나가 지역사회의 다양한 시설을 이용하고 이를 통해 상호작용을 연습하며 자연스럽게 사회 기술을 습득할 수 있도록 도와준다. 이 과정을 통해 아이들은 단계적으로 적응행동을 배우고, 사회적 상황에서 자신감을 키우게 되며, 이는 장기적으로 아이들이 더욱 건강하고 성숙하게 성장할 수 있는 기반이 될 것이다.

『아동·청소년을 위한 경험중심 사회기술훈련』은 부모, 선생님, 임상가, 교육 전문가 등 아이들과 직접적으로 상호작용하는 다양한 사람들이 교실, 가정, 상담실 등 아이들과 함께하는 모든 곳에서 실질적인 도움과 영감을 얻을 수 있을 것이다. 이 책이 아이들의 밝은 미래를 위해 필수적인 안내서가 되기를 바란다.

서울대학교의과대학 소아청소년정신과 교수 김붕년

추천사

우리 아이의 행복한 학교생활을 위하여

아이의 초등학교 입학식 전날이나 첫 학기 개학 전날, 아이는 물론이고 부모도 떨리고 설레었던 경험이 있을 것이다.

다행히 아이가 친구도 잘 사귀고 수업 과정을 잘 따라간다면 걱정이 없지만 그렇지 않을 경우 아이를 학교에 보내 놓고 부모는 늘 노심초사하기 마련이다. 특히 산만하고 과잉행동이 있는 경우, 위축되어 자기표현을 못하는 경우, 사회적 눈치가 떨어져 따돌림이나 괴롭힘을 당한 경험을 가진 아동·청소년의 부모님들이 그러할 것이다.

또한 이런 적응의 어려움을 겪는 아동·청소년을 지도하는 교사나 상담교사들도 아이들을 어떻게 도와주어야 할지 고민이 많을 것이다. 이런 고민의 해결책으로『아동·청소년을 위한 경험중심 사회기술훈련』을 자신 있게 추천하고자 한다.

추천하는 이유는,

첫째, 오랜 기간 현장에서 사회기술훈련을 이끌었던 치료자들이 자신들의 진행 경험을 이 책에서 구체적으로 기술하여 아동·청소년 프로그램 진행 경험이 많지 않은 초심 치료자들에게 훌륭한 매뉴얼 역할을 할 것으로 기대하기 때문이다.

둘째, 특히 이 책 후반부에 있는 학부모 총회나 학교 상담 요령, 학교폭력 대처 가이드는 적응이 어려운 아이들로 인해 마음 고생이 많았던 부모들에게 현실적인 팁을 제공함으로써 부모의 불안을 감소시키고, 나아가 아이들의 적응능력 회복에 도움을 줄 것을 믿어 의심치 않기 때문이다.

아이의 뇌가 완성되는 10대 후반까지의 '결정적 시기'에 유전적 요소 외에 어떤 환경에서 어떤 경험을 하느냐에 따라 다양한 능력과 인격을 가지고 성인 시기를 살아가게 된다. 이 중요한 시기에 조금 산만하고 자기중심적이고 눈치가 부족한 아이들이라 하더라도 긍정적인 경험과 훈련을 통해 아이들의 무궁무진한 가능성을 끌어낼 수 있는 것이다. 이 책이 그 과정의 나침반이 되어 주길 기대한다.

화인정신건강의학과 원장 소아청소년정신과 전문의 이은정

차례

• 2부 학교생활을 돕는 적응 기술 •

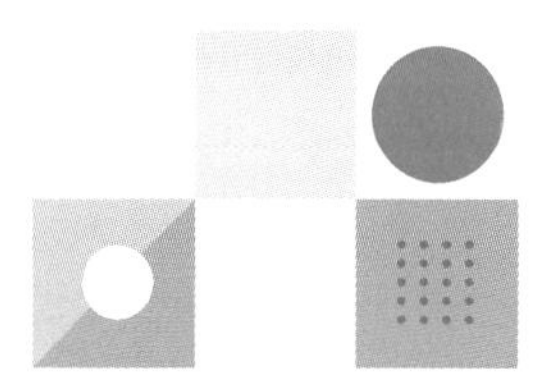

1부
일상생활을 돕는 적응 기술

서론

1부 일상생활을 돕는 적응 기술

'적응'이란 환경과의 조화로운 관계를 의미하며, 그러한 조화를 위해 개인에게 요구되는 '적응행동'은 자기조절과 의사소통을 비롯한 관계 기술, 문제 해결 능력 등 다양한 기술의 집합을 의미한다.

그리고 아동·청소년기는 신체, 인지, 정서, 사회적 측면에서 빠르게 성장하며 큰 변화를 경험하게 되는 시기로, 이러한 발달적 변화에 대한 적응은 중요한 과업이 된다. 특히 청소년기는 사회적·환경적 요인에 민감하게 반응하고 자아 정체성을 형성하는 중요한 시기로, 적응행동을 습득하고 성공적으로 적응하는 것은 한 개인의 전반적인 발달과 성취에 있어 중요한 핵심요인이 될 수 있다.

적응의 과정에서 중요한 키워드는 '나'와 '환경'이며, 환경은 물리적인 환경이나 상황뿐 아니라 인적환경 및 관계를 포괄하고 개인의 위치와 특성에 따른 여러 사회적 장을 의미한다. 이 책에서는 아동·청소년기에 중요한 환경이 되는 또래 관계 및 학교생활 장면에서 요구되는 다양한 적응 기술을 소개하고 이를 학습하고 훈련할 수 있도록 방법을 제시하며, 1장에서는 그 기반이 되는 자기 인식과 자기 관리, 자기 통제에 대해 다룰 것이다.

나를 이해함으로써 다름을 이해하고 마찬가지로 다른 사람을 이해할 수 있으며, 나를 둘러싼 관계와 환경 안에 존재하는 나에 대한 인식을 통해 그러한 환경을 이해할 수 있다. 나의 욕구와 감정을 이해함으로써 다른 사람의 욕구를 존중하고 감정을 이해할 수 있으며, 자신을 관리하고 조절하고 통제하는 능력은 다양한 사회적 요구 안에서 조화롭고 건강하게 자신을 드러내는 동시에 일치시키는 기본적인 능력이 된다.

집단은 사회의 축소판으로 더욱 실제적이며, 제시하는 활동을 집단에 적용함으로써 개인적인 관심과 생각, 감정을 공유하는 과정에서 공통성을 발견하고 경험하는 동시에 나와 다른 관점을 통해 사회적 이해를 위한 다양한 자원을 얻을 수 있다. 또한 개별적인 접근에서는 진행자가 그러한 역할을 대신하는 동시에, 자신의 행동패턴을 인식하고 이를 보다 적응적으로 수정 및 적용함으로써 성공적인 학습을 도울 수 있을 것이다.

01. 자기 인식

자신을 더 잘 이해하고 인지하도록 도움으로써 자신을 수용하고 타인과의 관계에서 자신의 역할을 이해하며, 자아개념의 형성과 개인적 성장을 촉진한다.

- 나 이해하기
- 나의 소속과 역할 알기
- 나의 선호 알기
- 나의 능력과 한계
- 나의 강점과 약점
- 나의 이미지 알기
- 나의 역사 알기

02. 자기 관리

일상생활을 체계적으로 조절하고 유지하는데 필요한 실용적인 기술을 제공하며, 이를 통해 자신에 대한 책임감과 자립심을 발전시킨다.

- 나의 신체적 특징과 사이즈 알기
- 나의 신체 관리하기
- 일정 관리
- 공간 관리
- 용돈 관리

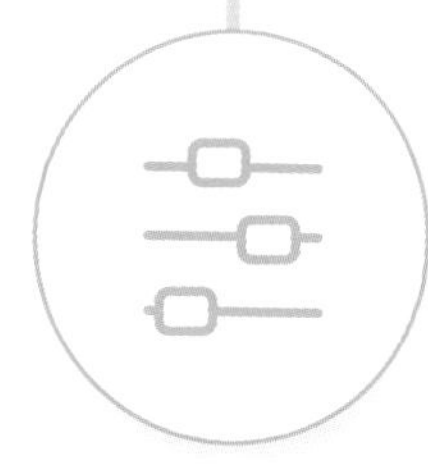

03. 자기 통제

감정과 행동을 효과적으로 관리하고 조절하며 자기조절능력을 향상시키고, 심리적 안정과 적절한 대처 및 긍정적인 적응행동을 돕는다.

- 감정 인식하기
- 부정적 감정 관리하기
- 스트레스 관리하기
- 충동성 다루기

1장 자기 인식

1. 나 이해하기
2. 나의 소속과 역할 알기
3. 나의 선호 알기
4. 나의 능력과 한계
5. 나의 강점과 약점
6. 나의 이미지 알기
7. 나의 역사 알기

1. 나 이해하기

목표

(1) 나에 대한 정보를 알고 나를 이해할 수 있다.

(2) 상황과 대상을 고려하여 적절히 자신을 소개할 수 있다.

활동내용

◆ 나를 소개해요 (1)

(1) 이번 활동에 앞서 흥미 유발을 위한 <아이엠그라운드> 게임을 실시한다.

(2) 게임 후 자기소개하는 상황과 경험을 생각하고, 상황에서의 기분, 자신의 모습과 자기소개 시 주로 포함되는 내용을 이야기한다.

(3) 첫 만남에서 이야기하면 상대가 부담스러울 수 있는 정보가 있음을 알려 주고 그러한 정보는 무엇이 있을지 함께 생각한다.

(4) 현재 기분이 어떤지 이야기한다(낯설고 긴장된 감정을 말로 표현한다).

(5) 자기소개할 때 어떤 정보들을 말하는지 이야기한다.

예) 이름, 학년, 사는 지역, 좋아하는 것, 싫어하는 것 등

(6) 자기소개에 앞서 개인정보에 대한 한계를 정하고 발표 시, 주의해야 하는 점들을 설명한다.

예) 상대에게 개인정보를 말하거나 물어보지 않기, 지나치게 많은 정보를 공유하지 않기, 정해진 시간(1분) 내에 자기소개 마무리하기, 끼어들지 않기 등

(7) 활동지를 작성 후, 작성한 활동지를 발표한다.

(8) 발표가 끝나면, 자기소개 활동지를 가지고 퀴즈를 진행한다.
예) 'OO의 장래희망은?' 'OO가 가장 좋아하는 음식은?'

(9) 활동을 정리하며 소감을 나누고, 다음 시간을 소개하며 마무리한다.

◆ 나를 소개해요 (2)

(1) 자기소개하는 상황과 경험을 생각하고, 상황에서의 기분, 자신의 모습과 자기소개 시 주로 포함되는 내용을 이야기한다.

(2) 첫 만남에서 이야기하면 상대가 부담스러울 수 있는 정보가 있음을 알려 주고 그러한 정보는 무엇이 있을지 함께 생각한다.

(3) 현재 기분이 어떤지 이야기한다(낯설고 긴장된 감정을 말로 표현한다).

(4) 활동지를 작성한다.

(5) 작성한 활동지를 소개 상자에 넣는다.

(6) 진행자는 자기소개 활동지를 무작위로 뽑고, 퀴즈 형식으로 진행한다. 이때, 1차에 3가지 정보 공개, 2차에 2가지 더 추가 공개 등으로 진행할 수 있다.

예) 나는 소개 상자에서 자기소개 활동지를 무작위로 뽑은 후, 3가지 정보를 먼저 공개한다. 예를 들어, '이 친구는 강아지를 좋아하고, 두 번째로 태권도 유단자이고, 세 번째로 먹방을 한 적이 있다. 이 친구는 누구일까요?' 라고 질문을 던진다.

(7) 활동지의 주인공이 이름과 학년을 소개한다.

(8) 소감을 나눈다(어색하고 낯선 감정이 어떻게 변화했는지 이야기한다).

(9) 활동을 정리하고 다음 시간을 소개하며 마무리한다.

활동 TIP

- 자신을 표현할 수 있는 별명이나 동물, 이미지를 이야기한다.
- 자기소개 진행 시, 진행자가 먼저 역할을 시연하며 활동을 구조화한다.
- 집단 퀴즈 진행 시, 정답을 맞힐 기회를 한 문제당, 한 번으로 구조화한다.
- 활동지의 주인공을 찾는 퀴즈를 낼 때 질문의 개수(예: 3개)를 구조화한다.
- [나를 소개해요] 주어진 질문이 없으므로 워크시트에 작성할 예시를 들어준다.
- [나를 소개해요] 육안으로 확인이 가능한 내용을 장난스럽게 쓰지 않도록 주의한다.

  예) 한 가지 주제로 10가지 항목을 모두 채우지 않기 등
- [나를 소개해요] 자신의 활동지는 맞추지 않도록 한다.
- 개별로 진행 시, 나에 대한 진실/거짓 맞추기, 상대에 대한 진실게임을 진행할 수 있다.

나를 소개해요

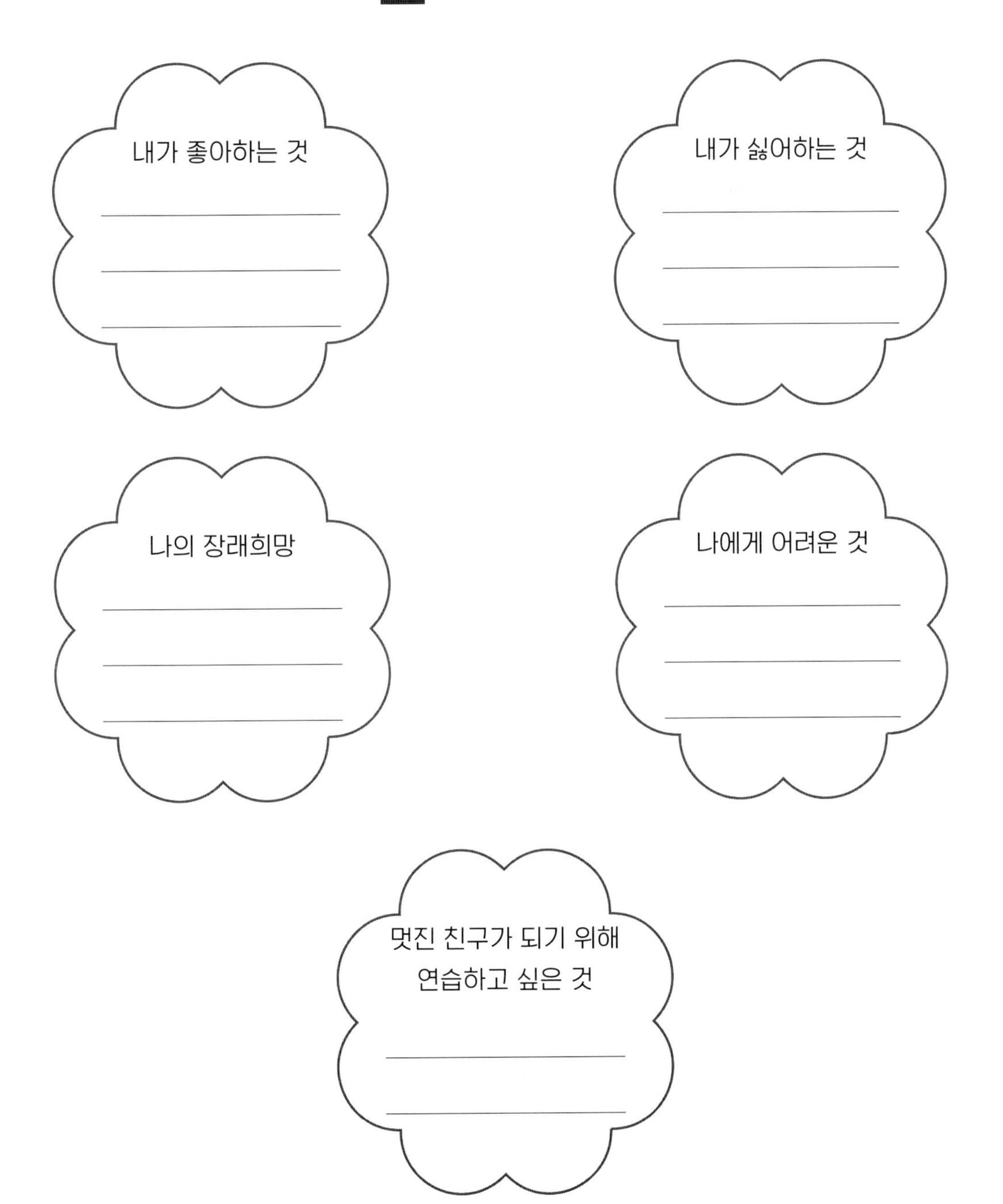

나를 소개해요 (2)

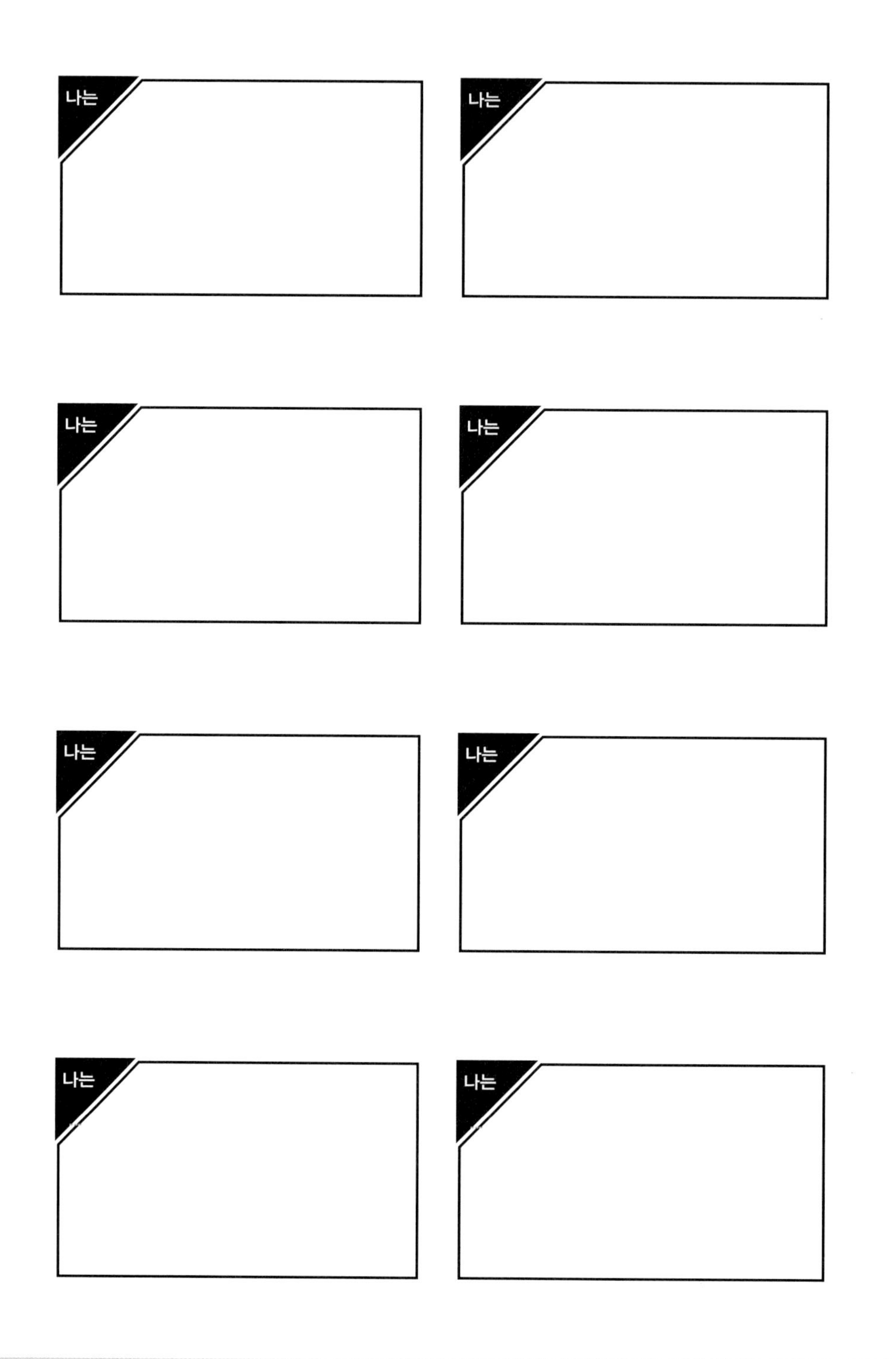

2. 나의 소속과 역할 알기

목표

(1) 나의 소속과 요구되는 역할을 알 수 있다.

(2) 관계 및 상황에 따라 구분되는 역할 태도를 가질 수 있다.

활동내용

(1) 내가 어디에 소속되어 있는지 생각하고 자유롭게 이야기한다.

(2) 내가 속한 다양한 환경 안에서 만나는 사람들을 알아본다.

(3) 환경에 따라 달라지는 나의 역할을 알아본다.

예) 학교 - 반장, 체육 부장, OO의 짝꿍, 3조 조원

예) 학원 - OO 선생님의 제자, 영어 반장

(4) 나의 역할 중 가장 좋아하는 역할과 가장 어려운 역할은 무엇인지, 내가 하고 싶은 역할이 있는지 그리고 그 역할을 하려면 어떤 노력이 필요한지 등을 함께 생각한다.

(5) 지금 속한 환경이 아닌 속하고 싶은 환경이 있는지도 생각한다.

(6) 활동지를 작성 후, 발표한다.

(7) 활동을 정리하며 소감을 나누고, 다음 시간을 소개하며 마무리한다.

활동 TIP

- 활동지 작성 전, 주변에서 만날 수 있는 사람들이 누가 있는지 충분히 생각하고 말할 수 있도록 한다.
- 진행자는 집단원이 실제로 만날 수 있는 대상을 선정하여 탐색할 수 있도록 한다.
- 진행자는 주변에서 만날 수 있는 다양한 구성원들의 예시를 설명해 주고, 직접 보거나 경험한 것들을 구체적으로 제시할 수 있도록 한다.
- 활동 시, 내가 하고 싶은 역할을 하기 위해서 노력할 수 있는 것들의 구체적인 예시를 제시할 수 있다.

  예) 학교 반장 - 친구들의 이야기에 경청하기, 배려하기 등

나의 소속과 역할 알기

내가 가장 하고 싶은 역할은?

가장 어렵게 느껴지는 역할은?

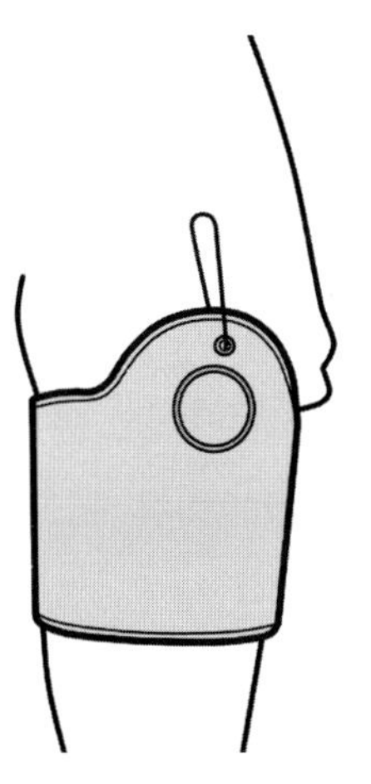

역할을 갖기 위해
내가 노력해야 할 것은?

원하는 역할을 맡은 뒤
변화된 나의 모습은?

3. 나의 선호 알기

목표

(1) 내가 좋아하는 것과 싫어하는 것을 알고 설명할 수 있다.

(2) 서로 다를 수 있는 선호를 이해하고 존중할 수 있다.

활동내용

◆ 내가 좋아하는 것, 싫어하는 것

(1) 나의 선호와 불호를 아는 것이 왜 필요한지 이야기한다.

(2) 그룹원들과 함께 간단한 밸런스 게임을 진행한다(진행자가 두 가지 옵션을 제시하고 참여자들이 자신이 더 선호하는 것을 선택해 외치는 활동).

(3) 활동지에 자신이 좋아하는 것과 싫어하는 것을 작성한다.

(4) 작성한 활동지의 내용을 발표하며 그룹원들이 좋아하는 것과 싫어하는 것을 확인한다.

(5) 활동을 정리하며 소감을 나누고, 다음 시간을 소개하며 마무리한다.

◆ 좋아요, 싫어요 피드 꾸미기

(1) 나의 선호와 불호를 아는 것이 왜 필요한지 이야기한다.

(2) 그룹원들과 함께 간단한 밸런스 게임을 진행한다(진행자가 두 가지 옵션을 제시하고 참여자들이 자신이 더 선호하는 것을 선택해 외치는 활동).

(3) 자신이 좋아하는 것과 싫어하는 것을 주제로 SNS 게시물을 만드는 활동지를 진행한다. 좋아하는 것 혹은 싫어하는 것을 그림으로 표현하고 자신만의 해시태그를 달아 표현할 수 있도록 한다.

(4) 작성한 활동지의 내용을 발표하고, 그룹원들과 서로의 선호와 불호를 이야기하며 각자가 다른 선호도와 이유가 있음을 알아보고 다른 사람의 선호와 불호를 알고 존중하는 것이 관계를 맺을 때 중요한 부분임을 다룬다.

(5) 활동을 정리하며 소감을 나누고, 다음 시간을 소개하며 마무리한다.

활동 TIP

- 밸런스 게임 진행 시, 음식, 운동, 게임, 과목, 캐릭터 등 다양한 카테고리를 활용한다.
- 밸런스 게임 진행 시, 기본적인 규칙을 정해 구조화하여 진행할 수 있도록 한다.
  (정해진 때에 동시에 외치기, 한 번만 이야기하기, 주어진 선택지에서 조금 더 선호하는 것 선택해 보기 등)
- 다른 친구 발표 시, 끼어들지 않도록 구조화한다.

내가 좋아하는 것, 내가 싫어하는 것

내가 좋아하는 것

내가 싫어하는 것

좋아요, 싫어요 피드 꾸미기

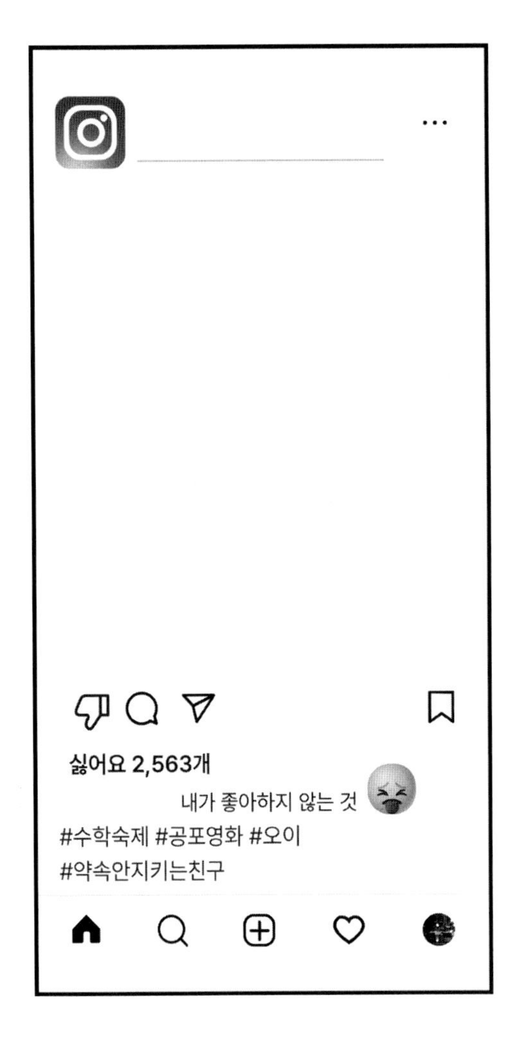

4. 나의 능력과 한계

목표

(1) 내가 할 수 있는 것과 없는 것이 무엇인지 알 수 있다.

(2) 내가 할 수 있다고 해서 모든 것을 선택할 수는 없음을 배울 수 있다.

- 선택에 따른 결과를 스스로 책임져야 한다는 것을 알려 주기

(3) 내가 할 수 없는 것에 관한 결과를 수용하는 방법을 배울 수 있다.

활동내용

◆ 내가 할 수 있는 것 / 없는 것

(1) 내가 할 수 있는 것과 할 수 없는 것을 이야기한다.

(2) 내가 한계라고 생각했으나 성공한 경험과 내가 할 수 있다고 생각했으나 한계를 느껴본 경험을 생각한다.

(3) 내가 할 수 없는 것을 받아들이는 방법에는 무엇이 있는지 이야기한다.

(4) 활동지를 작성 후 발표한다.

(5) 활동을 정리하며 소감을 나누고, 다음 시간을 소개하며 마무리한다.

◆ 암호를 찾아라!

* 준비물: 버저 버튼(종), 테이블

(1) 내가 할 수 있는 것과 할 수 없는 것을 이야기한다.

(2) 활동지에 제시된 낱말 암호를 풀어 정답을 작성한다.

(3) 제시된 암호를 사용하여 내가 할 수 있는 것과 할 수 없는 것을 작성한다.

(4) 그룹원들과 서로 활동지를 나눈 뒤 암호를 풀어 본다.

(5) 가장 먼저 암호를 푼 사람이 버저 버튼을 누른다.

(6) 활동을 정리하며 소감을 나누고, 다음 시간을 소개하며 마무리한다.

◆ 내 능력의 가방

(1) 내가 잘 할 수 있는 것과 부족하여 향상할 필요가 있는 것에는 무엇이 있는지 생각한다.

(2) 가방(활동지) 안에 나열된 단어들을 천천히 살펴본다.

(3) 내가 가진 능력과 향상해야 하는 능력을 각각 다른 색깔로 표시한다.

(4) 내가 갖고 싶은 능력에는 무엇이 있는지, 내가 가진 가장 강력한 능력은 무엇인지 이야기한다.

(5) 활동지를 작성한 후, 돌아가며 발표한다.

(6) 활동을 정리하며 소감을 나누고, 다음 시간을 소개하며 마무리한다.

활동 TIP

- 활동의 목적은 할 수 없는 것을 무조건 하지 않도록 하는 것이 아님을 설명한다.
- 할 수 없는 것을 받아들일 수 있는 상황의 구체적인 예시를 제시한다.
- 집단원의 특성에 따라 다양하게 질문을 만들어 이야기할 수 있다.

내가 할 수 있는 것 / 없는 것

? 내가 할 수 있는 것과 없는 것은 무엇일까요?

① 운동화 끈 혼자 묶기 .... (O/×)

② 혼자 캔따기 .... (O/×)

③ 줄넘기 100번 한 번에 하기 .... (O/×)

④ 혼자 숙제하기 .... (O/×)

⑤ 혼자 음식점 가서 밥 먹기 .... (O/×)

⑥ 혼자 분리수거하러 가기 .... (O/×)

⑦ ______________________________ (O/×)

⑧ ______________________________ (O/×)

⑨ ______________________________ (O/×)

- 내가 할 수 없는 것을 받아들이는 방법에는 무엇이 있을까요?

암호를 찾아라!

ⓘ 나만의 암호를 만들어 보세요.

ㄱ	ㄴ	ㄷ	ㄹ	ㅁ	ㅂ
⊙	△	⌂	♡	☆	※

ㅅ	ㅇ	ㅈ	ㅊ	ㅋ	ㅌ
⊣	ꟼ	∂	∞	⬡	▽

ㅍ	ㅎ	ㅏ	ㅑ	ㅓ	ㅕ
⊳̈	ŕ	◐	⌇	ʃ	⏣

ㅗ	ㅛ	ㅜ	ㅠ	ㅡ	ㅣ
⏣	⧖	Φ	▷	⍓	≙

예시) ꟼ⧖♡≙ŕ◐⊙≙ 요리하기

내가 할 수 있는 것	
내가 할 수 없는 것	

내 능력의 가방

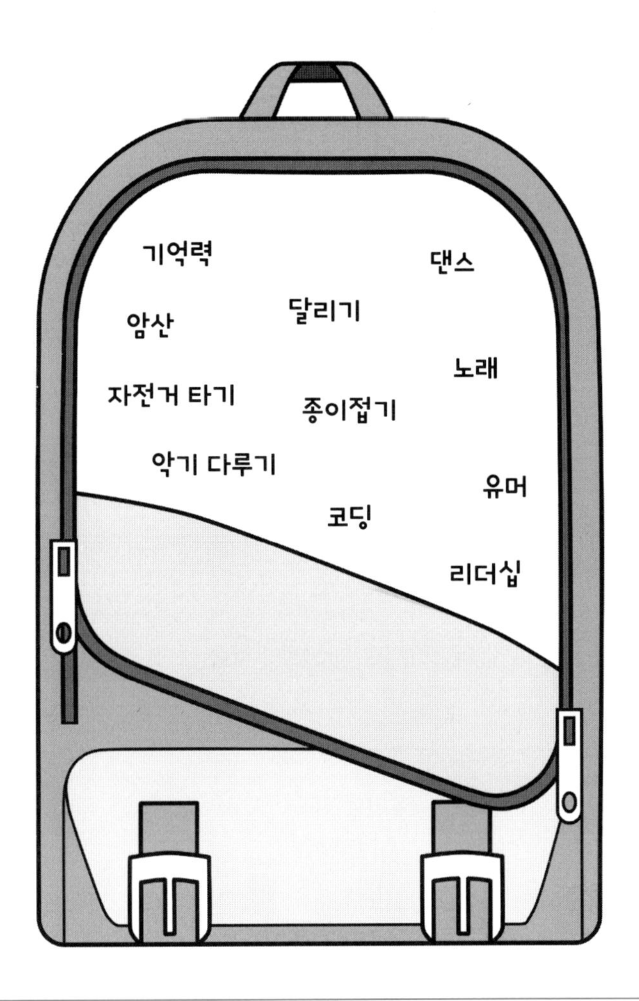

• 내가 갖고 싶은 능력은 무엇인가요?

• 나의 가장 강력한 능력은 무엇인가요?

5. 나의 강점과 약점

목표

(1) 긍정적인 관점에서 나를 바라보고 강점을 찾을 수 있다.

(2) 강점과 약점을 이해하고 약점을 보완하는 방법을 생각할 수 있다.

활동내용

◆ 퍼즐 캐릭터 만들기

(1) 강점과 약점이 무엇을 의미하는지, 어떤 특성들이 강점과 약점이 될 수 있을지 이야기한다.

(2) 약점이라고 느끼게 된 경험을 이야기하고, 보완하기 위해 어떠한 노력이 필요한지 이야기한다.

(3) 퍼즐 조각을 잘라 예시 이미지처럼 자신만의 퍼즐 캐릭터를 만든다.

강점 : 재미있다, 사람들을 잘 웃긴다.

약점 : 진지한 상황, 조용한 상황에서 힘들다, 엉뚱한 행동을 한다.

(4) 자신의 퍼즐 캐릭터와 캐릭터가 가진 강점과 약점을 발표한다.

(5) 활동을 정리하며 소감을 나누고, 다음 시간을 소개하며 마무리한다.

◆ 나의 강점들

(1) 강점과 약점이 무엇을 의미하는지, 어떤 특성들이 강점과 약점이 될 수 있을지 이야기한다.

(2) 약점이라고 느끼게 된 경험을 생각하고, 보완하기 위해 어떠한 노력이 필요한지 이야기한다.

(3) 자신의 강점을 신체적, 성격적, 관계적 부분에서 생각하고 개선하고 싶은 부분도 고민하며 활동지를 작성한다.

(4) 각자 작성한 내용을 발표하고 그룹원들은 각자가 이야기한 강점 외에 다른 좋은 점이 있다면 이야기한다.

(5) 활동을 정리하며 소감을 나누고, 다음 시간을 소개하며 마무리한다.

◆ 다른 사람이 들려주는 나의 좋은 점

(1) 〈아이엠그라운드〉 게임에서 자기소개 단어 부분에 자신의 강점을 생각해 이야기할 수 있도록 한 뒤 간단하게 게임을 진행한다.

(2) 스스로 생각하는 장점과 더불어 친구, 부모님, 선생님 등 다른 사람들에게 들었던 자신의 강점을 생각하며 활동지를 작성한다.

(3) 각자 작성한 내용을 발표하며 가장 마음에 드는 자신의 강점은 무엇인지도 함께 이야기한다.

(4) 활동을 정리하며 소감을 나누고, 다음 시간을 소개하며 마무리한다.

활동 TIP

- 도입부에서 강점과 약점이 능력의 한계를 의미하는 것이 아님을 다룬다.
- 자신의 강점과 약점을 신체적, 성격적, 관계적 특성 등 폭넓은 범주 안에서 생각해 볼 수 있도록 돕는다.
- 강점과 약점은 고정된 개념은 아니며 서로 이어지는 특성일 수 있음을 알려주고 생각해 볼 수 있도록 한다.

퍼즐 캐릭터 만들기

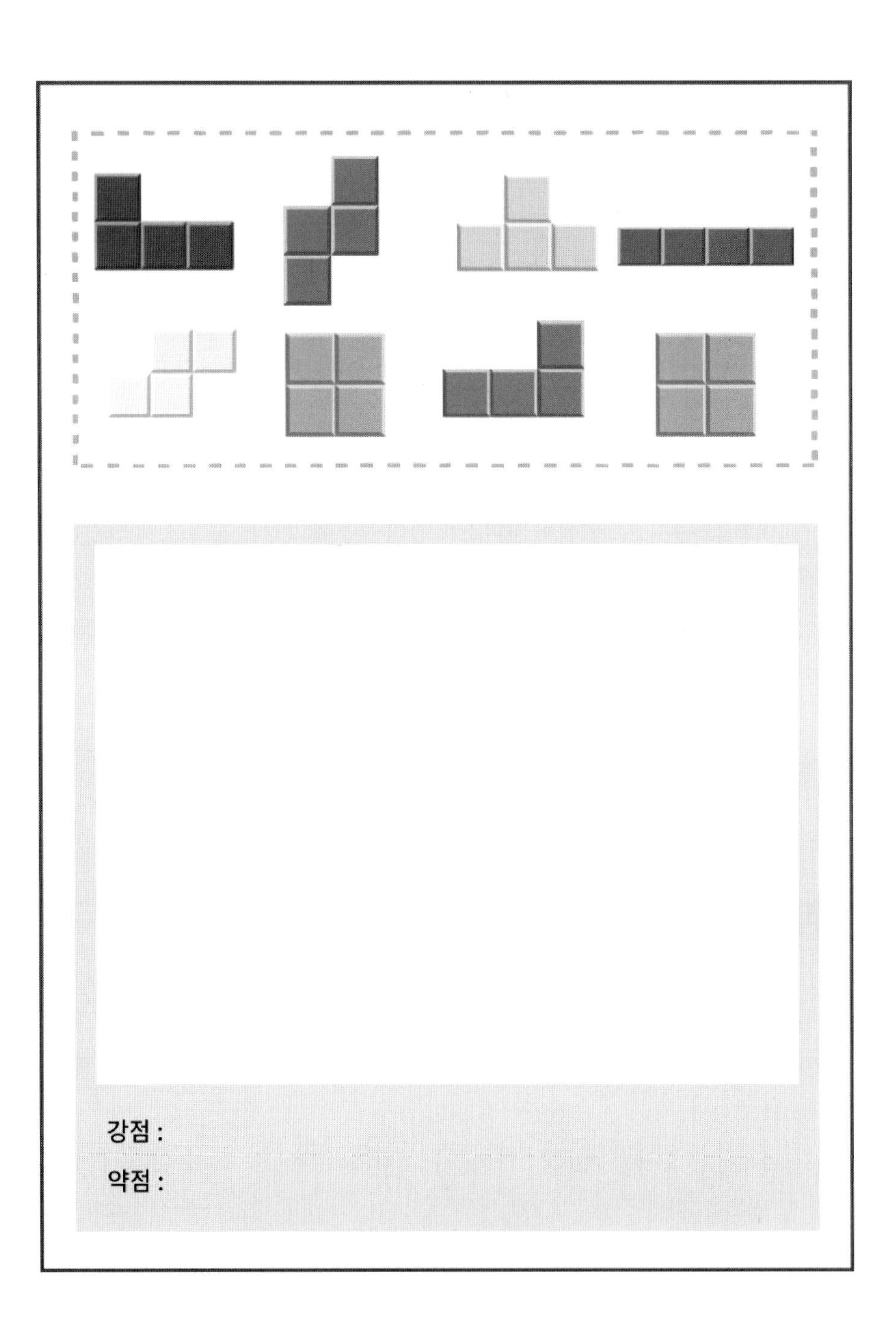

나의 강점들

ⓠ 자신의 강점을 신체적, 성격적, 관계적 부분으로 나누어 생각하고 적어 보세요.

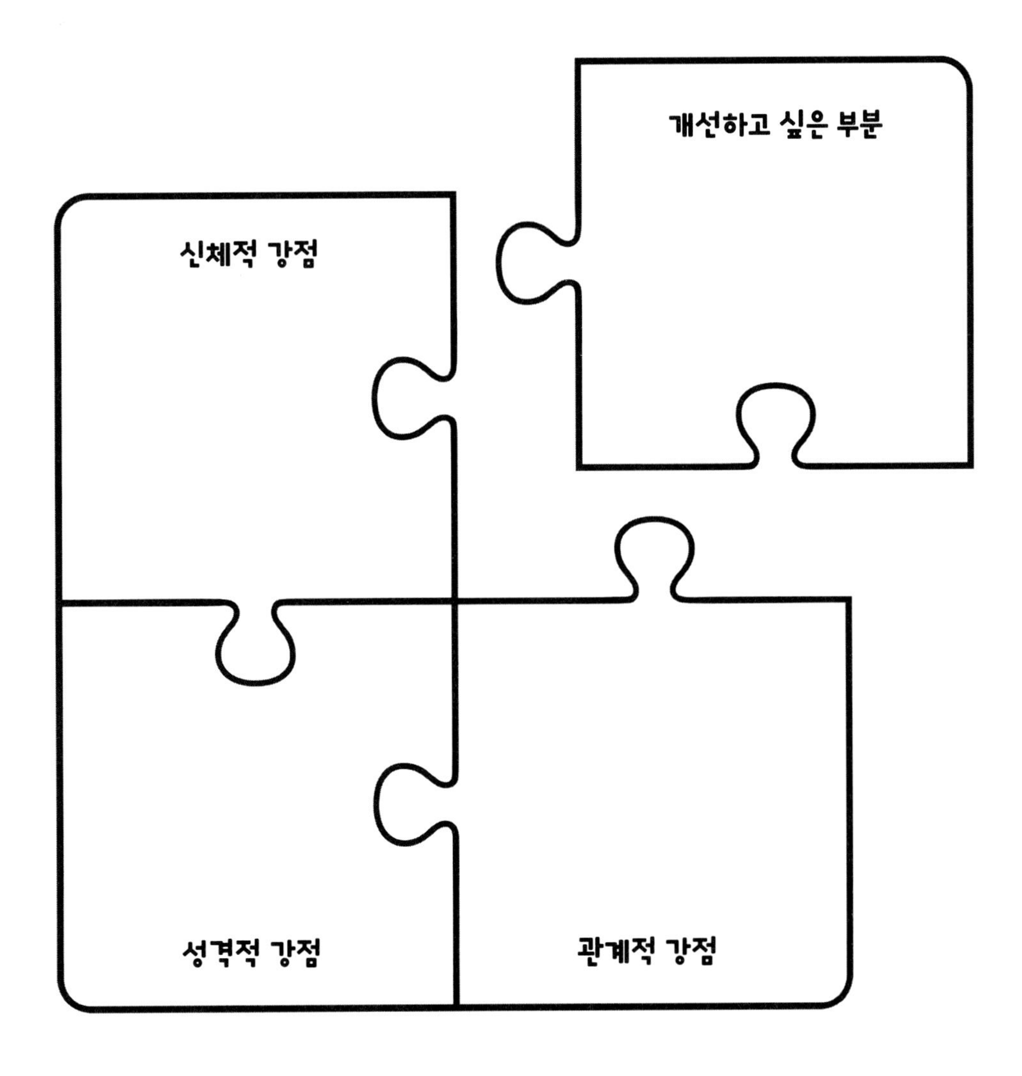

다른 사람이 들려주는 나의 좋은 점

내가 생각하는 강점

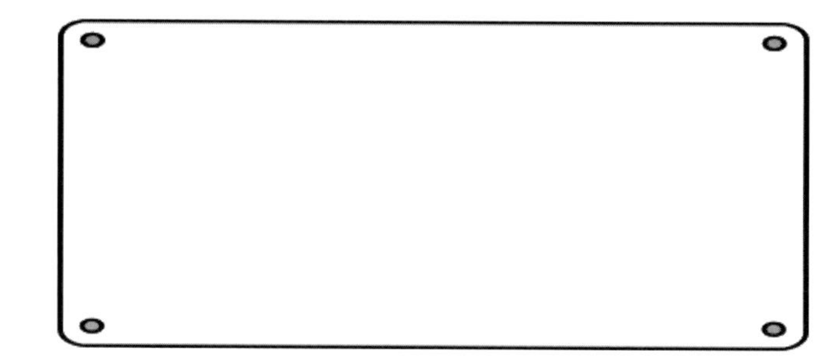

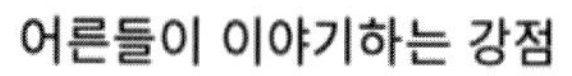
어른들이 이야기하는 강점

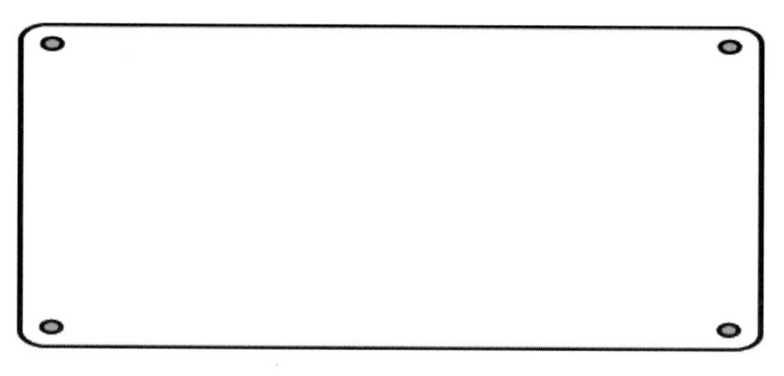

친구들이 이야기하는 강점

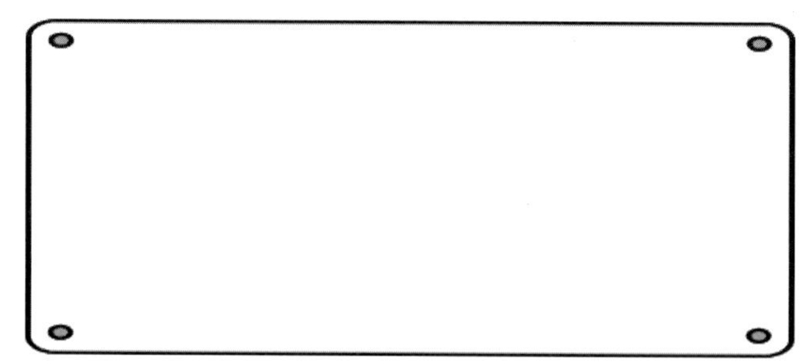

6. 나의 이미지 알기

목표

(1) 내가 보는 나의 모습과 다른 사람들이 보는 나의 모습을 파악할 수 있다.

(2) 다양한 이미지의 통합을 통해 자신을 다각도로 이해할 수 있다.

활동내용

◆ 내가 보는 나 vs 남이 보는 나(콜라주 작업)

* 준비물: 종이컵, 잡지, 가위, 풀, 그리기 도구(색연필, 사인펜 등)

(1) 나의 모습을 생각했을 때 떠오르는 이미지, 색깔, 감정이 있는지, 내가 보는 나의 모습과 남이 보는 나의 모습은 어떻게 다른지 생각한다.

(2) 내가 보는 나와 남이 보는 내가 다를 수 있고, 내가 원하는 이미지 또한 다를 수 있음을 이야기하고, 각각을 아는 것이 필요한 이유를 이야기한다.

(3) 준비된 잡지에서 내가 보는 나와 남이 보는 나의 모습을 가장 잘 표현할 수 있는 그림을 찾은 뒤 종이컵 또는 종이상자에 오려 붙인다.

- 종이컵/종이상자 안쪽(내가 보는 나), 종이컵/종이상자 바깥쪽(남이 보는 나)

(4) 내가 붙인 그림들에는 어떤 차이가 있는지 살펴보고 그룹원들에게 발표한다.

(5) 활동을 정리하며 소감을 나누고, 다음 시간을 소개하며 마무리한다.

◆ 내가 보는 나 vs 남이 보는 나(벤다이어그램)

(1) 내가 보는 나와 남이 보는 내가 다를 수 있고, 내가 원하는 이미지 또한 다를 수 있음을 이야기하고, 각각을 아는 것이 필요한 이유를 이야기한다.

(2) 나의 모습을 생각했을 때 떠오르는 이미지, 색깔, 감정이 있는지, 내가 보는 나의 모습과 남이 보는 나의 모습은 어떻게 다른지 생각한다.

(3) 활동지를 작성 후 발표한다.

- 벤다이어그램 왼쪽(내가 보는 나의 모습) / 벤다이어그램 오른쪽(남이 보는 나의 모습)
- 벤다이어그램 가운데(내가 보는 나와 남이 보는 나의 모습 중 일치하는 부분)

(4) 활동을 정리하며 소감을 나누고, 다음 시간을 소개하며 마무리한다.

활동 TIP

- 콜라주 작업 전, 가위로 장난을 치지 않도록, 다치지 않게 조심히 가위를 사용할 수 있도록 사전 구조화한다.
- 초등학생의 경우 콜라주 기법을 적극적으로 사용하여 자신에 대한 다양한 이미지를 생각하고 표현해 볼 수 있도록 한다.
- 콜라주 작업에 대한 거부 시, 예시처럼 직접 글로 써서 자신을 표현하거나, 다양한 방법을 사용할 수 있다.
- 청소년의 경우 벤다이어그램을 통해 그림을 그리거나 글씨로 자신의 이미지를 단어로 작성해 볼 수 있도록 지도할 수 있다.

내가 보는 나 vs 남이 보는 나 (콜라주 작업)

내가 보는 나 vs 남이 보는 나 (벤다이어그램)

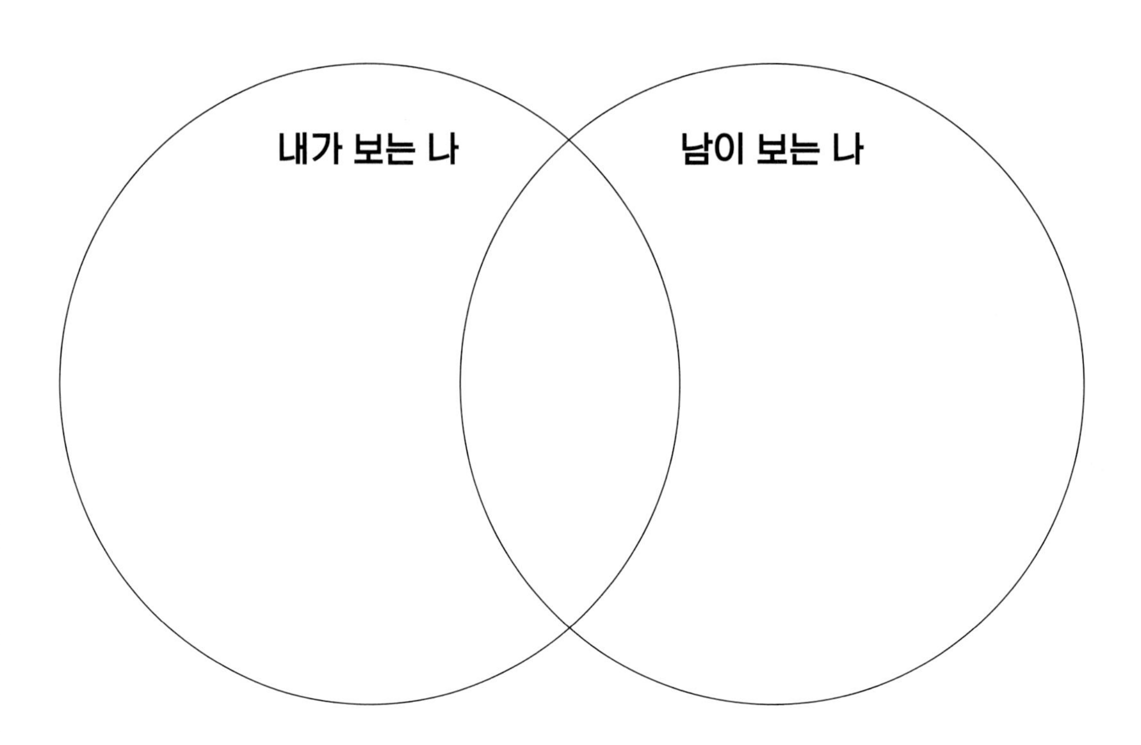

• 내가 보는 나와 남이 보는 나의 모습은 어떤가요?

• 내가 보는 나와 남이 보는 나의 모습 중 공통되는 부분이 있나요?

7. 나의 역사 알기

목표

의미 있는 인생의 시기와 사건을 탐색하고 자신에 대한 이해를 높일 수 있다.

활동내용

◆ 나의 인생 그래프

(1) 이번 활동에 앞서 인물 역사 퀴즈를 진행한다.

- 손흥민 - 이 사람은 2009년 17살에 독일 함부르크에 입단하게 됩니다. 2015년 23살에 잉글랜드 프리미어리그에 입단했으나 적응에 어려움을 겪습니다. 그러나 어려움을 극복하고 30살에 2021~2022시즌 EPL 득점왕에 오릅니다. 이 사람은 누구일까요?
- BTS - 2013년에 데뷔했으나 초반에는 큰 인기를 얻지 못하고 어려움을 겪습니다. 2015년에 첫 음악방송 1위를 차지했으며, 2020년 대한민국 최초로 빌보드 차트 핫 100 1위를 차지합니다. 2023년 멤버들 대부분이 입대해 활동이 잠정 중단된 이 그룹은 누구일까요?

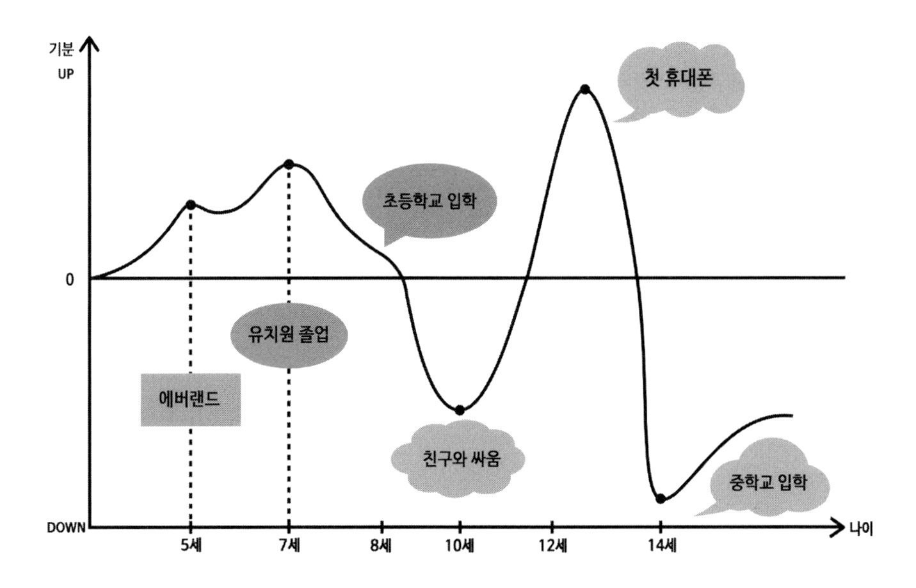

(2) 나의 역사를 알아야 하는 이유를 이야기한다.

(3) 나의 인생을 생각했을 때 떠오르는 단어나 이미지를 이야기한다.

(4) 지금까지 살아온 모습과 삶에서 기억나는 중요한 사건들을 생각한다.

(5) 인생 그래프에서 힘들었을 때와 행복했을 때 그리고 내가 힘들었을 때에서 행복했을 때로 올라간 적이 있는지 생각하고 그래프 이후 그려 보고 싶은 인생 그래프의 방향은 어떻게 되는지 작성한다.

(6) 작성한 활동지를 발표한다.

(7) 활동을 정리하며 소감을 나누고, 다음 시간을 소개하며 마무리한다.

◆ 인생 다섯 컷

(1) 나의 역사를 알아야 하는 이유를 이야기한다.

(2) 나의 인생을 생각했을 때 떠오르는 단어나 이미지를 이야기한다.

(3) 지금까지 살아온 모습과 삶에서 기억나는 중요한 사건들을 생각한다.

(4) 활동지 인생 다섯 컷을 작성 후 발표한다.

(5) 활동을 정리하며 소감을 나누고 다음 시간을 소개하며 마무리한다.

활동 TIP

- 활동지 작성 시, 구체적인 예시를 제시하여 활동에 대한 이해를 도울 수 있다.
- [나의 인생 그래프] 가장 힘들었던 경험 / 행복했던 경험이 어떤 상황이었는지, 등장하는 인물은 누구인지, 그때의 감정은 어땠는지를 질문한다.
- [인생 다섯 컷] 꼭 좋은 경험만 그리지 않아도 된다는 것을 설명하고 나의 인생에서 지우고 싶은 컷은 무엇이 있는지 질문한다.
- 자기 노출이 필요한 활동이므로 차분한 분위기에서 조용하고 진지하게 참여할 수 있도록 분위기를 조성한다.

나의 인생 그래프

- 내가 가장 힘들었던 때는 언제인가요? 그 이유는 무엇인가요?

- 내가 가장 행복했던 때는 언제인가요? 그 이유는 무엇인가요?

- 가장 힘들었던 때에서 올라가기 위해 어떤 노력을 했나요?

- 그려진 그래프 이후 그려 보고 싶은 인생 그래프의 방향은 어떻게 되나요?

인생 다섯 컷

- 내 인생 사진 중에서 가장 의미 있는 1순위는 무엇인가요?

- 미래에 그려 보고 싶은 나의 인생 컷은?

2장 자기 관리

1. 나의 신체적 특징과 사이즈 알기
2. 나의 신체 관리하기
3. 일정 관리
4. 공간 관리
5. 용돈 관리

1. 나의 신체적 특징과 사이즈 알기

목표

(1) 나의 신체 특징을 아는 과정을 통해 신체에 대한 이해도를 높일 수 있다.

(2) 나의 신체 치수와 사이즈를 파악하고 맞는 옷과 신발 사이즈를 알 수 있다.

활동내용

(1) 한 명씩 나와 진행자가 제시하는 단어를 보고 말없이 신체 동작으로 표현하는 <몸으로 말해요> 게임을 통해 흥미를 유발한다. (팀으로 나눠서도 진행 가능) 제시어는 운동, 직업, 동물 등부터 신체와 관련된 속담까지 다양하게 준비할 수 있다.

(2) 기본적으로 알아야 할 신체 특성이나 정보에 어떤 것들이 있을지 이야기하고, 자신을 어느 정도 알고 있는지 생각한다.

(3) 자신의 신체 사이즈를 확인하며 활동지를 작성한다.

(4) 키, 발 사이즈 등 민감하지 않은 부분은 친구와 공유하고 자신의 신체 발달을 객관적으로 알 수 있도록 한다.

(5) 활동을 정리하며 소감을 나누고, 다음 시간을 소개하며 마무리한다.

활동 TIP

- 초등학교 고학년, 청소년의 경우 2차 성징과 신체 변화를 다루며 자신의 신체 변화를 왜 알고 있어야 하는지 생각해 볼 수 있도록 진행한다.
  - 신체 변화에 따른 몸 관리 방법을 알고 있는지?
  - 2차 성징에 따른 남녀의 몸의 변화를 말할 수 있는지?
  - 자신의 성장이나 발달을 인식하고, 또래와의 비교를 통해 자신의 신체 발달을 객관적으로 평가해 볼 수 있는지?
- 여자 청소년의 경우 속옷 사이즈를 아는 것이 필요하나, 혼성그룹으로 진행하는 경우라면 예민한 부분이므로 주의해서 다루거나 개인적으로 확인할 수 있도록 한다.

나의 신체 사이즈 알기

키

몸무게

상의 사이즈
(아우터, 셔츠)

하의 사이즈
(바지, 치마)

신발 사이즈

2. 나의 신체 관리하기

목표

(1) 위생 관리의 중요성을 이해하고 스스로 위생관리를 할 수 있다.

(2) 계절과 상황에 맞는 옷차림을 알고 적절한 옷을 입을 수 있다.

활동내용

◆ 외모 체크하기

(1) 팀을 나누어 흥미 유발을 위한 <팀원들과 한 몸으로 말해요> 게임을 진행한다(주어진 제시어를 팀원들끼리 몸을 써 설명하고 맞추는 게임).

(2) 위생이란 무엇이며 위생관리가 필요한 부분과 이유를 이야기한다.

(3) 활동지에 그림을 보고 더 깔끔하고 단정한 외모를 갖추기 위한 조언을 적거나 그룹원들과 이야기한다.

(4) 활동을 정리하며 소감을 나누고, 다음 시간을 소개하며 마무리한다.

◆ 외모 관리 - 나의 하루 체크리스트

(1) 자기 점검이 필요한 부분과 상황(때와 장소)을 이야기한다.

(2) 자기 점검을 위한 하루 체크리스트를 확인하고 본인에게 필요한 점검 부분이 있다면 추가한다.

(3) 매일 체크리스트의 문항을 확인하여 잘 이루어졌으면 체크, 잘 되지 않은 부분은 점검하여 외모를 관리할 수 있도록 한다.

(4) 저녁에는 손톱/발톱 체크리스트도 함께 확인할 수 있도록 한다.

(5) 활동을 정리하며 소감을 나누고, 다음 시간을 소개하며 마무리한다.

◆ 계절별 옷차림 알기

(1) 계절과 상황에 맞는 옷차림이란 어떤 것인지, 그러한 옷차림을 신경 써야 하는 이유를 이야기한다.

(2) 제시된 옷들이 어떤 계절에 어울리는지 생각해 보며 표에 분류하여 작성하고 질문에 답을 해 본다.

(3) 자신의 옷차림이 계절에 적절한지 확인한다.

(4) 활동을 정리하며 소감을 나누고, 다음 시간을 소개하며 마무리한다.

◆ 코디맵 만들기

* 준비물: 잡지, 다양한 계절감이 느껴지는 옷 이미지, 가위, 풀

(1) 계절과 상황에 맞는 옷차림이란 어떤 것인지, 그러한 옷차림을 신경 써야 하는 이유를 이야기한다.

(2) 잡지 혹은 다양한 계절감이 느껴지는 옷 사진을 준비한다.

(3) 활동을 진행하는 계절 혹은 진행자가 제시하는 계절에 어울리는 자신만의 코디맵을 만들거나 마네킹 사진에 직접 옷을 입히는 콜라주 작업을 진행한다.

(4) 활동을 정리하며 소감을 나누고, 다음 시간을 소개하며 마무리한다.

활동 TIP

• 그룹 활동의 경우 어떤 옷차림이 적절한지 그룹원으로 예시를 들거나, 워크시트의 연장으로 서로 신경 쓰면 좋을 부분을 이야기할 수 있지만, 이 과정에서 외적인 부분에 대한 지적이 되지 않도록 사전 개입한다.

외모 체크하기

? 아래 친구의 모습을 보고 내가 해 줄 수 있는 말을 작성해 보세요.

" "

" "

" "

" "

" "

" "

외모 관리 - 나의 하루 체크리스트

① 아침 체크리스트

	월	화	수	목	금
이를 닦았다.					
세수를 했다(눈곱 확인).					
머리를 감았다.					
머리를 빗었다.					
속옷을 갈아입었다.					
날씨에 맞는 옷을 입었다.					
옷에서 냄새가 나지 않는다.					

② 저녁 체크리스트

	월	화	수	목	금
이를 닦았다.					
세수를 했다.					
잠옷으로 갈아입었다.					
손톱, 발톱 길이가 적당하다.					
머리를 감았다.					
샤워를 했다.					

손톱/발톱 관리 체크리스트

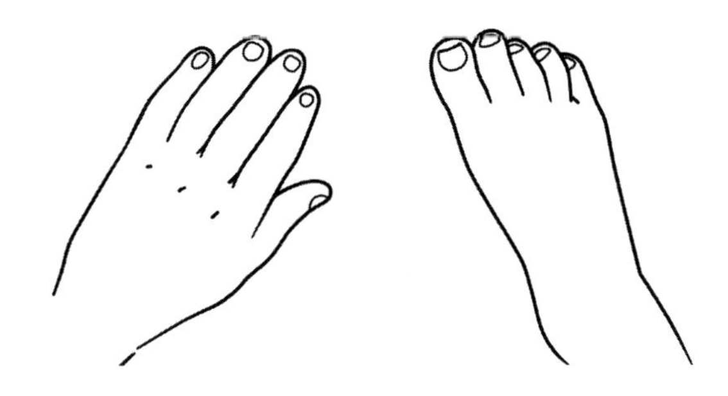

규칙 ① 손톱/발톱 길이를 적당하게 유지한다.

규칙 ② 손톱/발톱 주변에 때가 없이 깨끗하게 유지한다.

규칙 ③ 외출 후, 깨끗하지 않은 것을 만졌을 경우
손과 발을 깨끗이 씻어 청결을 유지한다.

규칙 ④ 손톱을 깨물거나 입에 넣지 않도록 주의한다.

	월	화	수	목	금
손톱 길이가 적당하다.					
손톱 주변에 때가 없다.					
손톱을 깨물지 않는다.					
발톱 길이가 적당하다.					
발톱 주변에 때가 없다.					

계절별 옷차림 알기

봄	여름
가을	겨울

• 겨울이지만 영상 10도 이상의 비교적 따뜻한 날씨일 때 입을 수 있는 겉옷은 어떤 것이 있을까?

• 여름에 교실에서 에어컨 사용 시, 오히려 추울 수 있는데 어떤 것을 가지고 체온을 유지하고 냉방병을 예방할 수 있을지 이야기해 보자.

코디맵 만들기

코디맵 만들기 (예시)	마네킹에 옷 입히기 (예시)

3. 일정 관리

목표

(1) 자신의 일과를 알고 스스로 계획하고 관리할 수 있다.

(2) 중요한 행사 및 일정을 효과적으로 기억하고 관리할 수 있다.

(3) 일반적으로 중요하게 여겨지는 기념일, 공휴일을 알 수 있다.

활동내용

◆ 나의 계획표 관리(일간, 주간, 월간)

(1) 평소 일정을 계획하고 관리하는 방식을 생각하고, 계획해야 하는 이유를 이야기한다.

(2) 시간 관리를 할 때 어려운 점과 시간 관리를 하지 못했을 때 겪게 되는 일을 이야기한다.

(3) 기억해야 할 행사나 일정(생일, 학교 행사, 가족 행사 등)에는 어떤 것이 있는지 생각하고, 활동지를 작성한다(실천 가능한 수준에서 구체적으로 계획한다).

(4) 작성한 활동지를 발표하고, 계획이 이루어지기 위해 어떠한 노력을 해야 하는지 이야기한다.

(5) 활동을 정리하며 소감을 나누고, 다음 시간을 소개하며 마무리한다.

◆ 국경일과 공휴일 알기

* 준비물: 미니칠판, 보드마카, 지우개

(1) 활동지 작성 외 개별 및 그룹 모두 <도전! 골든벨>을 진행할 수 있다.

(2) 진행자는 활동지의 내용으로 질문을 하고, 작성한다.

- 대한민국 헌법 공포를 기념하는 날은?
- 광복절은 언제일까요?

(3) 높은 점수 또는 마지막까지 남았을 경우 소정의 선물을 받는다. 개별의 경우, 정답을 맞힌 개수마다 보상을 달리하여 받는다.

(4) 활동을 정리하며 소감을 나누고, 다음 시간을 소개하며 마무리한다.

활동 TIP

- 필요한 수준에 따라 일, 주, 월 계획표를 선택하여 사용할 수 있으며, 어린 연령이라면 그림으로 작성해 볼 수 있도록 한다.
- 일정을 작성하며 가족, 학교, 학원, 개인[친구]과 관련된 일정을 구분하여 생각하고, 내가 스스로 관리할 수 있는 일정은 스스로 관리하도록 한다.
- [주간 계획표], [월간 계획표] 기념일 및 공휴일이 있다면 함께 작성할 수 있도록 한다.
- [주간 계획표] 평소의 주간 계획표로 활용할 수 있으며, 시험 기간 및 방학에 활용한다면 더욱 효율적으로 일정을 관리할 수 있다.
- [월간 계획표] 실제 달력을 활용하여 작성할 수 있고, 주간 단위 계획도 이처럼 달력을 활용할 수 있다. 스마트폰 애플리케이션 활용이 가능하다면, 애플리케이션에 일정을 등록할 수 있다.
- [국경일과 공휴일 알기] 공휴일을 알아야 일정 관리할 때 미리 계획을 세울 수 있으며, 모든 공휴일에는 의미가 있음을 알도록 한다.

일간 계획표

_______월 _______일 _______요일

오늘의 할 일	확인
■	
■	
■	
■	
■	
■	
■	

• 오늘 계획에서 가장 잘한 점은 무엇인가요?

• 오늘 계획에서 고쳐야 할 점은 무엇인가요?

주간 계획표

시간 \ 요일	월	화	수	목	금	토	일
AM 7:00~8:00							
8:00~9:00							
9:00~10:00							
10:00~11:00							
11:00~12:00							
PM 12:00~1:00							
1:00~2:00							
2:00~3:00							
3:00~4:00							
4:00~5:00							
5:00~6:00							
6:00~7:00							
7:00~8:00							
8:00~9:00							
9:00~10:00							
10:00~11:00							
11:00~12:00							
12:00~1:00							

월간 계획표

20______년 ______월

일	월	화	수	목	금	토
___	___	___	___	___	___	___
___	___	___	___	___	___	___
___	___	___	___	___	___	___
___	___	___	___	___	___	___
___	___	___	___	___	___	___

- 이번 달의 첫날은 무슨 요일인가요?

- 토요일, 일요일 외 공휴일이 있다면 어떤 의미의 공휴일인가요?

국경일과 공휴일 알기

? 올해의 국경일과 공휴일을 찾아 날짜를 작성해 보세요.

국경일	✓ 나라의 경사를 기념하기 위하여, 국가에서 법률로 정한 경축일 ✓ 대부분 공휴일로 정해져 있지만, 공휴일이 아닌 날도 있어요. ✓ 가정에서는 국기를 게양해요.	
삼일절	/	일제 강점기 때 우리 선조들이 일본에 맞서 독립을 선언하고 만세운동을 펼친 것을 기념하는 날
제헌절	/	대한민국 헌법 공포를 기념하는 날
광복절	/	우리나라가 일본으로부터 광복된 것을 기념하고, 대한민국 정부수립을 경축하는 날
개천절	/	우리 민족 최초 국가인 고조선 건국을 기념하기 위해 제정된 국경일
한글날	/	세종대왕이 훈민정음을 반포한 것을 기념하고, 한글의 연구·보급을 장려하기 위하여 정한 날
국가 기념일	✓ 각종 기념일 등에 의한 규정에 따라 정부가 제정·주관하는 기념일 ✓ 법정 기념일이라고도 해요.	
식목일	/	나무 심기를 통하여 국민의 나무 사랑 정신을 돋우고, 산지의 자원화를 위하여 제정된 날
어린이날	/	어린이의 인격을 소중히 여기고, 어린이의 행복을 도모하기 위해 제정한 기념일
어버이날	/	어버이의 은혜에 감사하고, 어른과 노인을 공경하는 경로효친의 전통적 미덕을 기리는 법정기념일
스승의 날	/	스승의 은덕에 감사하고 존경하며 추모하는 뜻으로 제정한 날
현충일	/	나라를 위해 목숨 바친 분들을 기리기 위한 날
6·25 전쟁일	/	새벽에 북한 공산군이 남북군사분계선이던 38선 전역에 걸쳐 불법 남침함으로써 일어난 한국 전쟁일
법정 공휴일	✓ 관공서의 공휴일에 관한 규정(대통령령)에 의해 공휴일이 된 날	
신정	/	양력으로 한 해의 첫 번째 날
설날	/	음력으로 새로운 한 해가 시작되는 첫날로 우리나라의 대표적인 명절
부처님 오신 날	/	부처의 딘생을 기념하는 날
추석	/	일 년 중 가장 큰 보름달이 뜨는 우리나라 최대 명절 중 하나로, 농사를 위주로 한 우리 민족은 풍작에 대한 감사의 뜻으로 차례를 지내는 날
성탄절	/	예수 그리스도의 탄생을 기념하는 날
선거일	/	대통령, 국회의원, 지방의회의원 및 지방자치단체의 장을 선거하는 날

4. 공간 관리

목표

(1) 공간의 특성과 경계를 이해하고 그에 따라 요구되는 에티켓을 알 수 있다.

(2) 개인 공간 관리의 중요성을 알고 적절하게 관리할 수 있다.

활동내용

◆ 공간에 따른 에티켓

* 준비물: 버저 버튼(종), 테이블

(1) 공간 관리의 필요성과 공용 공간에서 지켜야 하는 에티켓을 이야기한다.

(2) 내가 경험한 공용 공간에서의 불편한 점과 에티켓인지 모르고 행동한 것이 있는지, 나만의 공간을 위한 에티켓이 무엇인지 이야기한다.

(3) 진행자가 읽어 주는 활동지 내용을 듣고 버저 버튼을 먼저 누르는 친구가 정답을 말한다.

(4) X가 답인 내용은 적절한 행동이 무엇인지 이야기한다.

(5) 활동을 정리하며 소감을 나누고, 다음 시간을 소개하며 마무리한다.

◆ 나의 방 정리하기

* 준비물: 잡지, 가위, 풀

(1) 나의 방을 어떻게 관리하고 있는지 생각하고, 공간 관리의 필요성을 이야기한다.

(2) 나의 방에서 바꾸고 싶은 공간과 가장 좋아하는 공간을 이야기한다.

(3) 현재 나의 방 모습을 그리고(또는 사진 붙이기), 바꾸고 싶은 방의 모습을 잡지를 활용하여 콜라주 작업을 한다.

(4) 바꾸고 싶은 방의 모습에서 현실적으로 변화 가능한 부분과 정돈된 방의 모습을 유지하는 방법을 생각한다.

(5) 활동을 정리하며 소감을 나누고, 다음 시간을 소개하며 마무리한다.

◆ 정리 방법

(1) 내 방이나 사용하는 공간을 어떻게 관리하고 있는지 이야기한다.

(2) 공간 관리의 필요성과 공용 공간에서 지켜야 하는 에티켓을 이야기한다.

(3) 활동지에서 버려야 하는 물건과 제자리에 두어야 할 물건을 구분한다.

(4) 제자리가 어딘지 명확하지 않은 물건은 어디에 둘 수 있을지 생각한다.

(5) 정리를 마친 감정이 어떤지 생각하고 발표한다.

(6) 활동을 정리하며 소감을 나누고, 다음 시간을 소개하며 마무리한다.

◆ 나의 책상 정리하기

(1) 내 방이나 사용하는 공간을 어떻게 관리하고 있는지 이야기한다.

(2) 공간 관리의 필요성과 공용 공간에서 지켜야 하는 에티켓을 이야기한다.

(3) 평소 책상에서 무엇을 하며 가장 많은 시간을 보내는지 생각한다.

(4) 활동지에 현재 자신의 책상 모습을 그리고(또는 사진 붙이기), 질문의 답을 작성하며 평소 나의 정리 습관을 이야기한다.

(5) 정리된 책상의 모습에서 현실적으로 가능한 부분을 활동지를 보고 발표한다.

(6) 활동을 정리하며 소감을 나누고, 다음 시간을 소개하며 마무리한다.

◆ 공용 공간 체크리스트

(1) 내 방이나 사용하는 공간을 어떻게 관리하고 있는지 이야기한다.

(2) 공간 관리의 필요성과 공용 공간에서 지켜야 하는 에티켓을 이야기한다.

(3) 평소 정리 습관대로 체크하고 관리가 필요한 부분을 이야기한다.

(4) 관리가 필요한 부분을 정리하기 위해 어떻게 할 수 있을지 활동지를 작성하고 발표한다.

(5) 활동을 정리하며 소감을 나누고, 다음 시간을 소개하며 마무리한다.

활동 TIP

- 습관으로 이어질 수 있으므로 계획한 것을 직접 실천할 수 있도록 연계한다. 그러므로 실천 가능한 현실적인 관리 계획을 세울 수 있도록 한다.
- 공간의 관리는 위생뿐만 아니라, 주변 정돈은 학습하면서 시선을 뺏기지 않으며 집중할 수 있는 가장 기본적인 자세임을 알도록 한다.
- [공간에 따른 에티켓] 버저 버튼을 누를 때 흥분하여 손이 겹치거나 다치지 않도록 주의사항을 미리 전달한다.

공간에 따른 에티켓

ⓘ 여기는 우리 집입니다. 어떤 에티켓이 필요할까요? O, X로 표시해 보세요.

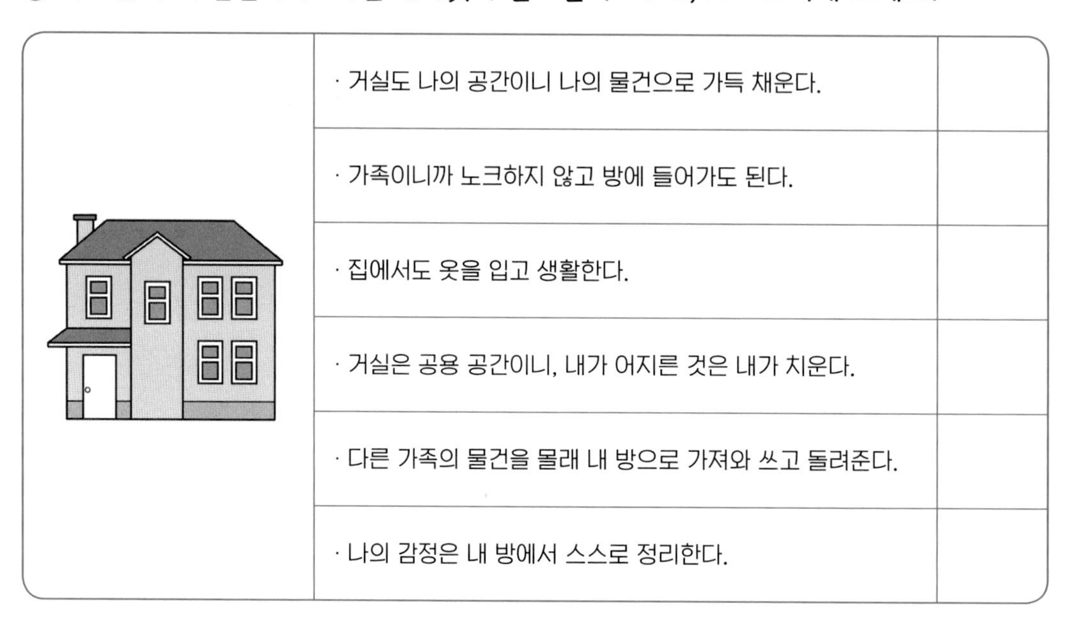

문항	O, X
· 거실도 나의 공간이니 나의 물건으로 가득 채운다.	
· 가족이니까 노크하지 않고 방에 들어가도 된다.	
· 집에서도 옷을 입고 생활한다.	
· 거실은 공용 공간이니, 내가 어지른 것은 내가 치운다.	
· 다른 가족의 물건을 몰래 내 방으로 가져와 쓰고 돌려준다.	
· 나의 감정은 내 방에서 스스로 정리한다.	

ⓘ 여기는 우리 반입니다. 어떤 에티켓이 필요할까요? O, X로 표시해 보세요.

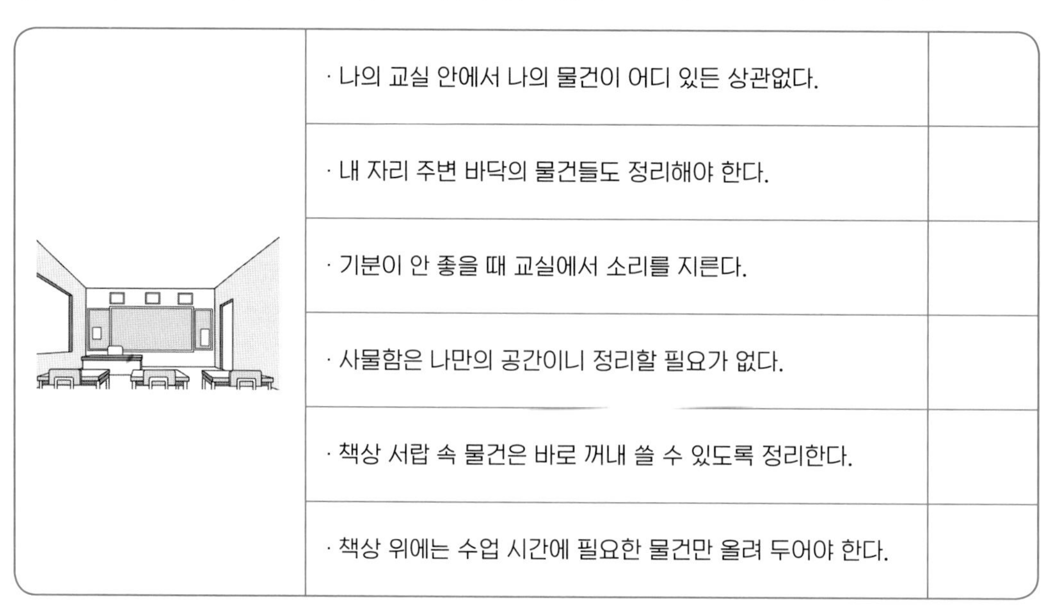

문항	O, X
· 나의 교실 안에서 나의 물건이 어디 있든 상관없다.	
· 내 자리 주변 바닥의 물건들도 정리해야 한다.	
· 기분이 안 좋을 때 교실에서 소리를 지른다.	
· 사물함은 나만의 공간이니 정리할 필요가 없다.	
· 책상 서랍 속 물건은 바로 꺼내 쓸 수 있도록 정리한다.	
· 책상 위에는 수업 시간에 필요한 물건만 올려 두어야 한다.	

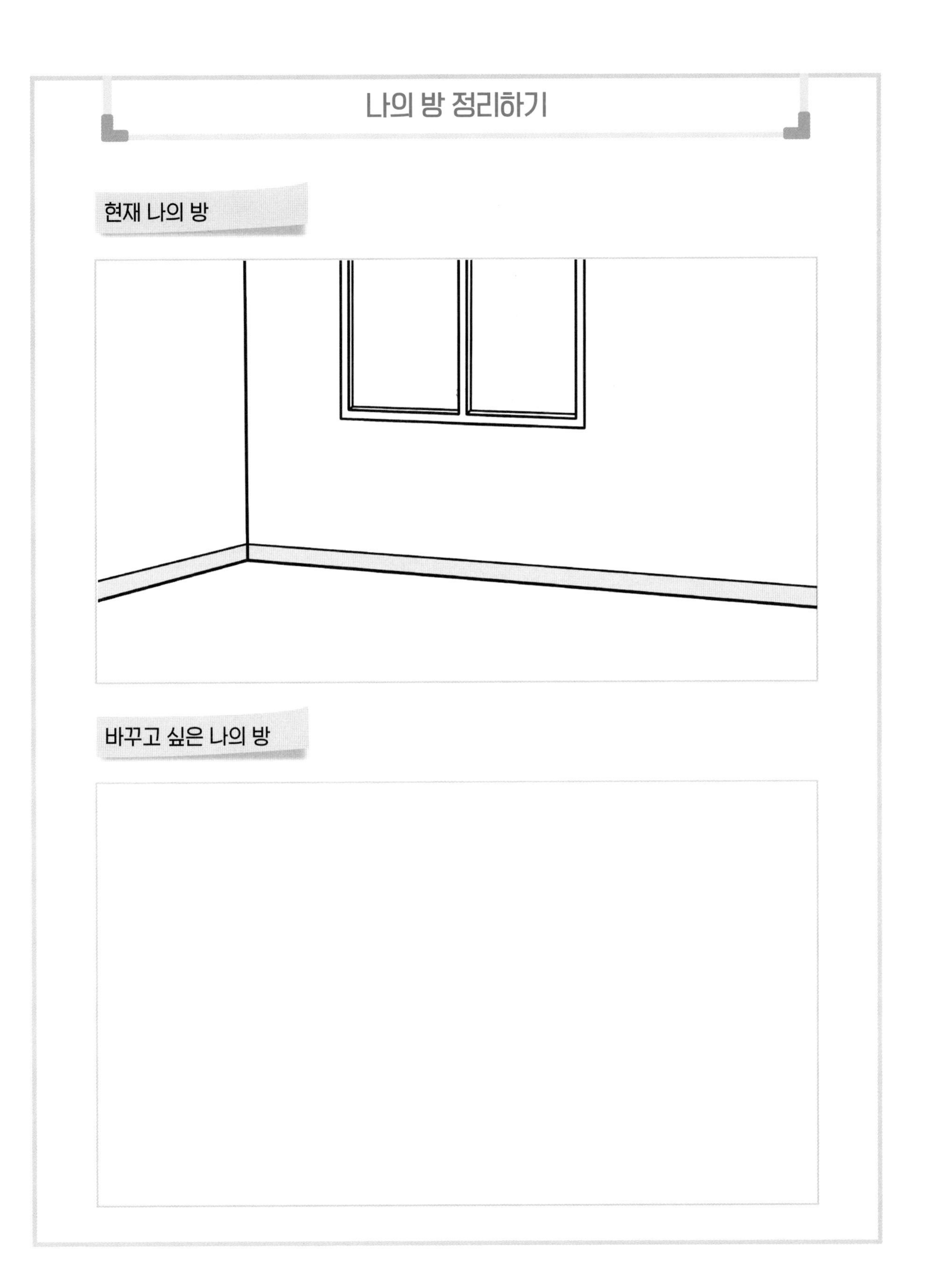
나의 방 정리하기
현재 나의 방
바꾸고 싶은 나의 방

정리 방법

ⓘ 정리가 되지 않은 방이에요. 한번 정리해 볼까요?

정리해야 하는 물건	원래 자리

나의 책상 정리하기

현재 나의 책상

- 책상에서 가장 자리를 많이 차지하는 것은 무엇인가요?

____

- 책상 위에서 불필요한 물건은 무엇인가요?

____

- 책상 위에 꼭 있어야 하는 물건은 무엇인가요?

____

정리 후 나의 책상

공용 공간 체크리스트

ⓘ 집에서 공용 공간 사용 후, 정리정돈을 체크해 보세요!

거실

	· 물건은 사용 후 제자리에 둔다.	
	· 머무르며 사용한 물건은 스스로 정리한다.	
	· 개인 물품은 사용 후 내 방에 정리한다.	
	· 자리에서 일어나면서 쓰레기를 치운다.	

화장실

	· 안에 사람이 있나 확인 후 이용한다(노크하기).	
	· 문을 잠그고 이용한다.	
	· 필요 시 냄새 및 습기 제거를 위해 환풍기를 켠다.	
	· 물건은 사용 후 제자리에 둔다.	
	· 욕실 바닥을 깨끗하게 정리한다.	

주방

	· 물건은 사용 후 제자리에 둔다.	
	· 내가 먹은 음식 및 그릇 뒷정리를 한다.	
	· 불을 사용했다면 전원을 확인한다.	
	· 냉장고에 넣어야 할 음식은 넣어 둔다.	

5. 용돈 관리

목표

(1) 용돈 관리에 필요한 기본개념을 알 수 있다.

(2) 상황과 필요에 따라 적절히 용돈을 관리할 수 있다.

활동내용

◆ 나의 용돈 관리

(1) 흥미 유발을 위한 〈배스킨라빈스 31〉, 〈3, 6, 9〉 등 숫자와 관련된 도입활동을 진행한다.

(2) 용돈의 여부, 형태, 금액을 이야기한다.

(3) 평소 용돈 관리를 어떻게 하고 있는지 이야기한다(소비습관 점검).

(4) 용돈을 관리해야 하는 이유를 생각하고 용돈을 잘 관리하지 못했을 때 어려움을 이야기한다.

(5) 평소 자신의 소비습관과 비슷한 유형이 있는지 생각하고, 활동지를 작성한다.

(6) 작성한 내용을 발표하며, 가장 먼저 고치고 싶은 습관을 이야기한다.

(7) 활동을 정리하며 소감을 나누고, 다음 시간을 소개하며 마무리한다.

◆ 용돈 기입장

(1) 용돈의 여부, 형태, 금액을 이야기한다.

(2) 평소 용돈 관리를 어떻게 하고 있는지 이야기한다(소비습관 점검).

(3) 용돈을 관리해야 하는 이유를 생각하고 용돈을 잘 관리하지 못했을 때 어려움을 이야기한다.

(4) 이번 주 예산과 계획을 작성하고 현실적인지 점검한다.

(5) 일주일 후, 실제 가지고 있는 금액과 기입장의 잔액이 일치하는지 등의 소비 계획이 잘 이루어졌는지 확인한다.

(6) 작성한 내용을 발표하며, 좋았던 점과 어려웠던 점을 이야기한다.

(7) 활동을 정리하며 소감을 나누고, 다음 시간을 소개하며 마무리한다.

◆ 소비 우선순위 정하기

(1) 용돈의 여부, 형태, 금액을 이야기한다.

(2) 평소 용돈 관리를 어떻게 하고 있는지 이야기한다(소비습관 점검).

(3) 용돈을 관리해야 하는 이유를 생각하고 용돈을 잘 관리하지 못했을 때 어려움을 이야기한다.

(4) 활동지를 작성하고 현재 소비의 비중에서 줄이거나 늘리고 싶은 항목을 이야기한다.

(5) 우선순위의 기준을 생각하고 발표한다.

(6) 활동을 정리하며 소감을 나누고, 다음 시간을 소개하며 마무리한다.

◆ 예산 세우기

(1) 용돈의 여부, 형태, 금액을 이야기한다.

(2) 평소 용돈 관리를 어떻게 하고 있는지 이야기한다(소비습관 점검).

(3) 용돈을 관리해야 하는 이유를 생각하고 용돈을 잘 관리하지 못했을 때 어려움을 이야기한다.

(4) 활동지를 작성하고, 정해진 예산 안에서 계획한 것을 발표한다.

(5) 남은 금액은 개인 용돈이 된다면 예산이 어떻게 달라지는지 이야기한다.

(6) 활동을 정리하며 소감을 나누고, 다음 시간을 소개하며 마무리한다.

활동 TIP

- 그룹 진행 시, 회기에 포함된 파티, 외출 등 회비가 필요한 프로그램에서 회비를 정하고 회비를 사용하는 방법을 논의할 수 있다.
- 스마트폰 사용 시, Google Play 스토어 〈용돈 생각〉 애플리케이션을 활용하여 관리할 수 있도록 한다.
- [용돈 기입장] 계산 실수에 대한 지적은 지양하고, 계획하고 기록하는 것에 의미를 둘 수 있도록 한다.

나의 용돈 관리

친구들이 용돈을 관리하는 것을 읽어 보고 좋은 습관 O로, 나쁜 습관 X로 표시해 보세요.

( ) 다음 주에 친구 생일이니까 이번 주는 돈을 아껴야겠다.

( ) 이미 집에 있지만, 새 것이 좋으니까 또 사야겠어.

( ) 오늘 용돈을 받았으니까 오늘 다 써야지.

( ) 이건 내 용돈보다 큰 금액이니 부모님과 상의해야겠다.

( ) 이번 주 용돈의 반은 저금해야겠어.

( ) 내 용돈은 아끼고, 가족들과 친구들에게 사달라고 해야지.

나는?

- 용돈을 쓰기 전에 저금을 하고 있나요?

  ____

- 용돈에서 가장 자주 사는 것은 무엇인가요?

  ____

- 사고 나서 후회한 물건이 있나요?

  ____

- 사고 나서 가장 기분이 좋았던 물건이 있나요?

  ____

용돈 기입장

나의 용돈 기입장		
남은 용돈	받은 용돈	이번 주 예산
+	=	

이번 주 용돈 사용 계획			
저축		간식	
학용품		선물	

날짜	내용	들어온 돈	나간 돈	남은 돈

✓ 이번 주 예산 안에서 계획을 세웠다.	
✓ 용돈을 받고 쓴 것을 빠짐없이 기록했다.	
✓ 가격을 비교하며 슬기롭게 소비했다.	
✓	

소비 우선순위 정하기

Ⓠ 용돈 안에서 어떤 부분에서 많이 사용하고 있는지 동그라미 크기별로 작성해 보세요.

나의 소비 우선순위 정하기		
순위	내용	금액
1		
2		
3		
4		
5		

예산 세우기

ⓘ 오늘은 친구들과 과자파티를 하는 날이에요. 예산을 세워 보세요.

나의 예산 : 5,000원

	내용	사용 금액
1		
2		
3		
4		
5		
	남은 금액 :	원

ⓘ 오늘은 친구들과 볼링장에 가는 날이에요. 예산을 세워 보세요.

나의 예산 : 10,000원

	내용	사용 금액
1		
2		
3		
4		
5		
	남은 금액 :	원

3장 자기 통제

1. 감정 인식하기
2. 부정적 감정 관리하기
3. 스트레스 관리하기
4. 충동성 다루기

1. 감정 인식하기

1) 나의 감정 알아차리기

목표

(1) 다양한 감정을 탐색, 이해하고 긍정적인 감정과 부정적인 감정을 구분할 수 있다.

(2) 자신의 감정을 인식하고 적절하게 표현할 수 있다.

활동내용

◆ 감정 빙고 게임

(1) 감정이란 무엇인지, 여러 가지 떠오르는 감정을 이야기한다.

(2) 자신이 아는 감정을 바탕으로 활동지를 작성한다.

(3) 돌아가며 감정 단어를 선택하고 감정을 느꼈을 때의 상황을 설명한다.

(4) 설명하는 감정이 무엇인지를 맞혀보고, 해당 단어를 지운다.

(5) 빙고 5줄을 완성하면 게임을 마무리하고, 언급되지 않은 감정이 있다면 함께 이야기한다.

(6) 활동을 정리하며 소감을 나누고, 다음 시간을 소개하며 마무리한다.

◆ 감정 이해하기 (1), (2), (3)

* 준비물: 색연필

(1) 감정이란 무엇인지, 여러 가지 떠오르는 감정을 이야기한다.

(2) 현재의 감정은 어떤지, 평소 자주 느끼는 감정은 무엇인지, 그리고 이를 어떻게 알아차릴 수 있는지 이야기한다.

(3) 활동지를 활용하여 각각의 감정을 느낄 때의 표정을 그려 보고 감정을 언제 느끼는지 작성한다.

(4) 작성한 활동지의 내용을 몇 가지 선택하여 발표한다.

(5) 활동을 정리하며 소감을 나누고, 다음 시간을 소개하며 마무리한다.

◆ 감정 소식 나누기

* 준비물: 감정 카드, 메모지

(1) 감정이란 무엇인지, 여러 가지 떠오르는 감정을 이야기한다.

(2) 현재의 감정은 어떤지, 평소 자주 느끼는 감정은 무엇인지 이야기한다.

(3) 감정 카드를 함께 보며 각자 최근에 느꼈던 감정 세 가지를 고른다.

(4) 원하는 감정 카드가 없거나 다른 친구들과 중복되는 경우 메모지에 작성하여 직접 카드를 만든다.

(5) 돌아가면서 차례로 자신이 고른 카드를 보여 주며 언제 감정을 느꼈는지 소식을 이야기한다. 이때, 진행자는 서로의 근황에 대한 대화와 함께 감정에 대한 공감 반응이 이루어질 수 있도록 촉진한다.

(6) 활동을 정리하며 소감을 나누고, 다음 시간을 소개하며 마무리한다.

◆ 감정 경험 회상하기

* 준비물: 색연필

(1) 감정이란 무엇인지, 여러 가지 떠오르는 감정을 이야기한다.

(2) 현재의 감정은 어떤지, 평소 자주 느끼는 감정은 무엇인지 이야기한다.

(3) 활동지에 각각의 신체 부위와 관련한 긍정적/부정적 경험을 떠올려 작성한다.

(4) 대비되는 느낌의 2가지 신체상에 긍정적 감정과 부정적 감정을 나타내는 표정과 색깔, 그리고 각각의 경험과 관련하여 연상되는 이미지를 활용하여 시각적으로 표현한다.

(5) 작성한 활동지의 내용을 몇 가지 선택하여 발표할 수 있도록 하며, 경험에 대한 감정을 함께 이야기한다.

(6) 긍정적 감정과 부정적 감정을 구분한다.

(7) 활동을 정리하며 소감을 나누고, 다음 시간을 소개하며 마무리한다.

활동 TIP

- [감정 빙고] 게임 시, 게임의 목적을 설명하고 승부에 집착하지 않도록 사전 개입한다.
- 같은 감정이라도 각자가 느끼는 상황은 다를 수 있고, 마찬가지로 같은 상황이라도 각자가 느끼는 감정은 다를 수 있음을 이야기하며, 이를 존중하고 다른 사람의 발표 내용을 지적하지 않도록 개입한다.
- 감정과 관련한 개인적 경험을 그룹원 간에 적절한 공감 표현이 이루어질 수 있도록 돕는다.
- 감정을 떠올리기 어려워한다면 직접적인 예시를 들어주거나 감정 차트 및 감정 카드를 활용할 수 있다.
- 연령과 기능 및 이해 수준에 따라 활동 시 다루는 감정의 종류와 개수를 조정할 수 있다.
  예) 감정 빙고 진행 시, 미취학 아동이나 감정 인식 및 이해가 어려운 경우 3×3 또는 4×4로 변형하여 진행할 수 있다.
- [감정 이해하기] (1), (2), (3) 세 가지의 활동지 가운데 연령 및 이해 수준과 필요에 따라 선택적으로 활동을 진행한다.
  감정 이해하기 (3)을 활용하는 경우, 나와 관련된 다른 사람들(부모님, 선생님, 친구)은 해당 감정을 언제 느낄 것 같은지 생각해 볼 수 있다.
- [감정 이해하기 (3) / 감정 경험 회상하기] 간단한 색칠 도구를 준비하여 감정에서 연상되는 색을 떠올리며 바탕을 칠하는 등 풍부한 표현을 이끌 수 있고, 그러한 표현에 대한 이유를 나누며 감정에 대한 다양한 느낌을 떠올릴 수 있도록 돕는다.
- [감정 경험 회상하기] 불과 물로 제시된 신체상의 상징적 의미는 고정된 것이 아니며, 각각에 대해 개인이 주관적으로 느끼는 인상은 달라질 수 있다.

  예) 물 - 부드러움, 유연함, 포용, 생명력, 에너지 / 차가움, 슬픔, 우울, 우유부단함 등
  각자가 느끼고 인식하는 대로 긍정적 / 부정적 감정을 나누어 표현할 수 있도록 하며, 그에 대한 생각도 이야기할 수 있다.

감정 빙고

나의 감정 이해하기

나는 ______________________________ 때 행복하다.

나는 ______________________________ 때 슬프다.

나는 ______________________________ 때 화가 난다.

나는 ______________________________ 때 불안하다.

나는 ______________________________ 때 설렘을 느낀다.

나는 ______________________________ 때 미움을 느낀다.

나는 ______________________________ 때 사랑받음을 느낀다.

나는 ______________________________ 때 외롭다.

나는 ______________________________ 때 즐겁다.

감정 이해하기 (2)

나의 감정 이해하기

나는 ________________________________ 때 뿌듯하다.

나는 ____________________________ 때 고마움을 느낀다.

나는 ____________________________ 때 미안함을 느낀다.

나는 ____________________________ 때 실망감을 느낀다.

나는 ____________________________ 때 서운함을 느낀다.

나는 ________________________________ 때 부끄럽다.

나는 ________________________________ 때 속상하다.

나는 _________________________________ 때 무섭다.

나는 ____________________________ 때 편안함을 느낀다.

나의 감정 이해하기

감정 소식 나누기 (활동 예시)

감정 경험 회상하기

- 머리: 가장 기억에 남는 경험 / 생각하고 싶지 않은 경험
- 눈: 다시 한번 보고 싶은 것 / 다시는 보고 싶지 않은 것
- 귀: 또 듣고 싶은 말 / 듣기 싫은 말
- 입: 내가 했던 말 중 다른 사람을 행복하게 했던 말 / 후회되는 말
- 가슴: 마음이 따뜻했던 경험 / 마음 아팠던 경험
- 손: 내가 했던 일 가운데 또 하고 싶은 것 / 다시 하고 싶지 않은 것
- 발: 또 가고 싶은 곳 / 다시는 가고 싶지 않은 곳

2) 감정 신호 알아차리기

목표

(1) 감정에 따른 나의 신체 및 행동 반응을 살피고 감정 신호를 알아차릴 수 있다.

(2) 자신의 감정을 인식하고 적절하게 표현할 수 있다.

활동내용

◆ 감정 신호 3단계 - 감정을 맞혀 봐

* 준비물: 감정 카드

(1) 감정이란 무엇인지, 여러 가지 떠오르는 감정을 이야기한다.

(2) 현재의 감정은 어떤지, 평소 자주 느끼는 감정은 무엇인지, 그리고 이를 어떻게 알아차릴 수 있는지 이야기한다.

(3) 다른 사람의 감정을 알아차릴 수 있는 신호인 표정과 동작을 예시를 들어 설명한다.

(4) 퀴즈 진행 방식을 설명하며 시연을 보인다. 퀴즈는 돌아가며 한 명씩 앞으로 나와 감정 카드를 무작위로 뽑고 그에 대한 힌트를 제시하여 친구들이 어떤 감정인지 맞힌다. 처음에는 '표정' 힌트를 제시하며 정답을 맞히지 못하면 차례로 다음 단계 ('표정+동작', '표정+동작+말') 힌트를 제시한다(말의 경우, 어떤 때 그러한 감정을 느끼는지 상황을 설명하는 것을 의미함. 예: '나는 친구가 약속을 어겼을 때 이런 감정을 느껴요').

(5) 정답을 빠르게 맞힌 경우, 다음 단계에서는 어떤 동작이 나타날 수 있을지, 어떤 상황에서 그러한 감정을 느끼는지 함께 이야기한다.

(6) 문제 출제자에게 다른 사람에게서 이러한 신호를 발견했던 경험을 질문하고 함께 이야기한다.

(7) 차례가 다 돌아가면 이러한 감정 신호를 아는 것이 중요한 이유와 각각의 감정 신호를 발견했을 때 어떻게 행동할 수 있을지 이야기한다.

(8) 활동을 정리하며 소감을 나누고, 다음 시간을 소개하며 마무리한다.

활동 TIP

- **[감정 신호 3단계 - 감정을 맞혀봐]** 감정 퀴즈 시, 동작이나 말을 하며 너무 흥분하거나 과격해지지 않도록 주의하고 불필요한 신체 접촉이나 직접적인 욕을 하지 않도록 사전 개입한다.

감정을 맞혀 봐~!

1단계!

(표정)

2단계!

(표정+동작)

3단계!

나는 친구와 놀 때 이런 감정을 느껴요!

나는 시험을 망쳤을 때 이런 감정을 느껴요...

나는 친구들이 나를 무시할 때 이런 감정을 느껴요!!

(표정+동작+말)

2. 부정적 감정 관리하기

1) 분노

목표

나의 부정적 감정과 패턴을 인식하고 효과적으로 조절 및 대처하는 방법을 알 수 있다.

활동내용

◆ 감정 신호

* 준비물: 색연필

(1) 분노는 어떤 상태를 의미하는 것일지 생각하고 이러한 부정적 감정을 조절하고 관리해야 하는 이유를 이야기한다.

(2) 내가 분노를 느끼는 상황과 그때의 반응, 행동 및 사고의 패턴을 생각한다.

(3) 감정에 따른 신체 신호, 생각 신호, 행동 신호가 무엇인지 예시를 들어 설명한다.

- 신체 신호 - 얼굴이 빨개진다, 표정이 일그러진다, 몸이 떨린다 등
- 생각 신호 - 때리고 싶다, 모두 밉고 싫다, 다 부숴버리고 싶다 등
- 행동 신호 - 언성을 높인다, 욕을 한다, 난폭하게 행동한다 등

(4) 분노를 느낄 때 나타나는 각각의 신호를 생각하고 활동지를 작성하고 발표한다.

(5) 신체의 느낌과 생각, 행동이 감정과 서로 어떻게 연결되고 있는지, 이를 바탕으로 분노 감정을 조절하는 방법은 무엇일지 이야기한다.

(6) 활동을 정리하며 소감을 나누고, 다음 시간을 소개하며 마무리한다.

◆ 감정 온도계

* 준비물: 색연필

(1) 분노는 어떤 상태를 의미하는 것일지 이야기하고 이러한 부정적 감정을 조절하고 관리해야 하는 이유를 이야기한다.

(2) 분노 감정의 단계를 이야기한다.

(3) 나는 어떤 때에 분노 감정을 느끼는지, 각 단계의 분노 감정을 느꼈던 상황과 그때의 느낌을 떠올리고 단계별 어울리는 색을 칠하는 등 활동지를 작성하고 발표한다.

(4) 활동을 정리하며 소감을 나누고, 다음 시간을 소개하며 마무리한다.

◆ 부정적 감정 패턴 발견하기

(1) 분노는 어떤 상태를 의미하는 것일지 이야기하고 이러한 부정적 감정을 조절하고 관리해야 하는 이유를 이야기한다.

(2) 내가 분노를 느끼는 상황과 그때의 반응, 행동 및 사고의 패턴을 생각한다.

(3) 최근에 분노 감정을 느꼈던 상황을 떠올려보고, 어떻게 감정을 표현하고 해결했는지, 그 결과가 어땠는지 작성한다.

(4) 자신의 방법이 효과적이었는가를 생각하고, 다른 방법 또는 더 효과적인 방법에는 어떤 것이 있을지 작성한다.

(5) 각자 작성한 내용을 발표하고, 분노 감정을 조절하는 방법을 함께 이야기한다.

(6) 활동을 정리하며 소감을 나누고, 다음 시간을 소개하며 마무리한다.

◆ 부정적 감정 발산하기 (1) - 감정 풍선 터뜨리기

* 준비물: 빨간 풍선(또는 각자 분노 감정이 연상되는 색 풍선), 매직

(1) 분노는 어떤 상태를 의미하는 것일지 이야기하고 이러한 부정적 감정을 조절하고 관리해야 하는 이유를 이야기한다.

(2) 나를 화나게 했던 상황이나 말, 대상을 떠올려보고, 원하는 만큼 풍선을 불어 앞서 떠올린 내용을 적거나 그림을 그려 표현하고 발표한다.

(3) 각자 자신이 느꼈던 분노 감정을 떠올리며 신체를 이용해 풍선을 터뜨려 감정을 발산한다.

(4) 활동을 정리하며 소감을 나누고, 다음 시간을 소개하며 마무리한다.

◆ 부정적 감정 발산하기 (2) - 물휴지 공 던지기

* 준비물: 타깃(비닐 포장하여 진행자가 사전에 준비), 휴지, 물, 종이컵

(1) 분노는 어떤 상태를 의미하는 것일지 이야기하고 이러한 부정적 감정을 조절하고 관리해야 하는 이유를 이야기한다.

(2) 티깃을 보고 나에게 분노를 유발하는 대싱을 떠올린다.

(3) 한 명씩 차례로 나와 각자 어떤 대상이 떠오르는지, 대상을 향해서 하고 싶은 말은 무엇이고, 공을 던지고 싶은 곳은 어디인지 이야기한다.

(4) 자신이 느꼈던 분노 감정을 떠올리며 마음속에 담아 뒀던 말과 함께 휴지에 물을 적셔 만든 물휴지 공을 타깃을 향해 던진다.

(5) 차례가 모두 돌아간 후에는 다 같이 한편이 되어 공동의 적을 무찌르듯 함께 외칠 말을 정하고 물휴지 공을 던진다.

(6) 활동을 정리하며 소감을 나누고, 다음 시간을 소개하며 마무리한다.

◆ 내 안의 감정 괴물(미취학-초등 저학년)

* 준비물: 그리기 도구(색연필, 사인펜 등)

(1) 분노는 어떤 상태를 의미하는 것일지 이야기하고 이러한 부정적 감정을 조절하고 관리해야 하는 이유를 이야기한다.

(2) 분노 감정을 잘 다루지 못하면 그러한 감정은 내 안에서 나를 괴롭히고 파괴하는 괴물이 될 수 있음을 설명하고, 괴물의 모습을 한 내 안의 분노 감정을 상상하고 그린다.

(3) 괴물이 좋아하는(분노 감정을 더욱 키우는) 생각과 행동, 괴물이 싫어하는(분노 감정을 가라앉히는) 생각과 행동을 작성하고 발표한다.

(4) 활동을 정리하며 소감을 나누고, 다음 시간을 소개하며 마무리한다.

활동 TIP

- 부정적 감정을 일으키는 상황은 개인마다 다를 수 있음을 설명하며 다른 사람의 감정을 존중하고 발표 내용을 지적하지 않도록 개입하고, 자신의 부정적 감정을 이해하는 데 초점을 두어 진행한다.
- 감정과 관련한 개인적 경험을 그룹원 간에 적절한 공감 표현이 이루어질 수 있도록 돕는다.
- **[감정신호]** 첨부된 활동지의 작성뿐 아니라 작성을 생략하고 진행자가 미리 준비한 활동 자료를 함께 보며 각각의 개념을 설명하고 그러한 경험이나 생각을 나누는 방식으로 진행할 수도 있다.
- **[감정 온도계], [부정적 감정 패턴 발견하기]** 각각의 감정과 관련하여 제시된 활동지는 다른 부정적 감정에도 사용할 수 있다.
- **[부정적 감정 발산하기]** 감정 발산과 같이 신체적인 움직임이 큰 활동에서 서로 간의 충돌이나 다치는 일이 발생하지 않도록 주의한다.
- **[부정적 감정 발산하기 (1) - 감정 풍선 터뜨리기]** 감각이 예민하고 풍선을 무서워하는 경우 그러한 자극에 대한 반응을 조절시킬 수 있는 수준인지, 그룹원의 특성을 고려하여 사전에 활동의 적절성에 관한 판단이 이루어져야 한다.
- **[부정적 감정 발산하기 (2) - 물휴지 공 던지기]** 활동에 앞서, 자신에게 분노를 일으키는 대상을 투사하기에 좋은 타깃을 준비한다. 개별 활동 시에는 대상을 떠올리며 직접 타깃을 제작해 볼 수 있다. 실제 크기로 크게 제작하고 비닐 포장을 하여 물휴지 공을 던졌을 때의 발산 효과를 높이고 자료의 손상을 막을 수 있다.
- **[부정적 감정 발산하기 (2) - 물휴지 공 던지기]** 마음에 담아두기만 했던 부정적 감정을 말로 직접 표현하고 감정을 발산하는 것에 의미가 있는 만큼, 욕을 하는 것도 허용할 수 있으나 욕을 허용하는 것은 활동만 예외적으로 허용하는 것임을 사전 개입하고, 집단 내에서 활동과 관련 없이 또는 그룹원 간에 욕을 사용하지 않도록 주의한다.

감정 신호

〈신체 신호〉

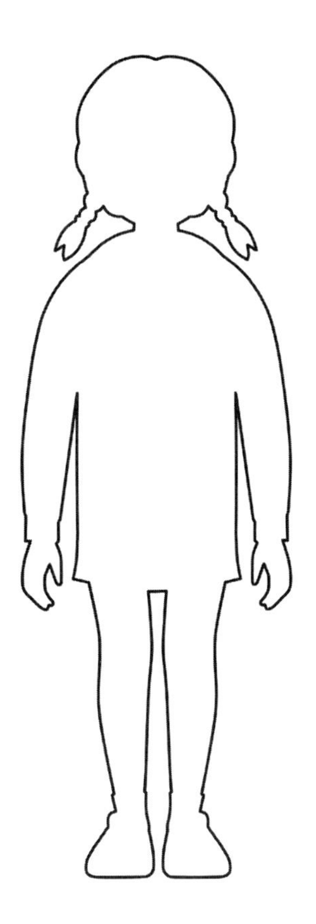

〈생각 신호〉

•
•
•
•

〈행동 신호〉

•
•
•
•

감정 신호 (활동 자료 예시)

머리
얼굴?
목소리?
온몸?
머리
얼굴
빨개지고 뜨거워져요.
목소리
가슴
쿵쾅쿵쾅 뛰어요!
온몸
힘이 들어가고 뻣뻣해져요
뭔가 마음속에서 뜨거운 것이 치밀어 오르는 느낌도 들지요.
신체 신호
○ 얼굴이 빨개진다.
○ 손바닥에서 땀이 난다.
○ 호흡이 거칠어진다.
○ 온 몸에 힘에 힘이 들어간다.
○ 눈물이 난다.
○ 심장 심하게 뛴다.
○ 머리에서 김이 나는 것 같다.
생각 신호
○ 때리고 싶다는 생각이 든다.
○ 증오한다.
○ 나는 왜 이럴까하는 생각이 든다
○ 모두가 밉고 싶다는 생각이 든다.
○ 머릿속에 아무 생각도 안 떠오른다.
행동 신호
주먹을 꼭 쥐게 된다.
발로 찬다.
욕을 한다.
협박을 한다.
난폭하게 행동한다.

감정 온도계

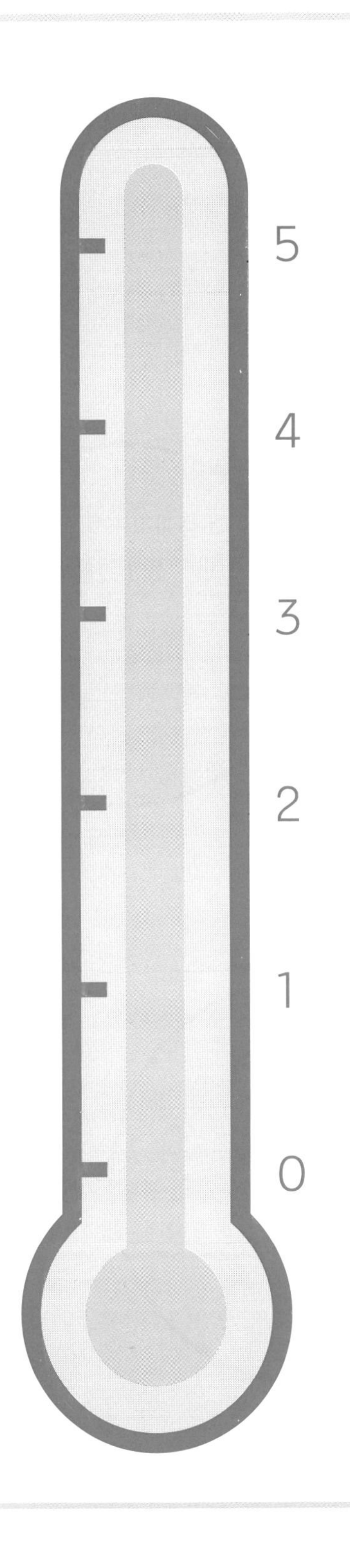

- 어떤 상황인가요?
- 어떤 기분/느낌인가요?

- 어떤 상황인가요?
- 어떤 기분/느낌인가요?

- 어떤 상황인가요?
- 어떤 기분/느낌인가요?

- 어떤 상황인가요?
- 어떤 기분/느낌인가요?

- 어떤 상황인가요?
- 어떤 기분/느낌인가요?

부정적 감정 패턴 발견하기

최근에 느꼈던
부정적 감정은 무엇
때문이었나요?

나는 어떻게
표현/행동 했나요?

더 효과적인 방법에는
어떤 것이 있을까요?

어떤 결과가
나타났나요?

그때 나의 마음은
어땠나요?

부정적 감정 발산하기 (1) - 감정 풍선 터뜨리기 (활동 예시)

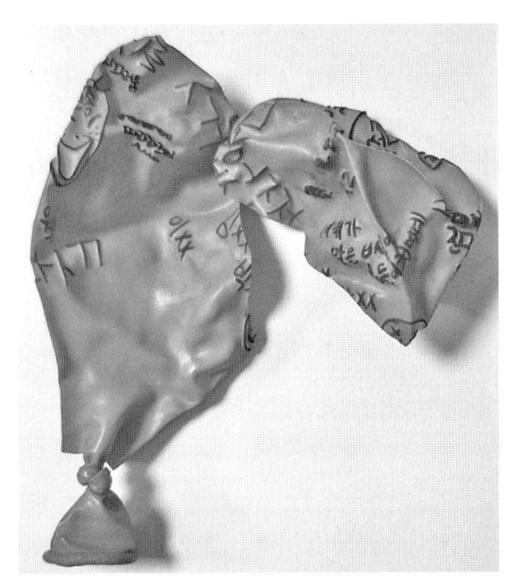

부정적 감정 발산하기 (2) - 물휴지 공 던지기 (활동 예시)

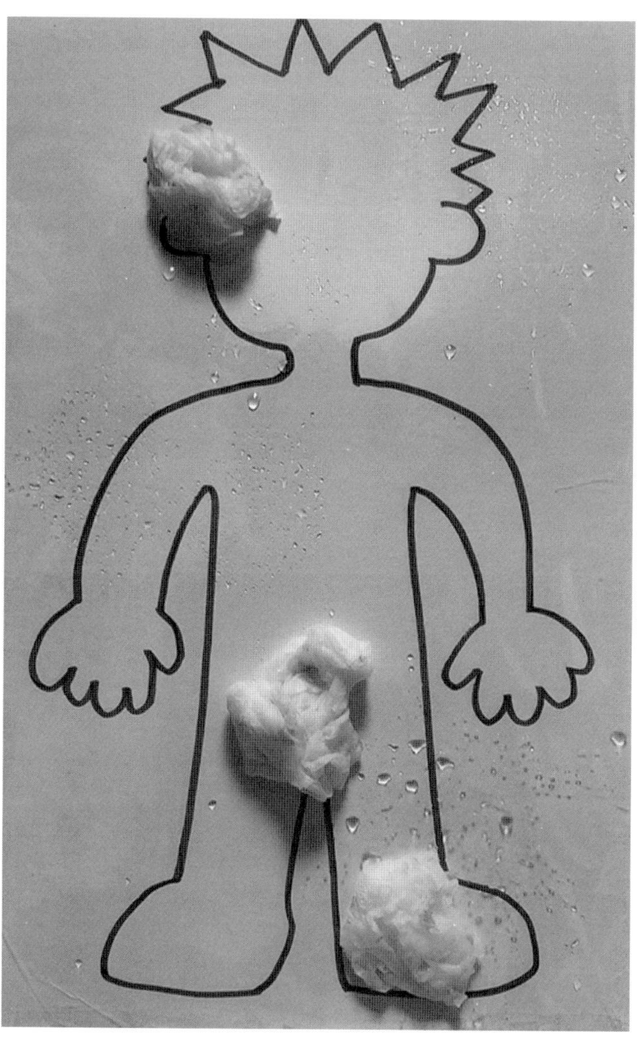

내 안의 감정 괴물 (미취학·초등 저학년)

내 안의 감정 괴물 그리기

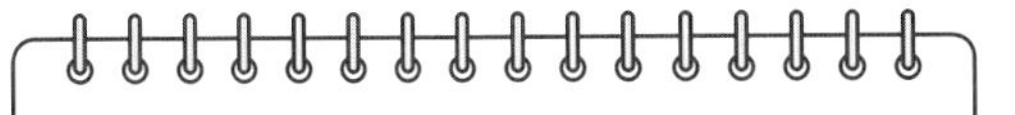

괴물이 좋아하는 생각과 행동

-
-
-
-

괴물이 싫어하는 생각과 행동

-
-
-
-

2) 불안, 긴장

목표

나의 부정적 감정과 패턴을 인식하고 효과적으로 조절 및 대처하는 방법을 알 수 있다.

활동내용

◆ 감정 신호(93~94쪽 활동지를 사용한다.)

* 준비물: 색연필

(1) 불안과 긴장은 어떤 상태를 의미하는 것일지 이야기하고 이러한 부정적 감정을 조절하고 관리해야 하는 이유를 이야기한다.

(2) 내가 불안과 긴장을 느끼는 상황과 그때의 반응, 행동 및 사고의 패턴을 생각한다.

(3) 감정에 따른 신체 신호, 생각 신호, 행동 신호가 무엇인지 예시를 들어 설명한다.

- 신체 신호 - 얼굴이 경직된다, 호흡이 빨라진다, 식은땀이 난다 등
- 생각 신호 - 망했다, 난 아무것도 할 수 없다, 무슨 일이 일어날지 두렵다 등
- 행동 신호 - 손톱을 물어뜯는다, 다리를 떤다, 짜증을 낸다 등

(4) 불안을 느낄 때 나타나는 각각의 신호를 생각하고 활동지를 작성하고 발표한다.

(5) 신체의 느낌과 생각, 행동이 감정과 서로 어떻게 연결되고 있는지, 이를 바탕으로 불안한 감정을 조절하는 방법은 무엇일지 이야기한다.

(6) 활동을 정리하며 소감을 나누고, 다음 시간을 소개하며 마무리한다.

◆ 감정 피라미드

(1) 불안과 긴장은 어떤 상태를 의미하는 것일지 이야기하고 이러한 부정적 감정을 조절하고 관리해야 하는 이유를 이야기한다.

(2) 일상생활 가운데 내가 편안함을 느끼는 상황이나 스트레스가 없는 활동에서부터 가장 불편하고 큰 걱정과 불안을 일으키는 상황에 이르기까지 1단계부터 5단계까지 강도를 높여가며 활동지를 작성한다.

(3) 작성한 내용을 발표한다.

(4) 활동을 정리하며 소감을 나누고, 다음 시간을 소개하며 마무리한다.

◆ 내 안의 감정 괴물(미취학·초등 저학년) ([분노] 99쪽 활동지를 사용한다.)

* 준비물: 그리기 도구(색연필, 사인펜 등)

(1) 불안과 긴장은 어떤 상태를 의미하는 것일지 이야기하고 이러한 부정적 감정을 조절하고 관리해야 하는 이유를 이야기한다.

(2) 불안한 감정을 잘 다루지 못하면 그러한 감정은 내 안에서 나를 괴롭히고 파괴하는 괴물이 될 수 있음을 설명하고, 괴물의 모습을 한 내 안의 불안이라는 감정을 상상하고 그린다.

(3) 괴물이 좋아하는(불안을 더욱 키우는) 생각과 행동, 괴물이 싫어하는(불안을 가라앉히는) 생각과 행동을 작성하고 발표한다.

(4) 활동을 정리하며 소감을 나누고, 다음 시간을 소개하며 마무리한다.

◆ 걱정 목록 만들기

* 준비물: 빈 종이, 그리기 도구(색연필, 사인펜 등), 가위, 풀

(1) 불안과 긴장은 어떤 상태를 의미하는 것일지 이야기하고 이러한 부정적 감정을 조절하고 관리해야 하는 이유를 이야기한다.

(2) 좋아하는 캐릭터나 마음이 편안해지는 이미지를 떠올리며 나의 걱정을 가져가 줄 걱정 캐릭터를 자유롭게 만든다.

(3) 나의 걱정 캐릭터가 가져가 주길 바라는 걱정 목록을 작성한다.

(4) 자신의 걱정 캐릭터와 작성한 내용을 발표한다.

(5) 활동을 정리하며 소감을 나누고, 다음 시간을 소개하며 마무리한다.

활동 TIP

- 부정적 감정을 일으키는 상황은 개인마다 다를 수 있음을 설명하며 다른 사람의 감정을 존중하고 발표 내용을 지적하지 않도록 개입하고, 자신의 부정적 감정을 이해하는 데 초점을 두어 진행한다.
- 감정과 관련한 개인적 경험을 그룹원 간에 적절한 공감 표현이 이루어질 수 있도록 돕는다.
- [감정 신호] 첨부된 활동지의 작성뿐 아니라 작성을 생략하고 진행자가 미리 준비한 활동 자료를 함께 보며 각각의 개념을 설명하고 그러한 경험이나 생각을 나누는 방식으로 진행할 수도 있다.
- [감정 피라미드] 각각의 감정과 관련하여 제시된 활동지는 다른 부정적 감정에도 사용할 수 있다.

감정 피라미드
5
4
3
2
1

걱정 목록 만들기 (활동 예시)

3) 우울

목표

나의 부정적 감정과 패턴을 인식하고 효과적으로 조절 및 대처하는 방법을 알 수 있다.

활동내용

◆ 감정 신호(93~94쪽 활동지를 사용한다.)

* 준비물: 색연필

(1) 우울은 어떤 상태를 의미하는 것일지 이야기하고 이러한 부정적 감정을 조절하고 관리해야 하는 이유를 이야기한다.

(2) 내가 우울을 느끼는 상황과 그때의 반응, 행동 및 사고의 패턴을 생각한다.

(3) 감정에 따른 신체 신호, 생각 신호, 행동 신호가 무엇인지 예시를 들어 설명한다.

- 신체 신호 - 몸에 힘이 없다, 눈물이 맺힌다, 식욕이 없다 등
- 생각 신호 - 아무도 날 좋아하지 않아, 되는 일이 아무것도 없어, 난 왜 이럴까? 등
- 행동 신호 - 운다, 아무것도 하지 않는다, 방에 틀어박힌다 등

(4) 우울함을 느낄 때 나타나는 각각의 신호를 생각하고 활동지를 작성하고 발표한다.

(5) 신체의 느낌과 생각, 행동이 감정과 서로 어떻게 연결되고 있는지, 이를 바탕으로 우울한 감정을 조절하는 방법은 무엇일지 이야기한다.

(6) 활동을 정리하며 소감을 나누고, 다음 시간을 소개하며 마무리한다.

◆ 내 안의 감정 괴물(미취학·초등 저학년) (99쪽 활동지를 사용한다.)

* 준비물: 그리기 도구(색연필, 사인펜 등)

(1) 우울은 어떤 상태를 의미하는 것일지 이야기하고 이러한 부정적 감정을 조절하고 관리해야 하는 이유를 이야기한다.

(2) 우울한 감정을 잘 다루지 못하면 그러한 감정은 내 안에서 나를 괴롭히고 파괴하는 괴물이 될 수 있음을 설명하고, 괴물의 모습을 한 내 안의 우울한 감정을 상상하고 그린다.

(3) 괴물이 좋아하는(우울한 감정을 더욱 키우는) 생각과 행동, 괴물이 싫어하는(우울한 감정을 가라앉히는) 생각과 행동을 작성하고 발표한다.

(4) 활동을 정리하며 소감을 나누고, 다음 시간을 소개하며 마무리한다.

◆ 기분을 변화시키는 생각

(1) 우울은 어떤 상태를 의미하는 것일지 이야기하고 이러한 부정적 감정을 조절하고 관리해야 하는 이유를 이야기한다.

(2) 각자 우울한 감정을 일으키는 상황을 생각한다.

(3) '↓' 표시된 그림(왼쪽)에는 나를 우울하게 만드는 부정적인 생각들을 적고 그러한 생각들이 기분을 어떻게 만들어 주는지 표정으로 그린다.

(4) '↑' 표시된 그림(오른쪽)에는 나를 기분 좋게 만드는 긍정적인 생각들을 적고 그러한 생각들이 기분을 어떻게 만들어 주는지 표정으로 그린다.

(5) 작성한 내용을 발표한다.

(6) 활동내용과 관련하여 같은 상황에서도 생각이 기분을 변화시켰던 실제 경험을 떠올려 보고 함께 나누며 생각의 전환이 중요함을 배운다.

(7) 활동을 정리하며 소감을 나누고, 다음 시간을 소개하며 마무리한다.

활동 TIP

- 부정적 감정을 일으키는 상황은 개인마다 다를 수 있음을 설명하며 다른 사람의 감정을 존중하고 발표 내용을 지적하지 않도록 개입하고, 자신의 부정적 감정을 이해하는 데 초점을 두어 진행한다.
- 감정과 관련한 개인적 경험을 그룹원 간에 적절한 공감 표현이 이루어질 수 있도록 돕는다.
- [감정 신호] 첨부된 활동지의 작성뿐 아니라 작성을 생략하고 진행자가 미리 준비한 활동자료를 함께 보며 각각의 개념을 설명하고 그러한 경험이나 생각을 나누는 방식으로 진행할 수도 있다.

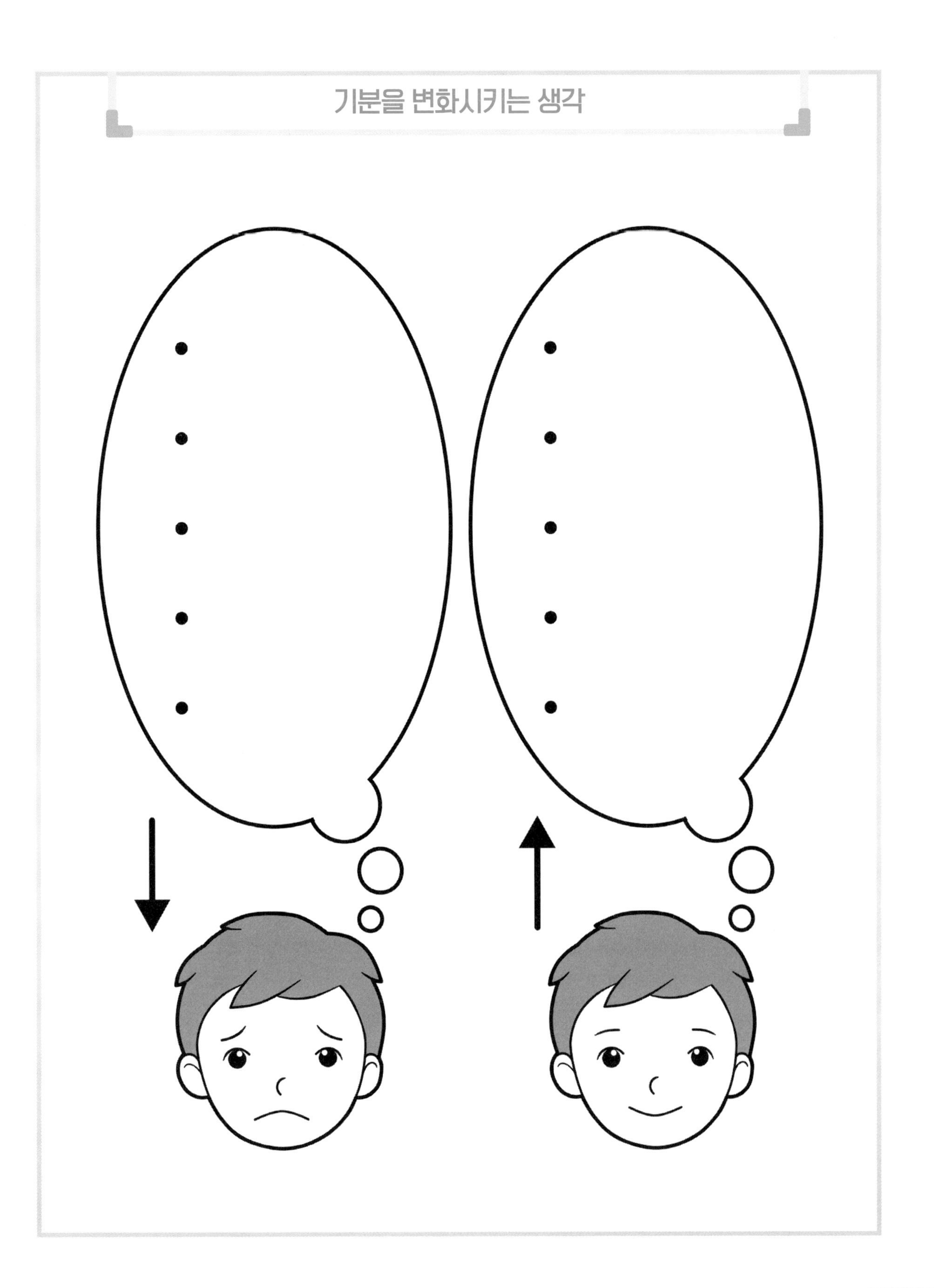
기분을 변화시키는 생각

3. 스트레스 관리하기

목표

(1) 나의 스트레스에 대해 이해하고 스트레스를 받는 상황들에 대해 인식할 수 있다.

(2) 스트레스를 겪을 때 신체 반응에 대해 파악하고 적절하게 조절할 수 있다.

(3) 스트레스를 조절할 수 있는 다양한 전략들을 파악하고 나에게 잘 맞는 전략들을 활용할 수 있다.

활동내용

◆ 나의 스트레스 알기

(1) 현재 나에게 가장 큰 스트레스는 무엇인지 이야기한다.

(2) 활동지 '스트레스 동물원'을 보며 질문에 답해 본다.

(3) 스트레스 동물원에서 나는 어떤 동물과 비슷한지, 그 이유는 무엇인지 발표하며 나의 스트레스에 대해 이해한다.

(4) 활동을 정리하며 소감을 나누고, 다음 시간을 소개하며 마무리한다.

◆ 신체 반응 파악하기

(1) 현재 나에게 가장 큰 스트레스는 무엇인지 이야기한다.

(2) 나는 스트레스를 받을 때 어떤 반응이 나타나는지 이야기한다.

(3) 활동지 안의 캐릭터 얼굴과 스트레스 상황에서 나타나는 반응에 대해 적고 나는 어떤 캐릭터와 닮았는지 발표한다.

(4) 활동을 정리하며 소감을 나누고, 다음 시간을 소개하며 마무리한다.

◆ 스트레스 UFC

(1) 현재 나의 스트레스는 무엇인지 이야기한다.

(2) 스트레스를 주로 어떻게 해소하는지에 대해서 이야기한다.

(3) 활동지를 작성하며 나의 스트레스에 대해 이해하고 스트레스를 조절할 수 있는 다양한 전략들을 파악한다.

(4) 활동을 정리하며 소감을 나누고, 다음 시간을 소개하며 마무리한다.

◆ 신체 이완법

(1) 스트레스 상황을 생각하며 어떤 신체적 반응이 일어나는지 이야기한다.

(2) 활동지 시행 후 어떤 변화가 일어났는지 이야기한다.

(3) 나만의 이완법이 있으면 이야기한다.

활동 TIP

• [스트레스 동물원] 투사에 어려움을 느끼는 대상에게 활용하면 효과적이다.

스트레스 동물원

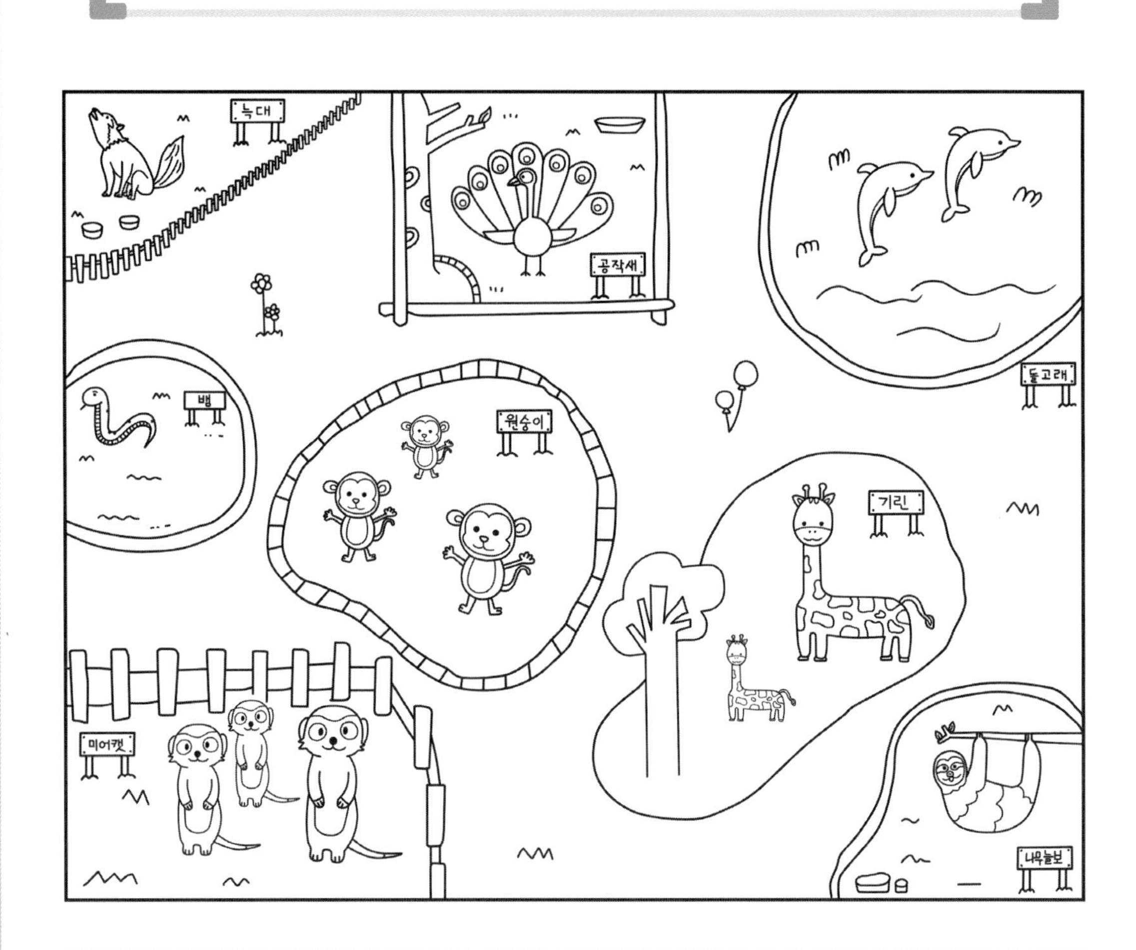

• 가장 스트레스를 받는 동물은 누구일까요?

• 그 동물은 어떤 스트레스를 받고 있나요?

• 지금 어떤 상태일까요?

• 이 중에서 나는 어떤 동물과 비슷한가요?

• 왜 그 동물이 나라고 생각하나요?

스트레스를 느끼는 우리 몸

투덜이

피곤해요
배가 아파요
잠이 안 와요

예민이

불안해요
자주 화를 내요
짜증이 나요

복잡이

깜빡해요
자신이 없어요
집중하기 어려워요

액션이

실수를 많이 해요
말을 횡설수설해요
귀찮아요

스트레스 UFC

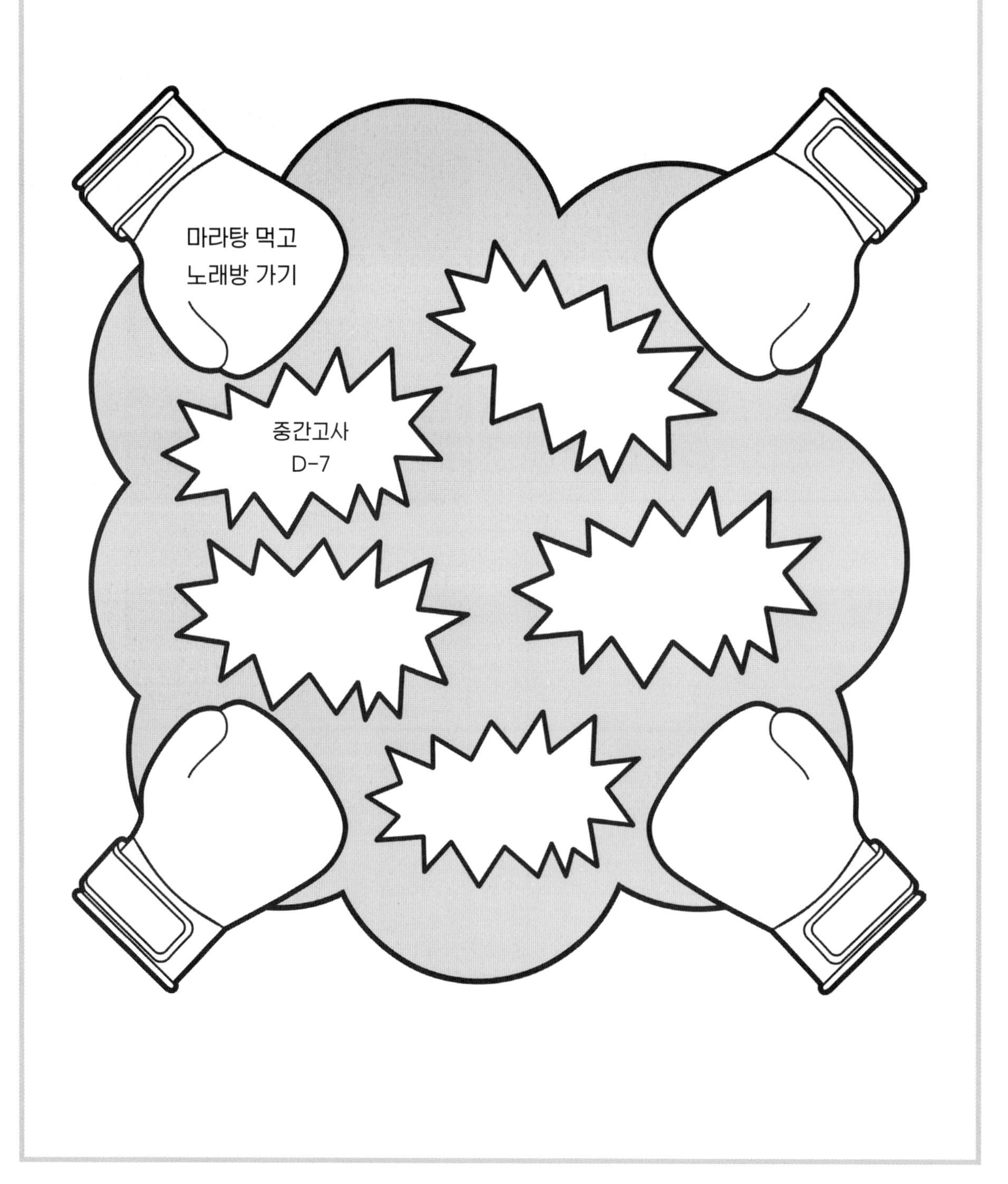

신체 이완법

팔	① 편하게 누워서 두 팔이 몸에 닿지 않게 하고, 오른팔부터 시작합니다. ② 먼저 주먹을 꽉 쥐고 팔꿈치를 구부리면서 손등이 눈앞으로 오도록 팔을 비틀어 봅니다. ③ 손목과 팔뚝, 팔에 최대한 힘을 주고 근육을 긴장시킨 뒤 10까지 셉니다. ④ 천천히 팔에 힘을 빼며 팔꿈치, 손에도 힘을 빼고 주먹을 폅니다. ⑤ 숨을 천천히 5회 정도 쉬고 왼팔도 같은 방법으로 합니다.
얼굴	① 눈살을 최대한 찌푸리고 눈을 감고 입을 다물고 턱을 최대한 안쪽으로 당깁니다. ② 10까지 셉니다. ③ 천천히 눈과 얼굴에 힘을 빼고 턱을 앞으로 쭉 내밉니다. ④ 숨을 천천히 5회 정도 쉽니다.
가슴	① 가슴과 배가 꽉 차도록 숨을 깊게 마십니다. ② 숨을 멈추고 7까지 세고 천천히 힘을 풉니다.
배	① 배에 무거운 물건을 놓은 것처럼 배꼽 주변에 힘을 줍니다. ② 힘을 준 채로 5초 세고 힘을 뺍니다.
다리	① 오른쪽 다리부터 시작합니다. 무릎을 쭉 펴고 발목도 발가락을 아래쪽으로 밀어봅니다. ② 허벅지, 종아리, 발에 최대한 힘을 주고 마음속으로 10까지 셉니다. ③ 천천히 힘을 풀고 왼쪽 다리도 같은 방법으로 합니다.
복식 호흡	① 앉거나 누워서 한 손은 가슴에 한 손은 배 위에 올립니다. ② 가슴에 올려놓은 손으로는 가슴으로 숨 쉬지 않도록 확인하고 배에 올려둔 손의 감각에 집중합니다. ③ 배가 부풀어 오르도록 코를 통해서 깊게 숨을 들이마십니다. ④ 풍선 바람이 서서히 빠지는 것처럼 입으로 숨을 내쉽니다. ⑤ 2~3초간 숨을 들이마시고 2초간 숨을 참았다가 5초간 숨을 내쉽니다.

4. 충동성 다루기

목표

(1) '충동성'의 의미가 무엇인지 알고 자신의 충동적인 행동을 탐색할 수 있다.

(2) 다양한 상황에서 나타나는 충동적인 행동을 이해하고 바람직한 조절 방법을 습득할 수 있다.

활동내용

◆ 일상 및 미디어 관련 충동 다루기

(1) 스스로 조절하기 힘들거나 견디기 힘든 상황을 이야기한다(끼어들기, 지루한 상황 견디기, 게임, 유튜브 등).

(2) 충동을 조절하지 못한 경우 어떤 상황이 발생하는지 이야기한다.

(3) 충동을 조절하기 위해 어떤 방법을 사용하는지 이야기한다.

(4) 이야기한 내용을 바탕으로 활동지를 작성하고 발표한다.

(5) 활동을 정리하며 소감을 나누고, 다음 시간을 소개하며 마무리한다.

◆ 신체 관련 충동 다루기

(1) 워크시트의 그림을 보며 각각 어떤 상황인지, 어떤 기분을 느끼는지 이야기한다.

(2) 충동을 조절하지 못한 경우 어떤 상황이 발생하는지 이야기한다.

(3) 타인, 특히 이성과의 관계에서 조심해야 할 부분을 이야기한다(적절한 신체 거리 유지하기, 어깨동무, 팔짱 끼기, 머리 만지기 등).

(4) 충동을 조절하기 위해 어떤 방법을 사용할 수 있는지 이야기한다.

(5) 활동을 정리하며 소감을 나누고, 다음 시간을 소개하며 마무리한다.

활동 TIP

- [신체 관련 충동] 청소년의 경우 다양한 상황 예시를 설명하고 나와 타인의 신체 경계를 집중적으로 다룰 필요가 있다.

일상 및 미디어 관련 충동 다루기

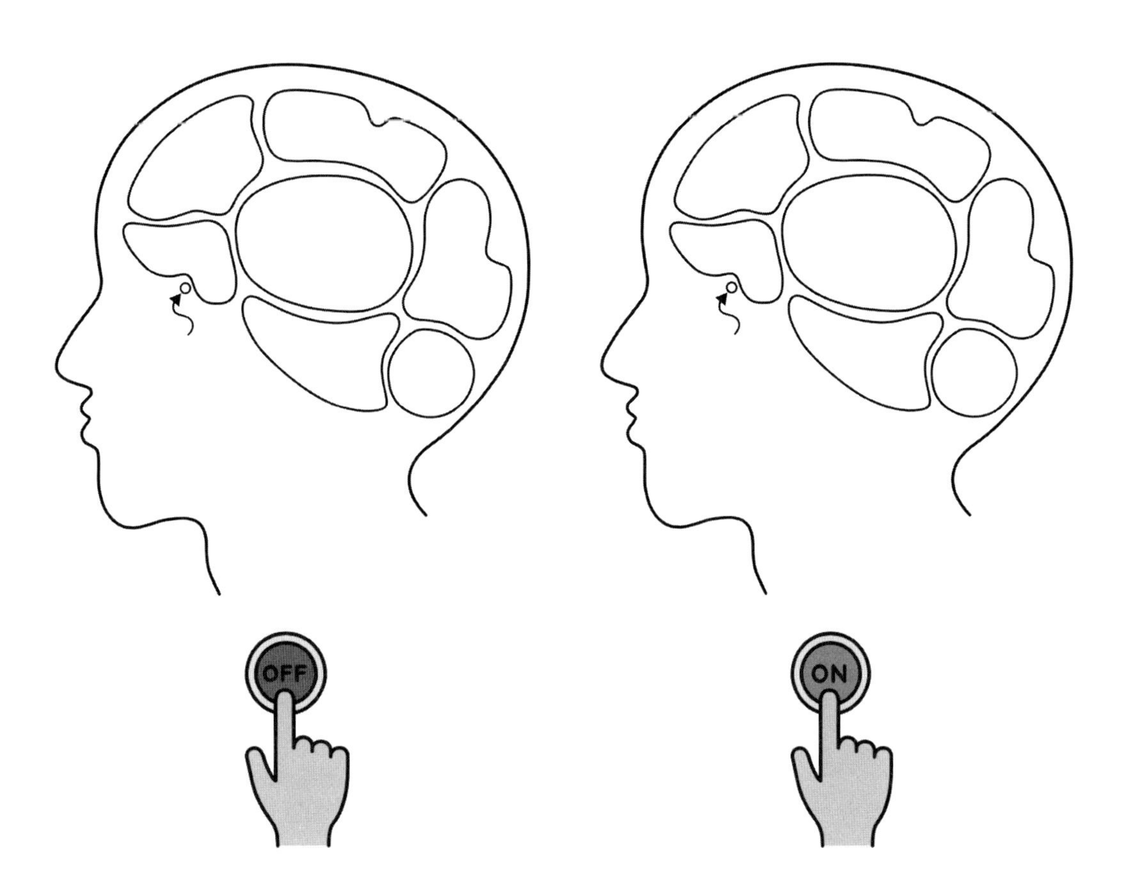

• 충동 조절을 하지 못한 경우 어떤 문제가 생기나요?

• 나는 어떻게 충동을 조절하나요?

신체 관련 충동 다루기

- 다음은 어떤 상황일까요?
- 상대방은 어떤 기분을 느꼈을까요?
- 친구에게 너무 가까이 다가가거나 떨어져서 이야기하면 어떤 문제가 생길까요?
- 내가 친구에게 너무 가까이 가서 불편하다면 친구는 어떤 행동이나 표정을 보일까요?
- 친구들과 이야기할 때 적당한 거리는 얼마일까요?
- 친구가 나에게 너무 가까이 다가오면 어떻게 할까요?

- 다음은 어떤 상황일까요?
- 상대방은 어떤 기분을 느꼈을까요?
- 왜 그런 기분을 느꼈을까요?
- 내가 계속 이렇게 행동한다면 어떤 결과가 생길까요?
- 반가움의 표현으로 헤드락과 같은 과격한 행동을 하면 어떤 기분이 들까요?
- 친구에게 반가운 마음을 어떻게 표현하면 좋을까요?
- 이런 행동을 하는 친구에게 어떻게 해야 할까요?

- 다음은 어떤 상황일까요?
- 이 상황의 문제점이 뭘까요?
- 상대방은 어떤 기분을 느꼈을까요?
- 친하지 않은 사람이 허락 없이 내 몸을 갑자기 만지면 어떤 기분이 들까요?
- 이런 상황에서는 어떻게 해야 할까요?

- 다음은 어떤 상황일까요?
- 이 상황의 문제점이 뭘까요?
- 상대방은 어떤 기분을 느꼈을까요?
- 친하지 않은 사람이 허락 없이 내 몸을 갑자기 만지면 어떤 기분이 들까요?
- 이런 상황에서는 어떻게 해야 할까요?
- 친구가 허락 없이 내 몸을 만지면 어떻게 할까요?

- 다음은 어떤 상황일까요?
- 이 상황의 문제점이 뭘까요?
- 상대방은 어떤 기분을 느꼈을까요?
- 친하지 않은 사람이 허락 없이 내 몸을 갑자기 만지면 어떤 기분이 들까요?
- 이런 상황에서는 어떻게 해야 할까요?
- 친구가 허락 없이 내 몸을 만지면 어떻게 할까요?

- 다음은 어떤 상황일까요?
- 이 상황의 문제점이 뭘까요?
- 상대방은 어떤 기분을 느꼈을까요?
- 친하지 않은 사람이 허락 없이 머리를 쓰다듬으면 어떤 기분이 들까요?
- 이런 상황에서는 어떻게 해야 할까요?
- 친구가 허락 없이 내 몸을 만지면 어떻게 할까요?

- 다음은 어떤 상황일까요?
- 이 상황의 문제점이 뭘까요?
- 다른 사람이 이 상황을 본다면 어떻게 생각할까요?
- 사람들과 함께 있는 상황에서는 어떻게 해야 할까요?

- 다음은 어떤 상황일까요?
- 이 상황의 문제점이 뭘까요?
- 다른 사람이 이 상황을 본다면 어떻게 생각할까요?
- 사람들과 함께 있는 상황에서는 어떻게 해야 할까요?

- 다음은 어떤 상황일까요?
- 이 상황의 문제점이 뭘까요?
- 다른 사람이 이 상황을 본다면 어떻게 생각할까요?
- 사람들과 함께 있는 상황에서는 어떻게 해야 할까요?

2부
학교생활을 돕는 적응 기술

서론

2부 학교생활을 돕는 적응 기술

'학교생활 적응'이란 교사, 학생 그리고 의미 있는 타인과 생활하는 학교 환경에서 아동이 환경과 잘 조화되고 원만한 관계를 형성할 수 있는 상호작용을 함으로써 이러한 행동을 통해 학교 수업 및 학교생활 전반에 적극적으로 참여하고 학교의 규범에도 순응하며 자신의 역할을 잘 수행하는 것이라고 이야기할 수 있다.

학령기 아동은 학교에서 오랜 시간을 보내며 이러한 학교생활을 통해서 기본적인 사회 적응 기술을 습득하고 이 시기에 습득한 기술은 청소년기뿐 아니라 성인이 된 이후의 성격이나 사회성과도 밀접하게 관련된다. 학교생활에 잘 적응하고 편안하게 느끼는 아동은 학교에 대한 긍정적인 이미지와 태도, 동기로 인해 좋은 학업 결과를 기대할 수 있고 행동 특성 또한 바람직하게 형성되어 학생 개인의 성장과 나아가서는 학교와 사회 발전에 도움을 줄 수 있다. 더불어 학년이 올라가며 많은 시간을 학교에서 생활하게 되면서 학교생활의 적응력은 아이의 행복과 안녕감에도 상당한 영향을 미칠 것으로 생각된다.

학교는 변화하는 사회 환경에서 효과적으로 적응할 수 있도록 하는 힘을 길러가는 중요한 역할을 의도적으로 수행하는 기관으로 아동이 학교생활에 잘 적응하는 능력은 이후 끊임없이 변화하는 사회 환경에서 잘 적응하는 능력인 사회 적응 능력의 기초가 되며 청소년의 심리 사회적 건강의 중요한 지표로 성인기로의 성공적 전환을 예측하는 중요한 요인이 되기 때문에 아동, 청소년기의 학교생활 적응은 개인의 성장과 발달에 중요한 의미가 있다.

'2부 학교생활을 돕는 적응 기술'은 새 학년, 새 학기 학교생활의 시작부터 학교생활의 다양한 측면에서 우리 아이가 스스로 자신을 관리하여 적응적인 학교생활을 할 수 있도록 도울 수 있는 다양한 활동내용으로 구성되어 있다.

2부의 활동을 통해 아이는 학교의 규칙을 잘 준수하면서 선생님, 학급 친구들과 원만한 대인관계를 형성하고 유지하는 방법을 배우고 익힐 수 있을 것이다. 또한 수업을 포함한 학교에서 이루어지는 다양한 활동들에 적절하게 참여하고 경험하면서 학교생활에 만족감을 느끼고 자신에 대한 보다 긍정적인 생각과 행복감을 느낄 수 있도록 도움을 줄 수 있을 것을 기대한다.

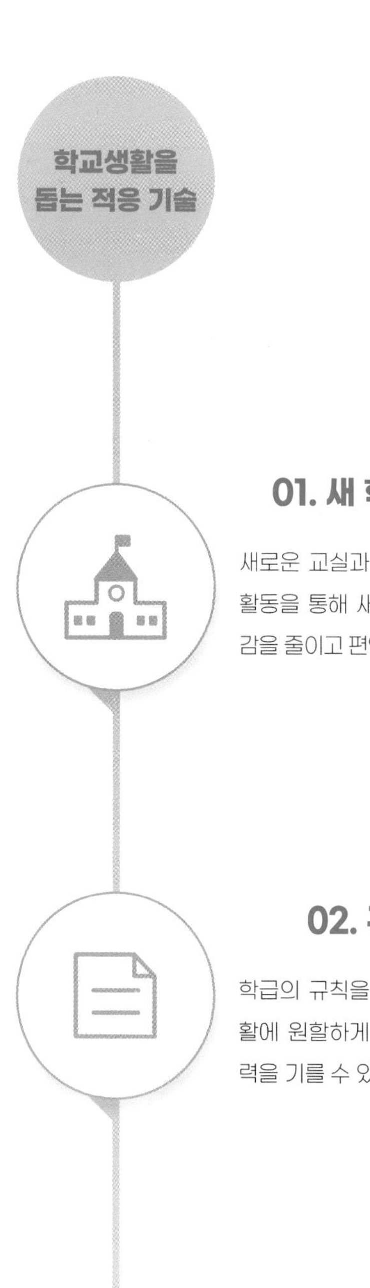

01. 새 학기 준비(적응)하기

새로운 교실과 학급 친구들, 선생님을 탐색하는 활동을 통해 새로운 환경에 대한 긴장감과 불안감을 줄이고 편안하게 지낼 수 있도록 돕는다.

02. 규칙, 지시 따르기

학급의 규칙을 이해하고 따르는 태도로 학급생활에 원활하게 적응하고 책임감과 자기통제 능력을 기를 수 있다.

03. 수업 준비하기

적절한 수업 참여 태도를 알고 수업에 참여하면서 필요한 자기 관리 능력과 문제 해결 능력을 향상시킨다.

04. 또래(학급) 활동

학급 친구와 친해지고 함께 시간을 보내는 방법을 탐색하며, 이를 통해 또래와 친밀감과 유대감을 형성하고 학교생활의 즐거움을 느낄 수 있도록 돕는다.

05. 공간 관리

개인 공간과 공동 공간을 구분하고 각 공간을 깨끗하고 질서있게 사용하는 방법을 배워 적절하게 관리할 수 있다.

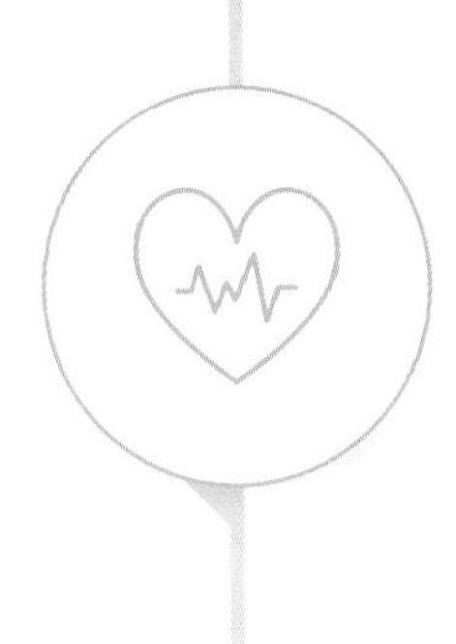

06. 스트레스 관리

새 학기, 시험 등 학교생활에서의 스트레스를 파악하고 관리하는 방법을 배워 건강하고 적응적인 학교생활을 할 수 있도록 돕는다.

07. 특별 활동

학교생활 중 이루어지는 수업 외 활동에 적절하게 참여하는 방법을 알고 적극적으로 참여하여 자기 성장 및 긍정적 또래 관계를 경험 할 수 있도록 돕는다.

4장 학교생활을 위한 자기조절

1. 새 학기 준비(적응)하기
2. 규칙, 지시 따르기
3. 수업 준비하기
4. 또래(학급) 활동
5. 공간 관리
6. 스트레스 관리

1. 새 학기 준비(적응)하기

1) 학교 파악하기

목표

(1) 학교 탐색 활동을 통해 낯선 공간에 대한 친밀감을 높일 수 있다.

(2) 학교 공간을 파악하고 각각의 이용 목적과 공간별 지켜야 할 규칙을 파악하여 적응력을 높인다.

활동내용

◆ 학교에서 본 것

(1) 학교에 어떤 공간이 있는지 이야기한다.

(2) 학교에서 내가 좋아하는 공간과 싫어하는 공간을 이야기한다.

(3) 활동 워밍업으로 〈시장에 가면〉 게임을 학교에 가면으로 바꾸어 〈학교에 가면〉 게임을 진행하며 그룹원이 돌아가며 학교에서 볼 수 있는 공간을 이야기한다.

(4) 활동지에 제시된 각각의 장소에서 지켜야 할 규칙을 적는다.

(5) 제시된 장소 중 하나를 선택하여 장소이용 규칙을 발표한다.

(6) 활동을 정리하며 소감을 나누고, 다음 시간을 소개하며 마무리한다.

◆ 내가 다니고 싶은 학교 그리기

* 준비물: 활동지 혹은 도화지, 연필, 지우개, 색연필, 사인펜 등

(1) 학교에서 가장 좋아하는 공간과 내가 좋아하지는 않지만, 꼭 필요한 공간이 무엇이 있는지 이야기한다.

(2) 학교에 있었으면 하는 공간은 무엇이 있는지 생각한다.

(3) 학교에 있었으면 하는 장소와 좋아하는 장소 등을 포함하여 나만의 특별한 학교를 그림을 그려 표현한다.

(4) 활동내용을 발표하며 자신이 소망하는 장소를 누구와 함께 어떻게 이용하고 싶은지 이

야기한다.

(5) 활동을 정리하며 소감을 나누고, 다음 시간을 소개하며 마무리한다.

활동 TIP

- 개별로 진행 시 학교 홈페이지를 방문해 실제 학교 지도를 보며 각 장소를 살펴볼 수 있다.
- [학교에서 본 것] 제시된 장소 외에 다른 장소를 골라 활동을 진행할 수도 있다.

학교에서 본 것

❓ 각 장소에 필요한 규칙을 생각하고 적어 보세요.

급식실

예) 식판을 들고 친구와 장난치지 않는다.

도서실

화장실

운동장

교실

교무실

복도

보건실

2) 담임선생님 파악하기

목표

담임선생님을 탐색하며 선생님의 이름과 특성을 파악하여 친밀감을 느끼고 긍정적인 관계를 형성할 수 있다.

활동내용

◆ 담임선생님 인터뷰 질문 만들기

(1) 담임선생님과 긍정적인 관계를 형성하기 위해 알아야 할 것을 이야기한다.

(2) 담임선생님의 특성을 잘 알기 위한 인터뷰 질문을 직접 만들어 활동지에 적고 발표한다.

(3) 그룹원의 발표를 들으며 좋다고 생각되는 인터뷰 질문을 공유한다.

(4) 활동을 정리하며 소감을 나누고, 다음 시간을 소개하며 마무리한다.

◆ 선생님 캐릭터 만들기

(1) 선생님을 생각했을 때 연상되는 동물이나 사물, 이미지는 어떤 것이 있을지 이야기한다.

(2) 담임선생님 및 교과목 선생님의 이미지를 생각하며 선생님을 캐릭터로 표현하고, 각 선생님의 특징을 적는다.

(3) 친절도, 인내력, 숙제력, 공격력 외에 선생님을 표현할 수 있는 단어를 각자 추가하고 수치화하여 표현한다.

(4) 활동내용을 발표하며 선생님을 소개하고 캐릭터 이름을 짓는다.

(5) 활동을 정리하며 소감을 나누고, 다음 시간을 소개하며 마무리한다.

활동 TIP

- 담임선생님의 이미지를 조금 더 쉽게 떠올릴 수 있게 다양한 표정과 행동의 이모티콘이나 동물을 제시한다.

담임선생님 인터뷰 질문 만들기

? 담임선생님을 알기 위한 질문을 적어 보세요.

담임선생님이 알고 싶다

담임선생님 이름

선생님 첫인상

질문1. 선생님이 좋아하는 행동은?

선생님 캐릭터 만들기

예시)

담임선생님

특징: 친절하게 웃으면서 숙제 많이 내주심.

- 친절도
- 인내력
- 숙제력
- 공격력
- ______

특징:

- 친절도
- 인내력
- 숙제력
- 공격력
- ______

특징:

- 친절도
- 인내력
- 숙제력
- 공격력
- ______

특징:

- 친절도
- 인내력
- 숙제력
- 공격력
- ______

3) 반 분위기 탐색하기

목표

(1) 반 친구들의 이름과 다양한 성향을 파악할 수 있다.

(2) 내가 선호하는 반 친구들과 그 이유를 파악하고 나는 반 친구들에게 어떤 모습인지 탐색하여 적절한 교우 관계를 이해할 수 있도록 돕는다.

활동내용

◆ 우리 반 놀이동산으로 표현하기

(1) 우리 반을 생각했을 때 떠오르는 단어 한두 가지를 이야기한다.

(시끄러움, 조용함, 운동을 잘함, 공부를 잘함, 재미있음, 남녀 성비 등)

(2) 활동지의 놀이기구를 보며 각 놀이기구의 특징을 이야기한다.

(3) 놀이기구의 특징과 어울리는 우리 반 친구를 생각해 놀이기구마다 친구의 이름을 적고 발표한다.

(4) 1년을 함께 할 친구들의 성향을 아는 것이 중요한 이유를 이야기한다.

(5) 활동을 정리하며 소감을 나누고, 다음 시간을 소개하며 마무리한다.

◆ 우리 반 친구를 소개해요

(1) 새 학기를 맞이하여 현재 자신의 반에 어떤 친구들이 있는지 특징적인 친구를 이야기한다.

(2) 우리 반 친구를 떠올려보고 생각나는 친구와 어울리는 동물을 그리고 친구의 이름을 적는다.

(3) 활동내용을 발표하며 우리 반 친구들을 소개한다.

(4) 활동을 정리하며 소감을 나누고, 다음 시간을 소개하며 마무리한다.

◆ 우리 반 MBTI 보고서

(1) MBTI 중 E와 I의 성향을 이야기한다.

(2) 우리 반 친구들의 성향을 생각하며 E와 I에 친구들을 각각 배치한다.

(3) 나는 어떤 성향인지 고민하고 나도 함께 배치한다.

(4) 활동내용을 발표하며 나의 성향을 이야기하고 같은 성향 중 친해지고 싶은 친구, 다른 성향이지만 잘 맞을 것 같은 친구를 소개한다.

(5) 활동을 정리하며 소감을 나누고, 다음 시간을 소개하며 마무리한다.

◆ 우리 반에서 나는?

(1) 나의 짝 혹은 가까이에 앉은 친구와 반에서 친해지고 싶은 친구를 소개한다.

(2) 활동지에 자신이 원하는 자리, 학급 친구들의 자리를 배치하며 자신이 원하는 자리 배치도를 만든다.

(3) 활동지를 발표하며 자리 배치의 이유를 이야기한다.

(4) 활동을 정리하며 소감을 나누고, 다음 시간을 소개하며 마무리한다.

◆ 개학 후 나의 모습

(1) 흥미 유발을 위한 <이름 눈치 게임> 활동을 진행한다(기존의 눈치 게임과 규칙은 같지만, 숫자를 이름으로 바꾸어 자신의 이름을 외치면서 일어나는 게임, 동시에 일어나거나 마지막까지 남아있으면 탈락이다).

(2) 개학 날 느낄 수 있는 감정을 생각하고 이야기한다.

(3) 개학 날 나의 모습, 내가 바라는 선생님, 내가 바라는 친구들의 모습을 각각 그림으로 표현하고 발표한다.

(4) 활동을 정리하며 소감을 나누고, 다음 시간을 소개하며 마무리한다.

활동 TIP

- 반 친구들의 이미지뿐만 아니라 다른 사람들이 자신을 생각하는 이미지와 특징을 알고 이야기할 수 있도록 한다.
- 발표 시 반 친구들의 개인정보 노출, tmi는 이야기하지 않도록 사전 구조화한다.
- [우리 반 놀이동산으로 표현하기] 비유나 표현이 어렵다면 반 친구마다 어울리는 이모티콘을 매치해 보는 등 쉬운 활동으로 변형할 수 있다.
- [개학 후 나의 모습] 진행 시 팁 추가 활동 시작 전 ('눈을 감고 개학 첫날을 머릿속으로 그려 본다' 등으로 명상의 개념으로 시간이 흘러서 오늘은 개학 첫날, 8시 59분, 낯선 교실에, 얼굴은 알지만, 친하지 않은 친구들이 잔뜩 있고, 이때 문을 열고 새로운 선생님이 들어온다. 나의 기분은?

우리 반 놀이동산으로 표현하기

? 놀이기구와 어울리는 우리 반 친구를 생각해 이름을 적어 보세요.

우리 반 친구를 소개해요

? 우리 반 친구를 생각해 보고 그 친구와 어울리는 동물을 그려 표현해 보세요.

우리 반 푸바오(판다) 같은 친구는?

(　　　　　　)

우리 반 뱀 같은 친구는?

(　　　　　　)

우리 반 ________ 같은 친구는?

(　　　　　　)

우리 반 ________ 같은 친구는?

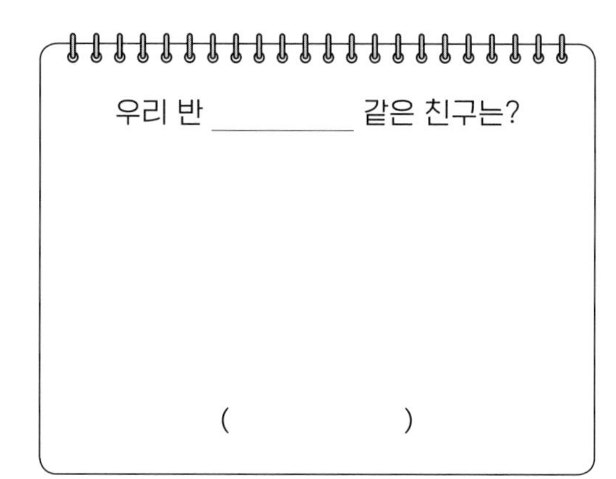

(　　　　　　)

우리 반 ________ 같은 친구는?

(　　　　　　)

우리 반 ________ 같은 친구는?

(　　　　　　)

E와 I를 찾아라

I

우리 반에서 나는?

ⓘ 내가 원하는 자리와 친해지고 싶은 친구를 생각하며 내가 원하는 반 배치도를 만들어 본다.

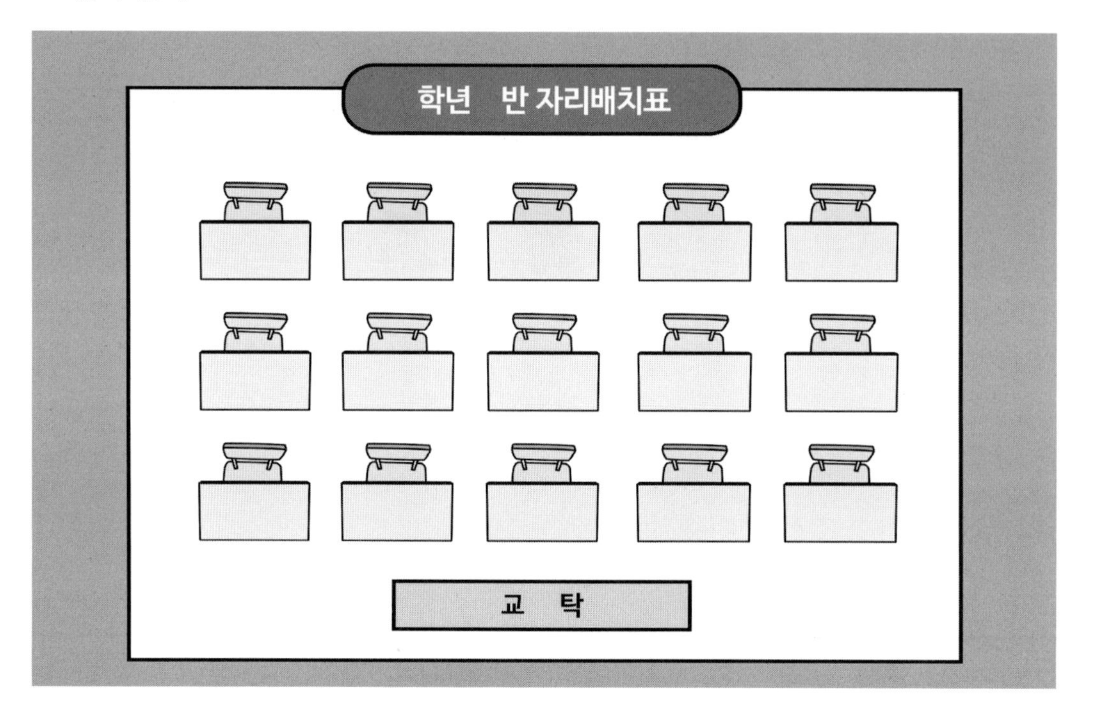

• 교실에서 실제 내 위치는 어디이고 내 자리는 마음에 드나요?

• 마음에 든다면 그 이유는? 마음에 들지 않는다면 그 이유는?

• 위 그림에서 내 자리는 어디이고 배치한 이유는 무엇인가요?

개학 후 나의 모습

개학 후 나의 모습, 내가 바라는 선생님과 친구들의 모습을 그려 보세요.

개학 후 나의 모습

- 개학 첫날 나는 어떤 느낌인가요?
- 내가 바라는 선생님은 어떤 모습인가요?
- 내가 바라는 반 친구들은 어떤 모습인가요?

2. 규칙, 지시 따르기

1) 우리 반규칙 알아보고 지키기

목표

(1) 규칙의 의미를 이해할 수 있다.

(2) 학교에서 지켜야 할 규칙을 이해하고, 규칙을 지킬 수 있다.

(3) 규칙을 잘 지켰을 때의 좋은 점과 지키지 않았을 때의 좋지 않은 점을 알 수 있다.

활동내용

◆ 우리 반규칙 소개하기

(1) '규칙'이란 무엇이고, 왜 필요한 것인지 이야기한다.

- 규칙을 지키지 않으면 어떻게 될까?
- 우리 반에는 어떤 규칙들이 있을까?

(2) 학교에서 시간, 장소마다 지켜야 하는 규칙을 이야기한다.

(3) 활동지에 우리 반규칙을 적고 규칙을 지키지 못했을 때 벌칙도 직접 정한다.

(4) 활동지를 발표하며 규칙을 잘 지켰을 때의 좋은 점과 지키지 않았을 때의 좋지 않은 점을 함께 이야기한다.

(5) 활동을 정리하며 소감을 나누고, 다음 시간을 소개하며 마무리한다.

◆ 규칙 보드게임

(1) '규칙'이란 무엇이고, 왜 필요한 것인지 이야기한다.

- 규칙을 지키지 않으면 어떻게 될까?
- 우리 반에는 어떤 규칙들이 있을까?

(2) 학교에서 시간, 장소마다 지켜야 하는 규칙을 생각하고 학교와 교실에서 지켜야 하는 규칙은 어떤 것이 있는지 이야기한다.

(3) 규칙 보드게임을 친구들과 같이 만든다.

(4) 보드게임판을 만들면서 자신이 신경 써야 할 규칙을 알아보고 꼭 지켜야 하는 규칙은 무엇인지 이야기한다.

(5) 활동을 정리하며 소감을 나누고, 다음 시간을 소개하며 마무리한다.

◆ 우리 반규칙

(1) '규칙'이란 무엇이고, 왜 필요한 것인지 이야기한다.

- 규칙을 지키지 않으면 어떻게 될까?
- 우리 반에는 어떤 규칙들이 있을까?

(2) 학교에서 시간, 장소마다 지켜야 하는 규칙을 생각하고 학교와 교실에서 지켜야 하는 규칙은 어떤 것이 있는지 이야기한다.

(3) 우리 반에서 가장 중요하다고 생각하는 규칙과 그 이유를 이야기한다.

(4) 활동지를 작성하고 발표하며 빼고 싶은 규칙과 추가하고 싶은 규칙의 이유를 이야기한다.

(5) 활동을 정리하며 소감을 나누고, 다음 시간을 소개하며 마무리한다.

활동 TIP

- [규칙 보드게임] 자신만의 규칙 보드게임을 만드는 활동으로 이어갈 수 있다.

우리 반규칙 소개하기

? 우리 반규칙을 적고, 지키지 않았을 때 벌칙을 정해 보세요.

우리 반규칙

	지켜야 할 행동	지키지 않았을 때
①	복도에서 뛰지 않는다.	운동장 한바퀴 돌기
②		
③		
④		
⑤		
⑥		
⑦		
⑧		
⑨		

• 규칙과 관련하여 선생님이 자주하는 말은?

우리 반규칙

ⓘ 우리 반규칙을 생각하며 활동지를 작성해 보세요.

담임선생님이 가장 싫어하는 행동

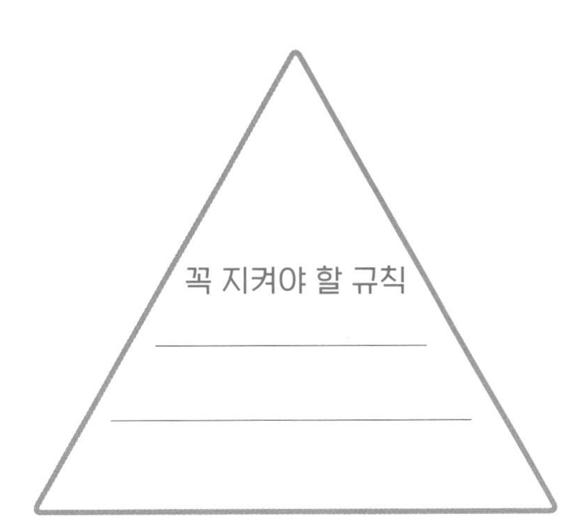

빼고 싶은 규칙

추가하고 싶은 규칙

2) 수업 방해 행동 알고 하지 않기

목표

수업에 방해가 되는 행동을 알고 자신의 행동을 점검할 수 있다.

활동내용

◆ 수업 방해 행동 벌점 표

(1) 수업을 방해하는 것이 무엇인지 각자 생각을 이야기하고 정의한다.

(2) 수업을 방해하는 행동, 상황 사진을 몇 가지 보여 주며 제시한 행동이 옐로카드 행동인지 레드카드 행동인지 함께 이야기한다.

(3) 활동지의 수업 방해 행동을 보고 어떤 행동을 하고 있는지 적고 1-10점 사이로 벌점을 매긴다.

(4) 활동지 내용을 발표하며 자신이 생각하는 가장 방해가 되는 행동은 어떤 행동인지 함께 이야기한다.

(5) 활동을 정리하며 소감을 나누고, 다음 시간을 소개하며 마무리한다.

◆ 내가 잘하고 싶은 행동은?

(1) 수업 중 방해되는 행동과 그 이유를 자유롭게 이야기하고 방해되는 행동을 했을 때 어떤 일이 생길 수 있을지도 함께 이야기한다.

(2) 자신이 수업 방해 행동을 한 경험이나 친구의 어떤 행동이 수업에 집중하는 것을 방해했는지 생각한다.

(3) 현재 수업에 집중하는 것을 방해하는 자신의 행동과 수업에 집중하기 위해 자신이 잘하고 싶은 행동을 각각 표현하고 발표한다.

(4) 활동을 정리하며 소감을 나누고, 다음 시간을 소개하며 마무리한다.

활동 TIP

• [수업 방해 행동 벌점 표] 도입 시 제시된 행동 사진 외에 옐로카드라고 생각되는 행동, 레드카드라고 생각되는 행동을 그룹원끼리 직접 이야기하며 진행할 수 있다.

수업 방해 행동 벌점 표

ⓘ 다음 그림을 보고 수업 방해 행동의 내용을 적고 벌점을 정해 보세요.

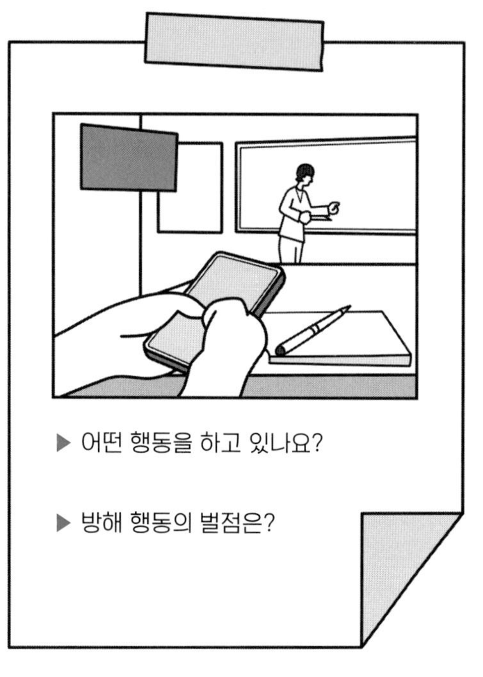

▶ 어떤 행동을 하고 있나요?

▶ 방해 행동의 벌점은?

▶ 어떤 행동을 하고 있나요?

▶ 방해 행동의 벌점은?

▶ 어떤 행동을 하고 있나요?

▶ 방해 행동의 벌점은?

▶ 어떤 행동을 하고 있나요?

▶ 방해 행동의 벌점은?

▶ 어떤 행동을 하고 있나요?
▶ 방해 행동의 벌점은?
▶ 어떤 행동을 하고 있나요?
▶ 방해 행동의 벌점은?
▶ 어떤 행동을 하고 있나요?
▶ 방해 행동의 벌점은?
▶ 어떤 행동을 하고 있나요?
▶ 방해 행동의 벌점은?

내가 잘하고 싶은 행동은?

지금의 나

달라진 나

• 나의 수업 방해 행동은 무엇인가요?

• 수업 방해를 하지 않는 모습은 어떤 모습인가요?

3. 수업 준비하기

1) 시간표 관리하기

목표

(1) 수업 시간표를 알고 그에 맞는 준비를 스스로 할 수 있다.

(2) 체계적으로 시간을 관리하고 융통성 있게 활용할 수 있다.

활동내용

◆ 시간표 체크리스트

(1) 우리 학교의 수업 시간표를 알고 그에 맞는 준비 과정이 왜 필요한 것인지 이야기한다.

(2) 수업 전날과 등교 후 시간표를 확인하며 준비사항을 체크한다.

(3) 활동지 내용 외 준비사항이 있다면 추가로 작성한다.

(4) 평소 잘 지키고 있는 것과 지키기 어려운 것을 추가로 이야기한다.

(5) 가정 및 학교에서 활동지를 활용할 수 있도록 한다.

(6) 활동을 정리하며 소감을 나누고, 다음 시간을 소개하며 마무리한다.

◆ 쉬는 시간 활용

(1) 학교에서 정해져 있는 시간, 지켜야 하는 시간에는 어떤 것들이 있는지, 그리고 그러한 시간은 왜 지켜져야 하는지 이야기한다(쉬는 시간이 없다면 어떨까? 수업 시간이 지켜지지 않는다면 어떨까?).

(2) 평소 쉬는 시간에 무엇을 하는지 이야기한다.

(3) 다음 수업 시간을 위해 쉬는 시간에 준비해야 하는 것을 작성한다.

(4) 화장실, 선생님과 대화, 친구들과 놀이 등 자유롭게 활용할 수 있으나 실제 자신의 시간표를 활용하여 다음 수업 준비를 위해 체크해야 하는 것을 작성하고 발표한다.

(5) 활동을 정리하며 소감을 나누고, 다음 시간을 소개하며 마무리한다.

◆ 나의 시간표

(1) 우리 학교의 수업 시간표를 알고 그에 맞는 준비 과정이 왜 필요한 것인지 이야기한다.

(2) 실제 나의 시간표를 활동지에 작성하거나 사진을 붙인다.

(3) 활동지의 질문에 답을 쓰며 학교생활 시간 개념을 익힌다.

(4) 시간표 교과목 배치를 확인하며 좋은 점과 안 좋은 점을 이야기한다.

(5) 내일 시간표를 확인하며 숙제 및 준비물 등 확인해야 할 것을 이야기한다.

(6) 활동을 정리하며 소감을 나누고, 다음 시간을 소개하며 마무리한다.

활동 TIP

- 활동의 흥미를 돕기 위해 간단한 게임을 준비하여 진행할 수 있다.

시간표 체크리스트

ⓘ 시간표를 확인하며 준비사항을 체크해 보세요!

등교 전

	· 내일 시간표 확인하기	
	· 집에 가져온 교과서 미리 가방에 넣기	
	· 수업 준비물 챙기기	
	· 교과목 숙제 챙기기	
	· 제출할 유인물 챙기기	

등교 후

	· 시간표 변동사항 확인하기	
	· 이동 수업 확인하기	
	· 책상 서랍에 교과서 순서대로 정리하기	
	· 숙제, 준비물 각 수업 시간 전에 꺼내기	
	· 귀가 후 숙제 및 공부할 교과서 챙기기	

쉬는 시간 활용

ⓘ 아래 시간표를 보고 쉬는 시간에 해야할 일을 작성해 보세요.

영어	· 수업 장소: 교실 · 숙제: 영어 지문 쓰기 · 준비물: 없음	마지막 두 줄을 쓰지 못했다.
수학	· 수업 장소: 분반 수업 · 숙제: 교과서 10~14쪽 문제 풀기 · 준비물: 없음	나는 9반이지만, 수학 분반 수업은 10반에서 진행한다.
과학	· 수업 장소: 과학실 · 숙제: 없음 · 준비물: 면장갑	과학실은 본관 1층에 있다.
도덕	· 수업 장소: 교실 · 숙제: 없음 · 준비물: 없음	교과서를 집에 두고 왔다.
체육	· 수업 장소: 운동장 · 숙제: 없음 · 준비물: 체육복, 축구공	체육복은 사물함에 있다.

나의 시간표

<나의 시간표 붙이기>

✓ 등교/하교 시간은 언제지?	✓ 점심 시간은 몇 시지?
✓ 쉬는 시간은 몇 분이지?	✓ 수업 시간은 몇 분이지?
✓ 가장 많은 교과는 무엇이지?	✓ 이동 수업 교과는 무엇이지?

2) 준비물 챙기기

목표

(1) 준비물을 미리 파악하고 챙기는 방법을 알 수 있다.

(2) 준비물을 챙기지 못했을 경우 대처 방법을 알 수 있다.

활동내용

◆ 준비물을 준비하자!

(1) 학습 준비물을 챙겨야 하는 이유를 이야기한다.

(2) 준비물을 챙기지 못했을 때 어떤 일을 겪었는지 이야기하며 준비물을 챙기는 것에 대한 중요성을 생각한다.

(3) 준비물을 챙기지 못했을 때 어떻게 대처했는지 이야기한다.

(4) 활동지의 준비물을 확인하고 어떻게 준비할지 생각하고 준비과정을 따라 순서대로 작성한다.

(5) 실제 내일 또는 가장 가까운 날의 준비물 준비과정을 발표한다.

(6) 활동을 정리하며 소감을 나누고, 다음 시간을 소개하며 마무리한다.

◆ 준비물이 없다!

(1) 준비물을 챙기지 못했을 때 어떤 일을 겪었는지 이야기하며 준비물을 챙기는 것에 대한 중요성을 생각한다.

(2) 준비물을 챙기지 못했을 때 어떻게 대처했는지 생각하고, 필요한 준비물을 잊은 다양한 상황을 자유롭게 이야기한다.

(3) 각 상황에서 적절한 대처법과 준비물을 잊은 경험을 작성하고 발표한다.

(4) 활동을 정리하며 소감을 나누고, 다음 시간을 소개하며 마무리한다.

활동 TIP

- 준비물을 준비하는 것은 집에 이미 구매해 둔 것, 대여, 온라인 구매, 오프라인 구매 등 다양한 방법이 있다는 것을 알고 준비물 및 상황에 맞춰 구매하는 데 필요한 날로부터 미리 준비해야 하는 것을 알도록 한다.

준비물을 준비하자!

준비물	어떻게 준비하지?
"다음 준비물은 리코더에요."	· 집에 있을까?
	· 어디서 구매할까?
	· 예상 가격은?
	· 용돈으로 구매 가능한가?
"다음 시간에 직자, 삼각자, 각도기, 컴퍼스 모두 챙겨오세요."	· 집에 있을까?
	· 어디서 구매할까?
	· 예상 가격은?
	· 용돈으로 구매 가능한가?
자물쇠가 제대로 되지 않는다.	· 집에 있을까?
	· 어디서 구매할까?
	· 예상 가격은?
	· 용돈으로 구매 가능한가?
신발주머니와 실내화를 잃어버렸다.	· 집에 있을까?
	· 어디서 구매할까?
	· 예상 가격은?
	· 용돈으로 구매 가능한가?
내일 나의 준비물은?	· 집에 있을까?
	· 어디서 구매할까?
	· 예상 가격은?
	· 용돈으로 구매 가능한가?

준비물이 없다!

준비물	나의 선택은?
오늘 수업 교과서를 집에 두고 왔다.	① 쉬는 시간에 집에 가서 가져온다.
	② 옆 반 친구에게 빌린다.
	③ 학교에 가지 않는다.
	④ 선생님께 솔직하게 이야기한다.
색종이 챙기는 것을 깜빡했다.	① 등굣길에 구매한다.
	② 준비물이 있는 척 수업을 듣는다.
	③ 수업에 참여하지 않는다.
	④ 색종이가 많은 친구에게 빌린다.
체육복을 챙기지 못했다.	① 친구에게 빌리고 세탁하여 돌려준다.
	② 선생님께 솔직하게 말씀드린다.
	③ 부모님께 연락한다.
	④ 교실에서 나가지 않는다.
오늘 과자 파티가 이제야 생각났다.	① 친구 과자를 하나 뺏는다.
	② 등굣길에 편의점에 가서 구매한다.
	③ 깜빡했으니 다른 친구 과자를 먹는다.
	④ 많이 준비한 친구에게 빌린다.
나의 경험은?	①
	②
	③
	④

무지개 과자 파티

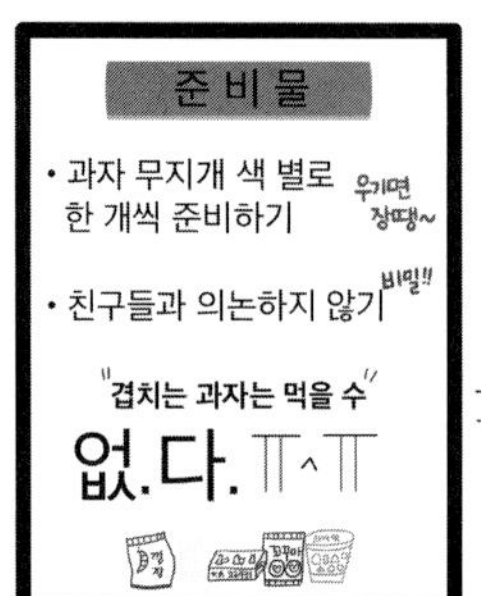

① 준비한 과자를 모두 챙겨 자리에 앉으세요! 과자를 책상 아래 숨겨주세요.

② 하나, 둘, 셋에 맞추어 책상 위에 과자를 올려요. 무지개 색 순서대로 시작합니다! 빨간색 과자 준비하고~ 하나, 둘, 셋!

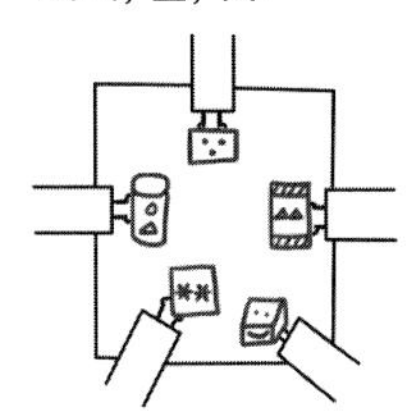

③ 모두 같은 색, 다른 과자! 성공입니다! 이 과자는 모두 과자 파티에서 먹을 수 있어요! 빨간색 과자 통과!

④ 주황색 과자를 준비하고 하나, 둘, 셋에 책상 위로 올리는 거예요. 하나, 둘, 셋!

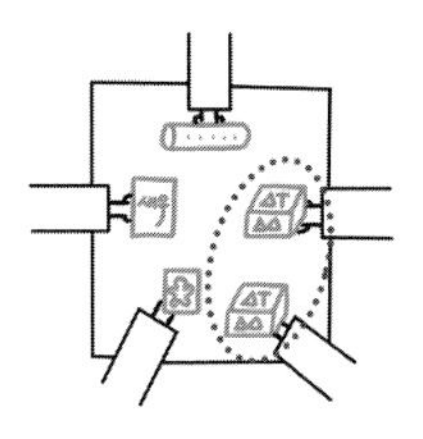

⑤ 모두 같은 색이지만 같은 과자가 있어요! 이 색의 과자는 오늘 과자 파티에서 먹을 수 없어요.

⑥ 모두 다른 과자를 가져온 색의 과자로 즐거운 파티를 시작해요!

TIP

· 겹치는 색을 모두 제외하는 것이 아니라, 겹치는 과자만 제외하고 진행할 수 있다.
· 1인당 7개의 과자를 구매하는 것이 부담스럽다면, 랜덤으로 3개를 준비하여 무지개 색이 완성되는 과자로만 파티를 진행할 수 있다.

준비물 눈치게임

① 무엇을 만들지 정한다.  	② 상의하지 않고 각자 필요한 재료를 가져온다. 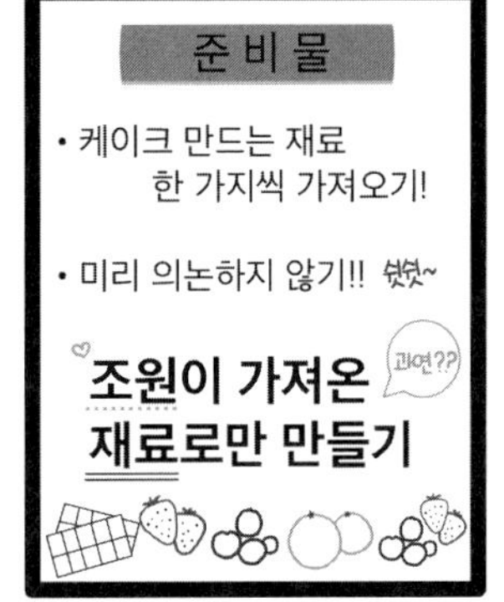
③ 준비한 재료를 모아 필요 이상으로 많은 재료, 없는 재료를 파악한다. 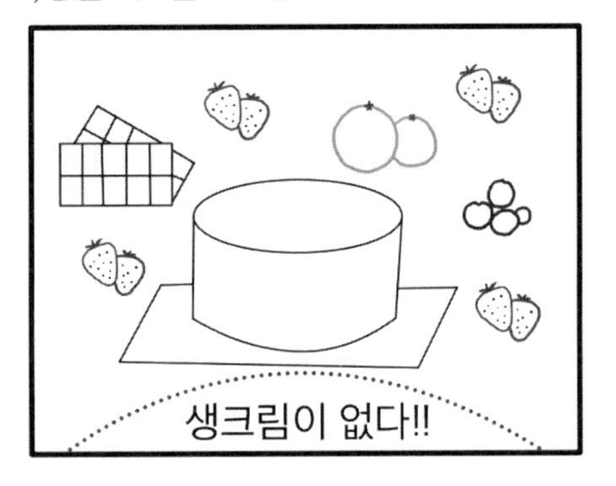 	④ 우리 조의 많은 재료를 다른 조와 거래한다. 
⑤ 활동을 위해 준비한 재료 외 다른 거래 수단으로 할 수 없다.  	**TIP** · 케이크, 떡볶이, 마라탕 등 다양한 활동으로 진행할 수 있다. · 기본 재료는 진행자가 준비할 수 있다. 예) 케이크 - 빵 시트 · 거래에 대한 사전 구조화를 한다. 예) 조원과 상의 후 거래하기 양과 가격 비교 후 거래하기 주거나 받기만 하지 않기

3) 숙제하기

목표

주어진 숙제의 중요도를 알고 스스로 숙제를 파악하여 수행할 수 있다.

활동내용

◆ 나의 숙제 리스트

(1) 숙제해야 하는 이유와 숙제하지 못했을 때 겪게 되는 상황을 이야기한다.

(2) 숙제 리스트를 예시와 같이 과목명, 숙제 내용, 예상 소요 시간을 작성한다.

(3) To Do List를 예시와 같이 숙제를 완료해야 하는 날, 언제 숙제를 할지 등 숙제 리스트를 확인하며 작성한다.

(4) 일주일 단위로 작성하며 숙제 진행 정도를 작성하고, 완료하지 않은 숙제는 다음 주 숙제 리스트에 추가한다.

(5) 활동을 정리하며 소감을 나누고, 다음 시간을 소개하며 마무리한다.

◆ 숙제 우선순위

(1) 숙제할 때 우선순위를 정하는 것이 왜 중요한지 생각하고 우선순위를 정하는 다양한 기준을 자유롭게 이야기한다.

(2) 평소 숙제를 해왔던 자신만의 순위 기준을 생각하고, 더 적합한 기준을 이야기한다.

(3) 활동지에 제시된 중요도 및 시간에 따라 숙제를 작성한다.

(4) 활동지에 작성한 순위대로 숙제를 수행하고, 더 적합한 방법이 있다면 수정하여 자신에게 맞는 우선순위 표를 만든다.

(5) 활동을 정리하며 소감을 나누고, 다음 시간을 소개하며 마무리한다.

◆ 시간을 찾아라!

* 준비물: O/X 팻말

(1) 나는 일과 중 어떤 시간을 활용하여 숙제하는지 이야기한다.

(2) 정해둔 숙제 시간 외 효율적으로 시간을 활용하여 숙제한 경험을 이야기한다.

(3) 두 팀으로 나눠서 구호를 정한다.

(4) 진행자가 읽어 주는 내용을 듣고 팀 구호를 먼저 외친 팀에게 기회가 간다.

(5) 정답을 확인하고 상황에 따른 적절한 행동을 이야기한다.

(6) 정답을 많이 맞힌 팀이 승리한다.

(7) 활동지의 숙제 시간 활용 중 시도하고 싶은 것을 생각한다.

(8) 활동을 정리하며 소감을 나누고, 다음 시간을 소개하며 마무리한다.

활동 TIP

- 그룹 진행 시, 학습 방식 및 속도 개인차가 있으니 서로 비교하지 않고, 다른 학습 방법을 알고 유용한 방법은 공유할 수 있도록 한다.
- [나의 숙제 리스트] 활동지의 달력이 아닌 사용하는 달력에 직접 기록할 수 있다. 완료한 숙제에 형광펜 긋기, 가장 마감 날짜가 임박한 숙제는 빨간색으로 표시하기 등 활동지를 활용하며 자신에게 맞는 양식을 만들어 갈 수 있도록 한다.
- [숙제 우선순위] 우선순위는 정해진 기준과 답이 없으므로 자신이 정하여 작성할 수 있으며, 변동 사항을 유연하게 대처할 수 있도록 한다.
- [숙제 우선순위] 교급 및 학년에 따라 숙제 외 수행평가 및 시험 일정도 함께 고려하여 우선순위를 정할 수 있다.
- [시간을 찾아라!] 학습은 기본적으로 일정한 시간에 이루어지는 것이 집중력 및 학습습관에 도움이 되나, 시간 활용이 어려운 학생들을 대상으로 진행할 수 있도록 한다.
- [시간을 찾아라!] 미취학이나 저학년일 경우, 앞 쪽에 O/X 팻말을 세우고 움직이는 방식으로 진행할 수 있다.

나의 숙제 리스트

나의 숙제 리스트				
과목	숙제 내용	예상 시간	시작 날짜	진행 정도
영어	· VOCA) 13쪽 암기	1시간	3/3	○
	· 듣기) 1장-4쪽	20분	3/3	△
	· 독해) 1단원 본문 쓰기	2시간	3/3	×
	·			
	·			
	·			
	·			
	·			
	·			
	·			
	·			
	·			

To Do List	20　/　/ ~ 20　/　/					
월 (/)	화 (/)	수 (/)	목 (/)	금 (/)	토 (/)	일 (/)
· 단어시험						
· 수학학원 보강-7시						
· 듣기 1장 · 독해 쓰기						

숙제 우선순위

? 현재 나의 숙제리스트에서 중요도 및 시간을 기준으로 우선순위를 정하여 봅시다.

중요함 ▲

1순위 중요하고 급한 숙제

-
-
-
-

2순위 중요하지만 급하지 않은 숙제

-
-
-
-

급함 ▲ 급함 ▼

3순위 중요하지 않지만 급한 숙제

-
-
-
-

4순위 중요하지 않고 급하지 않은 숙제

-
-
-
-

중요함 ▼

• 1순위 숙제 중에서 가장 먼저 해야 하는 숙제는 무엇인가?

• 숙제 중에서 가장 빠르게 할 수 있는 숙제는 무엇인가?

시간을 찾아라!

학교 및 집 일과시간에 숙제를 할 수 있는 시간을 찾아 보세요.

① 학교 단축 수업으로 영어 학원 가는 시간까지 3시간이 남아 학교 도서관에서 숙제를 했다.	O / X
② 오늘 학원 수업이 예정보다 일찍 끝나, 집에 빨리 갈 수 있어 숙제할 시간이 여유롭다.	O / X
③ 내가 싫어하는 영어 시간이라 앞자리 친구 뒤에 숨어 몰래 수학 숙제를 할 수 있다.	O / X
④ 급식을 빨리 먹어서 남는 시간에 교실에서 영어 단어를 외웠다.	O / X
⑤ 나는 집중력이 좋으니 등굣길에 걸어가면서 숙제를 한다.	O / X
⑥ 친구가 발표하는 동안 귀로 발표를 듣고 손과 눈으로 학원 숙제를 했다.	O / X
⑦ 아침 일찍 학교에 와서 조회 시간까지 40분 남아 학원 숙제를 했다.	O / X
⑧ 학원 가기 전, 친구와 밥을 먹기로 했는데 친구가 20분 늦는다고 한다. 저녁에 할 숙제 중 간단한 것을 했다.	O / X
⑨ 수업 전 쉬는 시간에 친구에게 숙제를 보여 달라고 해서 답을 옮겼다.	O / X

4) 모둠, 조별 과제 참여하기

목표

(1) 모둠 활동 시 맡은 역할을 이해하고 자신이 할 수 있는 역할을 선택할 수 있다.

(2) 모둠 활동 시 적절한 태도와 부적절한 태도를 알 수 있으며 적절한 태도로 참여할 수 있다.

활동내용

◆ 모둠, 조별 과제 에티켓 - O/X 퀴즈

* 준비물: 버저 버튼(종), 테이블

(1) 모둠 활동이 무엇이고 왜 하는 것인지, 학교에서 이루어지는 모둠 활동이나 조별 과제 등 친구들과 함께 협동을 이루는 활동에는 어떤 것들이 있을지 이야기한다.

(2) 모둠 활동을 할 때 어려웠던 점과 부적절한 행동이나 태도를 파악하고 협조적인 태도의 중요성을 이해한다.

(3) 활동 팁에 제시된 단체 협동 게임을 도입 활동으로 진행한다.

(4) 모둠, 조별 과제에 참여했던 자신의 경험을 바탕으로 관련 매너에는 무엇이 있는지 이야기한다.

(5) 진행자가 읽어 주는 활동지 내용을 듣고 버저 버튼을 먼저 누르는 친구가 정답을 말한다.

(6) 정답을 확인하고 서로 생각이 다른 부분이나 각자 연습이 필요하다고 생각하는 부분을 이야기한다.

(7) 그 밖에도 모둠, 조별 과제를 하며 지켜야 하는 에티켓에는 무엇이 있을지 이야기한다.

(8) 활동을 정리하며 소감을 나누고, 다음 시간을 소개하며 마무리한다.

◆ 문제 상황 퀴즈쇼!

* 준비물: 미니칠판, 보드마카, 지우개

(1) 모둠 활동을 할 때 어려웠던 점을 이야기해 보며 부적절한 행동이나 태도를 파악하고 협조적인 태도의 중요성을 이해한다.

(2) 모둠, 조별 과제의 단계마다 일어날 수 있는 다양한 문제 상황을 이야기한다.

(3) 각자의 칠판을 이름, 활동과 관련한 개인 목표 등의 내용을 포함하여 자유롭게 꾸민다.

(4) 객관식과 O/X 퀴즈로 제시되는 문제 상황별 반응을 생각하여 답을 적고, 문제의 정답과 점수를 확인한다.

(5) 답을 틀린 부분이 있다면 각자 어떤 문제에서 답을 틀렸는지 확인하고, 서로 생각이 다른 부분을 이야기한다.

(6) 제시된 보기의 대사로 롤플레잉을 진행하며 모둠 상황에서 각각의 반응을 경험한다면 어떤 기분일지 떠올려 보고 이야기한다.

(7) 각각의 상황에서 여러 가지 적절한 반응을 함께 고민하고 이야기한다.

(8) 활동을 정리하며 소감을 나누고, 다음 시간을 소개하며 마무리한다.

◆ 우리만의 로고 만들기

* 준비물: 다양한 팀 로고 예시, 그리기 도구(색연필, 사인펜 등)

(1) 다양한 스포츠팀의 로고를 예시로 보여 주고 팀 로고가 갖는 의미(소속감, 일체감, 자부심, 정체성 등)를 생각하고 이야기한다.

(2) 하나의 팀이 되었다고 상상하며, 서로의 이미지와 특성이 잘 드러날 수 있는 팀의 상징과 슬로건을 구상하고 활동지를 함께 작성하며 로고를 만든다.

(3) 모둠별로 완성한 팀 로고를 소개한다.

(4) 활동을 정리하며 소감을 나누고, 다음 시간을 소개하며 마무리한다.

◆ 케이크 만들기

* 준비물: 케이크 시트, 생크림, 각종 꾸밈 재료(과일, 초콜릿, 과자, 젤리, 토퍼 등), 케이크 판, 도구(플라스틱 포크, 나이프 등), 포장 용기(케이크를 먹지 않고 챙겨 가는 경우) 등

(1) 공동작업, 모둠 활동 시 지켜야 할 에티켓을 생각하고 이야기한다.

(2) 케이크 만들기를 주제로 사전 회의를 진행하며 활동지를 작성한다.

(3) 재료 분담이 적절히 이루어졌는지 확인한다.

(4) 다음 회기에 계획대로 각자 재료를 준비하여 케이크 만들기를 진행한다.

(4-1) 케이크 만들기 진행 전, 준비된 재료를 확인하고 만들기 과정에서의 규칙과 순서를 구조화한다.

① 손을 깨끗이 한다.
② 준비한 재료를 확인한다.
③ 역할을 정한다.
④ 빵에 생크림을 바른다.
⑤ 예쁘게 장식한다.
⑥ 맛있게 먹는다.

(5) 케이크 만들기가 끝나면 활동지의 남은 부분을 작성하고 발표하며 소개한다.

(6) 기념사진을 남기고 함께 만든 케이크를 맛있게 먹는다.

(7) 활동을 정리하며 소감을 나누고, 다음 시간을 소개하며 마무리한다.

활동 TIP

- 도입 활동으로 협동이 요구되는 게임(스피드 게임, 몸으로 표현하기, 그림 함께 완성해서 맞추기 등)을 활용하여 모둠 활동과 협동 작업을 직접 경험하며 흥미를 유발할 수 있다.
- [팀 로고 만들기], [케이크 만들기] 결과에 치중하지 않도록 주의하며, 협조적인 조별 활동 과정을 연습하고 친구들과의 긍정적인 협동 경험이 목적이 될 수 있도록 강조해야 한다.
- [케이크 만들기] 재료 분담 시, 조별 활동에서 과중한 역할을 떠안거나 맡기는 등의 주의해야 할 태도를 다루어 줄 수 있다.
- [케이크 만들기] 공동작업의 주제는 주어진 환경에 따라 얼마든지 변경할 수 있으며, 공동작품을 만드는 과정에서 역할 및 재료의 합리적 분담과 배려, 협동 등이 이루어질 수 있는 주제로 선정한다.

모둠, 조별 과제 에티켓

① 내 아이디어를 강력하게 주장한다.	O / X
② 나는 잘 모르기 때문에 아무런 의견을 내지 않는다.	O / X
③ 안 친한 친구들과 모둠이 되어 어색하지만 그래도 먼저 말을 걸어 본다.	O / X
④ 더 친한 친구가 있는 모둠으로 바꿔 달라고 한다.	O / X
⑤ 모둠의 최고 권력인 조장 역할에 무조건 자원한다.	O / X
⑥ 모둠 활동은 나서지 않고 적당히 묻어가는 게 최고다.	O / X
⑦ 각자의 역할은 확실히 나누고 각자 알아서 책임져야 한다.	O / X
⑧ 내 의견을 들어주지 않는 것에 속상해서 운다.	O / X
⑨ 친한 친구하고만 이야기한다.	O / X
⑩ 어려운 부분은 자신이 없고 피해를 줄 수는 없으니 쉬운 부분만 하겠다고 한다.	O / X
⑪ 의견이 일치하지 않으니 각자 하자고 한다.	O / X
⑫ 친구와 의견이 달라도 끝까지 들어준다.	O / X
⑬ 무조건 내가 좋아하는 친구의 의견을 따르자고 한다.	O / X

문제 상황 퀴즈쇼

* 모둠 만들기 상황 *

- 부탁 / 제안하기

① 너희 아직 남은 자리 있지? 나도 같이해	② 너희 한 명 부족하지? 나도 같이하면 안 돼? 제발~ 내가 다할게! 제발~
③ 너 모둠 정했어? 아직 안 정했으면 우리랑 같이할래?	④ 너 같이할 사람 없지? 그럼 우리 모둠이나 해~

- 거절하기

① 됐어~ 난 다른 친구들이랑 할 거야.	② 내가 아직도 모둠이 없을까봐?! 나 이미 모둠 정했거든?
③ 넌 잘하는 거 없잖아?	④ 아쉽지만 우리 모둠은 인원이 다 찼어. 미안해.

* 과제 정하기 상황 *

- 친구는 모둠 활동으로 그림을 그려 발표하자고 했지만 나는 다른 것을 하고 싶다.

① 넌 그림도 못 그리면서 무슨 그림이야.	② 난 그림은 좀 그런데... 다른 거 하자. 뭐가 좋을지는 모르겠는데, 암튼 다른 거 해.
③ ……그래. 좋은 생각이네... (그림그리기 싫은데... 그냥 적당히 하고 말아야지)	④ 좋은 의견인 것 같아. 그런데 나는 사진을 찍는 것도 좋을 것 같은데, 어떻게 생각해?

- 친구들이 서로 다른 의견을 이야기하고 있다.

① A 말대로 하자. A가 성적이 괜히 좋겠어?	② 다 좋은데 알아서들 정해~
③ 다 좋은 의견이다~! 그런데 개인적으로 난 A의 의견이 재미있을 것 같아.	④ 야, 그게 뭐야. 너흰 그냥 가만있어.

* 역할 분담 상황 *

- 친구가 먼저 자료조사를 하고 싶다고 말했지만 나도 그 역할이 하고 싶다.	
나도 자료조사가 하고 싶은데, 양보해 주면 안될까?	O / X
왜 너만 쉬운 거 하려고 하니? 나도 하고 싶어.	O / X
- 친구들이 나에게 맡으라고 하는 역할이 너무 많고 어려운 것 같다.	
혼자서는 너무 많은 것 같은데, 이런 부분은 나눠서 맡으면 어때?	O / X
난 이 역할은 좀 자신이 없는데, 다른 역할을 하면 안 될까?	O / X
- 발표를 하겠다고 나선 친구가 있지만, 다른 친구가 역할을 맡아 주면 좋겠다.	
발표는 A가 잘해. 욕심내지 말고 A한테 양보하자.	O / X
지난번에 보니까 넌 그림을 잘 그리던데 발표보다는 그 역할을 맡아 주면 어때?	O / X

* 과제 수행 상황 *

- 과제를 위해 모이는 날짜를 정하는데, 한 친구가 바쁘다며 시간이 없다고 한다.	
그래, 그럼 넌 우리 모둠에서 빠져.	O / X
우리 다 같이 해야 하는 건데, 바쁘더라도 시간 내주면 좋겠어.	O / X
- 내가 맡은 일을 약속한 시간 내에 다 끝내기 어려울 것 같다. 어떻게 해야 할까?	
미안한데, 나 다 못 하겠다. 내가 맡은 게 너무 많았어. 같이 좀 해.	O / X
미안해, 맡은 부분이 생각보다 어려워서 다 못할 것 같아. 여기까지는 할 수 있을 것 같은데 남은 부분은 같이 도와줄 수 있을까?	O / X
- 모두 열심히 과제를 하고 있는데 한 친구가 핸드폰만 보며 계속 딴청을 피운다.	
A야, 이거 이렇게 하는 거 어떻게 생각해? 이 부분 같이 하자!	O / X
A야, 우리 다 같이 하는 건데, 지금은 같이 집중해줘.	O / X

우리만의 로고 만들기

조	팀 이름			
	조장		함께하는 조원들	

* 우리 팀의 상징 색은 무엇인가요?

* 우리 팀을 상징하는 것은 무엇인가요?

* 우리 팀의 슬로건은 무엇인가요?

케이크 만들기

조	함께하는 조원들	

* 어떤 케이크를 만들 건가요?

* 필요한 재료는 무엇인가요?

* 재료 분담은 어떻게 하나요?

* 케이크의 이름(작품명)은 무엇인가요?

* 우리 조 케이크만의 특별한 점은 무엇인가요?

케이크 만들기 (활동 예시)

반장
졸업 케이크 만들기
1. 손을 깨끗이 한다
2. 준비한 재료를 확인한다 (팀별로)
3. 역할을 정한다 (팀별로)
4. 빵에 생크림을 바른다
5. 예쁘게 장식한다
6. 맛있게 먹는다. (집에가서)
Party Time

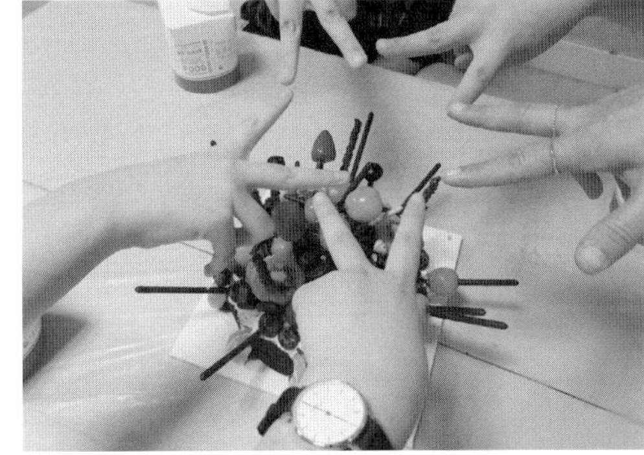

MERRY CHRISTMAS

5) 토론 참여하기

목표

토론 시 규칙 및 상황에 맞는 적절한 행동을 알고 토론에 참여할 수 있다.

활동내용

◆ 좋은 토론을 위한 기술

(1) 학교에서 주로 어떤 주제로 토론을 진행하는지와 어떻게 발표했는지를 이야기한다.

(2) 좋은 토론이란 무엇인지 생각하고, 좋은 토론을 위해 필요한 기술을 마인드맵으로 진행한다.

(2-1) 각자가 생각하는 기술들을 자유롭게 이야기하고 각각이 어떻게 분류될 수 있을지 이야기한다.

(2-2) 크게 네 가지 기술(잘 듣기, 제안하기, 의견 나누기, 함께 결정하기)로 분류할 수 있음을 이야기하고, 그것에 맞게 이야기된 기술들을 분류하여 적는다.

(2-3) 활동지를 활용하여 기본적인 기술들을 제시할 수 있으며, 그 외의 기술을 생각해 보거나 더 하위의 가지를 뻗어 나갈 수 있도록 촉진한다.

(3) 각자 어렵거나 연습이 필요하다고 생각하는 기술은 무엇인지 이야기한다.

(4) 활동을 정리하며 소감을 나누고, 다음 시간을 소개하며 마무리한다.

◆ 다름을 존중하기

(1) 좋은 토론은 무엇인지, 토론 참여 시 어려웠던 점을 생각하고 적절한 행동과 반응을 자유롭게 이야기한다.

(2) 토론은 기본적으로 서로 다른 의견을 나누는 과정임을 이야기한다.

(3) 같은 주제에 대해서도 생각하는 바가 다르고 그러한 생각의 이유 또한 다를 수 있음을 이야기하고 활동을 진행한다.

(4) 다시 태어난다면 제시된 동물 가운데 어떤 동물로 태어나고 싶은지를 생각하여 각자 활동지를 작성한다.

(5) 각사 사신의 선택을 이유와 함께 설명하고, 서로의 발표를 통해 동물들이 갖는 특징은 공통적이나 각각에 따른 판단이나 가치는 달라질 수 있음을 이해한다.

(6) 활동을 정리하며 소감을 나누고, 다음 시간을 소개하며 마무리한다.

◆ 토론 게임

* 준비물: 제비뽑기를 위한 토론 주제와 각각의 의견 쪽지

(1) 좋은 토론은 무엇인지, 토론 참여 시 어려웠던 점을 생각하고 적절한 행동과 반응을 자유롭게 이야기한다.

(2) 제시된 토론 주제를 선택하여 토론을 진행한다. 단, 토론 게임으로 진행 시, 각자 주장할 의견을 무작위(제비뽑기 등)로 선택하고 선택된 의견을 뒷받침하는 근거와 생각을 이야기하며 토론을 진행한다.

(3) 무작위 선택으로 인해 주장하는 의견이 처음에 자신이 생각했던 의견이 아닐지라도 다른 의견의 입장이 되어 보고 수용해 보는 경험에 초점을 둘 수 있도록 한다.

(4) 활동을 정리하며 소감을 나누고, 다음 시간을 소개하며 마무리한다.

◆ 실전 토론 1 - 피라미드 토론

* 준비물: 포스트잇

(1) 좋은 토론은 무엇인지, 토론 참여 시 어려웠던 점을 생각하고 적절한 행동과 반응을 자유롭게 이야기한다.

(2) 토론 주제를 제시하고 각자 의견 2가지를 메모지에 각각 작성한다.

(3) 2명의 그룹원이 만나 각자의 의견을 이야기하고 이유를 들어 설득하며 1:1 토론을 진행하고, 4개의 의견 가운데 2개의 의견을 결정한다.

(4) 이전 단계에서 함께 토론했던 2명이 선정된 2개의 의견과 함께 다른 2명의 그룹을 만나 같은 방식으로 2:2 토론을 진행하고, 마찬가지 2개의 의견을 결정한다.

(5) 이전 단계에서 함께 토론했던 4명이 선정된 2개의 의견과 함께 다른 4명의 그룹을 만나 같은 방식으로 4:4 토론을 진행하고 마찬가지 2개의 의견을 결정한다.

(6) 인원에 따라, 같은 방식으로 확장할 수 있으며, 최종적으로 선정된 2개의 의견 가운데 전체 토론 및 투표를 통해 대표 의견을 결정한다.

(7) 포스트잇을 피라미드 형태로 배열하거나 활동지 작성을 통해, 모든 의견이 하나의 대표

의견으로 추려지고 결정되는 과정을 가시적으로 확인한다.

(8) 활동을 정리하며 소감을 나누고, 다음 시간을 소개하며 마무리한다.

◆ 실전 토론 2 - 우리들만의 파티 계획하기

(1) 좋은 토론은 무엇인지, 토론 참여 시 어려웠던 점을 생각하고 적절한 행동과 반응을 자유롭게 이야기한다.

(2) 진행자와 서기를 뽑는다.

(3) 활동지의 내용과 같이 의견 수렴과 결정을 위해 사전에 결정하고 제한할 부분(의견 수, 후보 수, 투표 개수 등)을 먼저 의논한다.

(4) 안건에 대한 토의를 진행하며 제안된 의견을 후보로 정리한다.

(5) 투표를 통해 후보를 추리고 상위 두 개의 후보를 다시 최종 투표를 진행한다.

(6) 결과에 따라 추가 논의가 필요한 사안을 확인하고 그에 대한 토의를 반복한다.

예) 맛있는 음식을 먹으러 가기로 했다면, 메뉴 및 식당 선정 등

(7) 활동을 정리하며 소감을 나누고, 다음 시간을 소개하며 마무리한다.

활동 TIP

- [토론 게임] 제시된 주제는 논리보다는 창의력과 재치를 발휘하여 가볍게 논의될 수 있는 주제로 토론에 대한 흥미를 이어갈 수 있도록 유쾌한 분위기에서 진행하되, 토론 시 매너를 함께 연습할 수 있도록 한다.
- [토론 게임] 토론 게임은 다른 의견의 입장이 되어 주장하고 설득해 보는 경험으로, 학년이나 기능 수준에 따라 어려움이 있는 경우 일반적인 토론의 형태로 진행할 수 있다.
- [토론 게임] 두 번째 주제인 옷의 구멍 개수는 찢어진 구멍만을 셀 것인가 목과 팔이 들어가는 구멍까지도 개수에 포함할 것인가를 논쟁할 수 있다. (신체가 들어가는 구멍이 있는 것이 옷인데 이를 구멍으로 수를 세는 것이 맞는가?) 찢어진 구멍 또한 옷의 앞뒤를 하나의 구멍으로 볼지 두 개의 구멍으로 볼 것인지 의견이 나뉠 수 있다. 토론 게임 시, 이러한 여러 의견을 토론 이전에 함께 확인하고 진행할 수 있고, 일반적인 토론의 형태로 진행하는 경우에는 자유롭게 창의적인 의논이 이루어질 수 있도록 안내한다.
- [실전 토론 1, 2] 토론 주제 및 안건은 상황에 맞게 얼마든지 변경할 수 있다.
- [실전 토론 1 - 피라미드 토론] 인원이 홀수로 맞지 않는 경우, 토너먼트의 부전승 개념을 적용할 수 있다.
- [실전 토론 1 - 피라미드 토론] 본 활동에서 중요한 것은 '합의'이며, 상대방을 이해시키고 설득하는 것, 내 의견을 양보하는 것을 연습하고 합의의 과정에 이르는 경험이 중요함을 강조한다. 따라서 합의 과정에서 소외되거나 소극적인 그룹원이 있지 않은지 살피고, 자신의 의견이 선택되기를 강요하거나 자신의 의견이 선택되지 않았기에 이후 과정에 무관심함을 보이는 등 부적절한 태도를 사전 개입할 필요가 있다.
- [실전 토론 2] 진행자의 선출을 비롯하여 모든 단계의 의사결정에서 합리적인 의사결정이 이루어질 수 있도록 안내한다.

좋은 토론을 위한 기술

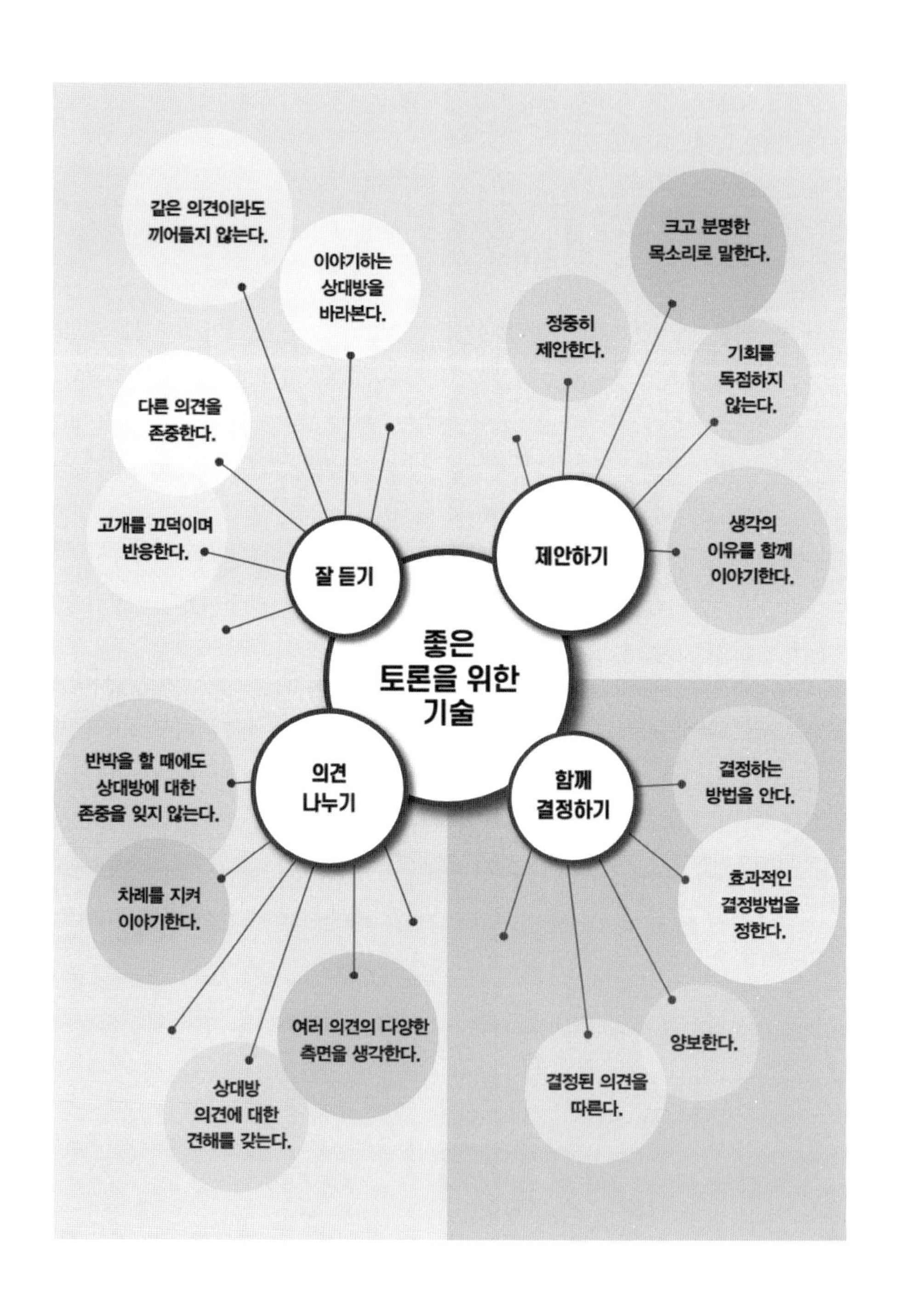

좋은 토론을 위한 기술
잘 듣기
같은 의견이라도 끼어들지 않는다.
이야기하는 상대방을 바라본다.
다른 의견을 존중한다.
고개를 끄덕이며 반응한다.
제안하기
크고 분명한 목소리로 말한다.
정중히 제안한다.
기회를 독점하지 않는다.
생각의 이유를 함께 이야기한다.
의견 나누기
반박을 할 때에도 상대방에 대한 존중을 잊지 않는다.
차례를 지켜 이야기한다.
여러 의견의 다양한 측면을 생각한다.
상대방 의견에 대한 견해를 갖는다.
함께 결정하기
결정하는 방법을 안다.
효과적인 결정방법을 정한다.
양보한다.
결정된 의견을 따른다.

좋은 토론을 위한 기술

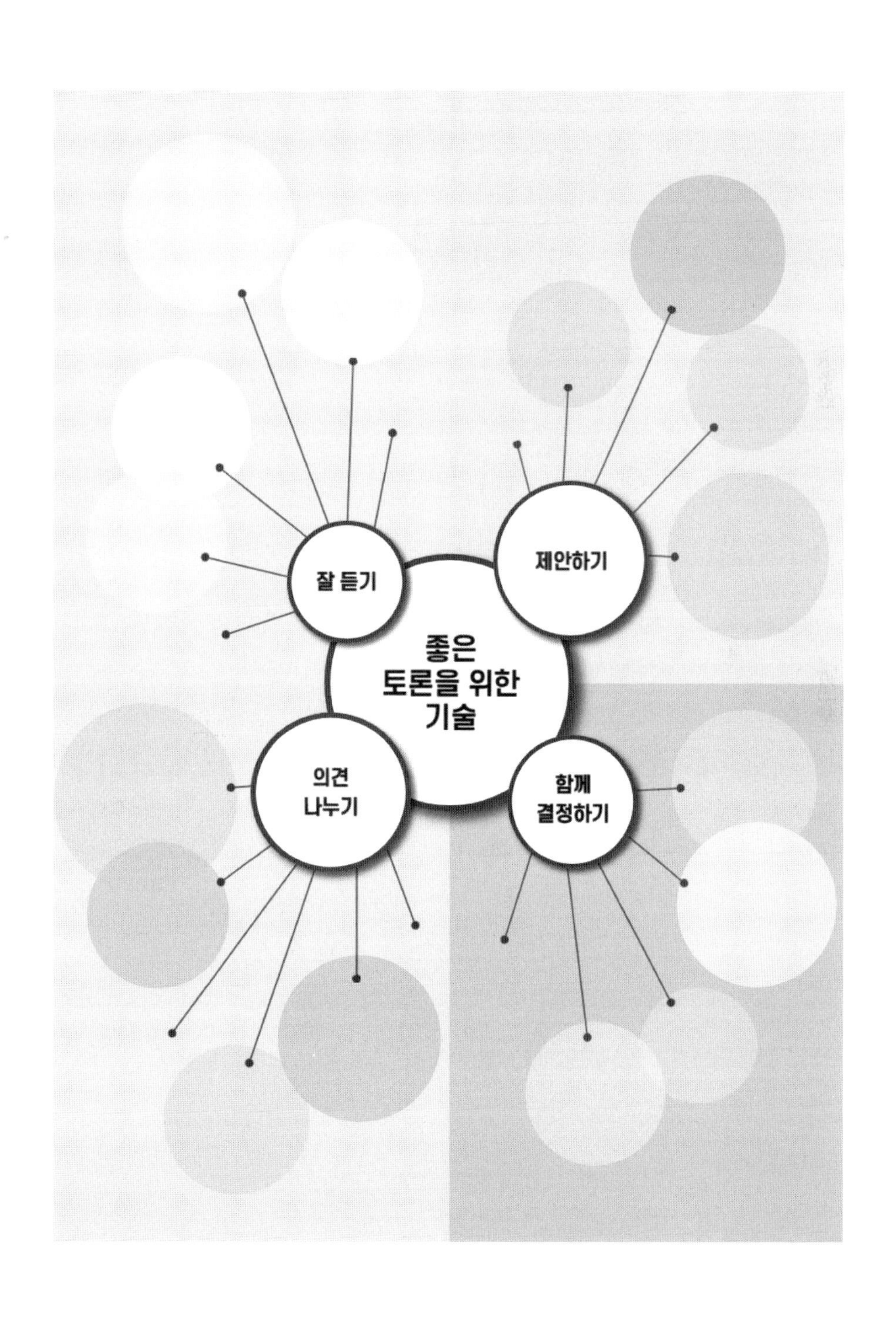

다름을 존중하기

ⓘ 다시 태어난다면 늑대, 독수리, 거북이, 돌고래 중 어떤 동물로 태어나고 싶나요?

나의 선택	
선택의 이유	
선택하지 않은 이유	

토론 게임

	엉덩이는 한 개일까? 두 개일까?
	그림 속, 옷의 구멍은 몇 개일까?
	강아지에게 바지를 입히는 방법은?
	3년간 핸드폰 없이 살기 VS 3년간 친구 없이 살기
	순간이동 능력 VS 변신 능력

실전 토론 1 - 피라미드 토론

토론 주제: 좋은 친구가 되는 가장 좋은 방법은 무엇일까?

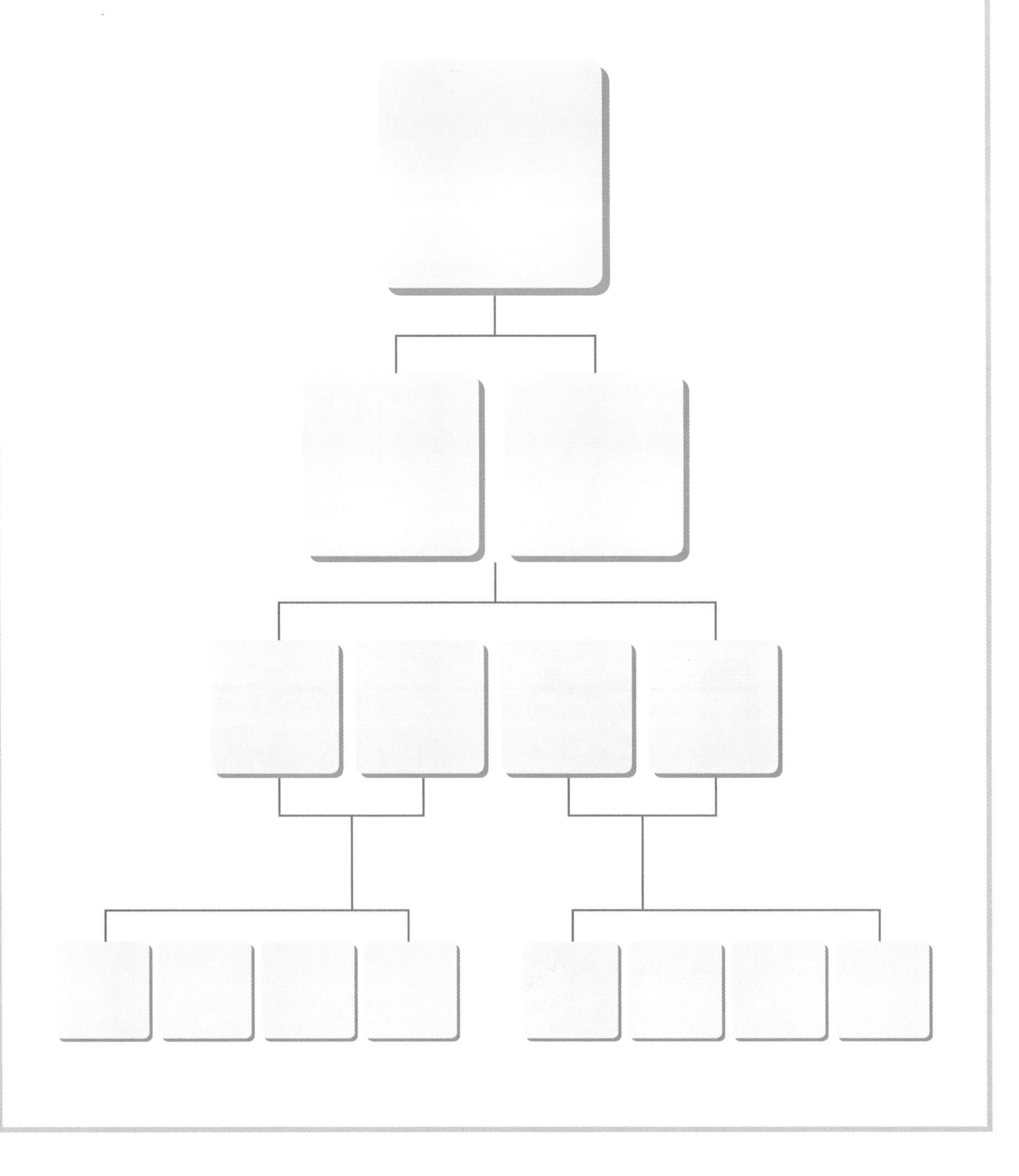

실전 토론 2 - 우리들만의 파티 계획하기

• 총 몇 개의 의견을 받을 것인가?

• 의견은 한 사람 당 몇 개로 제한할 것인가?

• 한 사람당 가능한 투표 개수는 몇 개로 할 것인가?

* 회의록 *

안 건	우리들만의 파티에 무얼 하면 좋을까?
진행자	
서 기	
후 보	
1차 투표 결과	
최종 투표 결과	

• 결과에 따라 추가 논의가 필요한 사안은 무엇인가?

후 보	
투표 결과	

6) 예외 상황 대처하기

목표

(1) 학교에서 일어날 수 있는 예외 상황을 파악하고 적절하게 대처할 수 있다.

(2) 상황에 맞는 대처 방법을 알고 실제 상황 시 문제를 해결할 수 있다.

활동내용

◆ 예외 상황에서 나의 감정 이해하기

(1) 예외 상황이란 무엇인지, 내가 경험한 예외 상황이나 학교 장면에서 일어날 수 있는 예외 상황에는 어떠한 것들이 있을지 이야기한다.

(2) 학교 및 일상생활 가운데 내가 경험했던 예외 상황을 떠올리며, 상황과 달리 벗어났던 자기 생각이나 기대와 그로 인해 느꼈던 감정을 강도와 함께 나타낸다.

(3) 작성한 내용을 바탕으로 여러 가지 예외 상황 가운데 자신에게 수용이 어려운 상황과 비교적 쉬운 상황을 구분한다.

(4) 자신에게 스트레스가 되는 예외 상황과 관련하여 자신의 감정을 이해한다.

(5) 활동을 정리하며 소감을 나누고, 다음 시간을 소개하며 마무리한다.

◆ 행동과 결과 살피기

(1) 예외 상황이란 무엇인지, 내가 경험한 예외 상황이나 학교 장면에서 일어날 수 있는 예외 상황에는 어떠한 것들이 있을지 이야기한다.

(2) 제시된 상황과 그 가운데 취할 수 있는 행동을 보고 그 결과를 예측하며 활동지를 작성한다.

(3) 그러한 상황에서 나의 행동은 무엇에 가까운지 생각하고 그 결과를 생각한다.

(4) 상황을 수용하는 적응적 행동의 중요성을 이야기한다.

(5) 활동을 정리하며 소감을 나누고, 다음 시간을 소개하며 마무리한다.

◆ 학교 예외 상황 대처하기 - 생각 전환하기

(1) 예외 상황이란 무엇인지, 내가 경험한 예외 상황이나 학교 장면에서 일어날 수 있는 예외 상황에는 어떠한 것들이 있을지 이야기한다.

(2) 예외 상황에 어떻게 대처했는지와 적절한 대처 방법을 이야기한다.

(3) 제시된 상황을 상상하거나 자신의 경험에 빗대어 당시의 감정과 생각을 떠올린다.

(4) 감정조절을 돕는 생각과 이후 취할 수 있는 대처 행동은 무엇일지 생각하여 활동지를 작성한다.

(5) 예외 상황에서의 감정조절 및 해결의 어려움이 대처의 어려움으로 이어질 수 있음을 이해한다.

(6) 활동을 정리하며 소감을 나누고, 다음 시간을 소개하며 마무리한다.

◆ 예외 상황 경험의 재구성

(1) 예외 상황이란 무엇인지, 내가 경험한 예외 상황이나 학교 장면에서 일어날 수 있는 예외 상황에는 어떠한 것들이 있을지 이야기한다.

(2) 예외 상황에 어떻게 대처했는지와 적절한 대처 방법을 이야기한다.

(3) 자신의 실제 경험을 떠올려보고 활동지를 작성하여 경험을 재구성한다.

(4) 활동을 정리하며 소감을 나누고, 다음 시간을 소개하며 마무리한다.

활동 TIP

- 도입 활동으로 간단한 복불복 게임(해적, 악어 룰렛 등)을 통해 흥미를 유발하고, 기대와 예상을 벗어나는 상황과 결과를 수용해 보는 경험을 할 수 있다.
- [예외 상황에서 나의 감정 이해하기] 감정의 강도는 개인적으로 느끼는 정도를 활동지에 제시된 바와 같이 가시적으로 표현하거나 1점에서 10점까지의 점수로 표현해 볼 수 있도록 한다. 이때, 각 구간이 어느 정도의 수준과 상태를 의미하는지 설명해 줄 필요가 있다.
- [행동과 결과 살피기], [학교 예외 상황 대처하기] 활동지 작성을 어려워하는 경우, 행동의 결과와 효과적인 대처 행동은 퀴즈 형식으로 진행할 수 있다.
- [학교 예외 상황 대처하기 - 생각 전환하기] 작성에 어려움을 보인다면 실제 비슷한 경험이 있는 것부터 작성해 볼 수 있도록 하고, 어떤 감정이 들 수 있는지, 그리고 그러한 감정을 부추기거나 조절을 돕는 생각에는 어떤 것이 있는지 구체적 예를 들어 작업을 돕는다. 이때 각자가 갖는 감정이나 생각은 다를 수 있으며, 그에 따라 대처 행동의 적응 정도 및 상황이 주는 스트레스 또한, 달라질 수 있음을 다룬다.
- 활동 마무리 시, 어떤 상황에서든 예외(변동) 상황이 있다는 내용을 다루어 주며 예외 상황을 받아들이고 적응적으로 행동할 필요를 강조한다.

예외 상황에서 나의 감정 이해하기

ⓘ 학교 / 일상생활 가운데 내가 경험했던 예외 상황을 떠올리며 작성해 보세요.

생각 / 기대	예외 상황	감정 / 감정의 강도
좋아하는 친구가 집에 놀러 오는 게 너무 신난다. 재밌게 놀아야지!	친구가 놀러오기로 했는데, 갑자기 몸이 좋지 않다며 약속을 취소했다.	슬픔, 서운함 ●●●◐○
친한 친구 중 한 명쯤은 같은 반이 되겠지? OO이랑 같은 반이면 좋겠다!	새 학기, 친한 친구 무리 가운데 혼자만 다른 반이 되었다.	○○○○○
이 자리는 내 자리야.	늘 내가 앉던 자리에 다른 친구가 앉아 있다.	○○○○○
이번엔 분명 좋은 성적이 나올 거야!	기대했던 만큼 좋은 성적이 나오지 않았다.	○○○○○
		○○○○○

행동과 결과 살피기

수업 시간에 갑자기 배가 아프다.		
어떻게 행동할 수 있나요?	⇨	행동의 결과는 무엇인가요?
수업이 끝날 때까지 어떻게든 참는다.	⇨	
도저히 참지 못하고 벌떡 일어나 뛰쳐나간다.	⇨	
선생님께 양해를 구하고 화장실에 다녀온다.	⇨	

이동수업 시, 내가 늘 앉던 자리에 다른 친구가 앉아 있다.		
내 자리라고 따진다.	⇨	
다른 자리로 옮겨줄 것을 부탁한다.	⇨	
그냥 다른 자리에 앉고 마음에 담아둔 채 퉁명스럽게 행동한다.	⇨	

친구와 놀기로 했는데 사정이 있다며 갑자기 약속을 취소했다.		
약속을 취소한 친구에게 화를 낸다.	⇨	
다른 사람들에게 화풀이를 한다.	⇨	
상황을 확인하고 다시 약속을 잡는다.	⇨	

학교 예외 상황 대처하기

담임선생님의 개인사정으로 갑자기 다른 선생님이 새로 오셨다.	
어떤 감정을 느끼나요?	
어떤 생각이 떠오르나요?	
감정조절을 돕는 생각은 무엇인가요?	
효과적인 대처 행동은 무엇인가요?	

기대했던 다음 수업이 갑자기 다른 수업으로 바뀌었다.	
어떤 감정을 느끼나요?	
어떤 생각이 떠오르나요?	
감정조절을 돕는 생각은 무엇인가요?	
효과적인 대처 행동은 무엇인가요?	

예정에 없던 쪽지시험을 본다고 한다.	
어떤 감정을 느끼나요?	
어떤 생각이 떠오르나요?	
감정조절을 돕는 생각은 무엇인가요?	
효과적인 대처 행동은 무엇인가요?	

수업 시간에 선생님께서 갑자기 발표를 시키셨다.	
어떤 감정을 느끼나요?	
어떤 생각이 떠오르나요?	
감정조절을 돕는 생각은 무엇인가요?	
효과적인 대처 행동은 무엇인가요?	

당장 수업 시간에 필요한 준비물이 사물함에 있다고 생각했지만 보이지 않는다.	
어떤 감정을 느끼나요?	
어떤 생각이 떠오르나요?	
감정조절을 돕는 생각은 무엇인가요?	
효과적인 대처 행동은 무엇인가요?	

예외 상황 경험의 재구성

Ⓠ 학교 / 일상생활 가운데 내가 경험했던 예외 상황을 떠올리며 작성해 보세요.

상황	

어떤 감정을 느꼈나요?	
어떤 생각이 들었나요?	
어떻게 행동했나요?	
행동의 결과는 무엇이었나요?	
감정조절을 돕는 생각은 무엇인가요?	
효과적인 대처 행동은 무엇인가요?	

상황	

어떤 감정을 느꼈나요?	
어떤 생각이 들었나요?	
어떻게 행동했나요?	
행동의 결과는 무엇이었나요?	
감정조절을 돕는 생각은 무엇인가요?	
효과적인 대처 행동은 무엇인가요?	

4. 또래(학급) 활동

1) 나와 맞는 또래 집단 찾고 친해지기

목표

(1) 학급 친구들의 성향을 파악하고 나와 비슷한 성향의 친구를 알 수 있다.

(2) 친구들의 성향을 파악하여 친해질 수 있는, 친해지고 싶은 그룹을 알 수 있다.

(3) 친해지고 싶은 친구에게 자연스럽게 다가가는 방법을 알 수 있다.

활동내용

◆ **30초 취향 밸런스 게임**

(1) 나와 맞는다는 것은 어떤 것을 의미하는지, 그런 친구(또래 집단)를 찾는 것이, 왜 중요한지, 나와 맞는다고 판단할 수 있는 요소에는 어떤 것들이 있을지 이야기한다.

(2) 요즘 유행하는 음식이나 취미, 취향 등 또래 문화를 이야기하며 자신의 취향을 생각한다.

(3) 한 명씩 나와서 진행자 또는 그룹 친구가 항목을 읽어주고 30초 동안 자신의 취향을 고른다.

(4) 취향이 맞는 친구끼리 모여서 이야기한다.

(5) 활동을 정리하며 소감을 나누고, 다음 시간을 소개하며 마무리한다.

◆ **WANTED!**

(1) 나와 맞는다는 것은 어떤 것을 의미하는지, 그런 친구(또래 집단)를 찾는 것이, 왜 중요한지, 나와 맞는다고 판단할 수 있는 요소에는 어떤 것들이 있을지 이야기한다.

(2) 자신이 좋아하는 음식, 게임, 아이돌, 취미 등을 적고 자신이 원하는 그룹의 특성을 그림으로 표현한다.

(3) 밑에 항목으로 아이들의 성향에 맞게 수정해서 사용 가능하며 밸런스 게임으로도 진행할 수 있다.

(4) 내가 원하는 그룹의 특성을 이야기한 뒤, 공통점이 많은 그룹원끼리 모여서 이야기한다.

(5) 활동을 정리하며 소김을 나누고, 다음 시간을 소개하며 마무리한다.

◆ 자연스럽게 다가가기

(1) 평소 친구들에게 다가가는 데 있어 어떤 어려움이 있는지 이야기한다.

(2) 활동지 그림의 상황을 보고 말풍선 안에 들어갈 적절한 말을 써보며 어떻게 하면 자연스럽게 다가갈 수 있는지 생각한다.

(3) 옆에 앉은 친구 혹은 그룹으로 롤플레잉을 하며 한 상황에서 말할 수 있는 다양한 표현을 알아본다.

(4) 활동을 정리하며 소감을 나누고, 다음 시간을 소개하며 마무리한다.

활동 TIP

- [취향 밸런스 게임] 친구를 사귈 때 주로 어떤 부분을 주의 깊게 보는지 객관식으로 알려 준다.
- [자연스럽게 다가가기] 그룹 특성에 따라 처음부터 롤플레잉 형식으로 진행할 수 있다.

취향 밸런스 게임

먼저 다가와 주는 친구	VS.	기다려 주는 친구
햄버거	VS.	마라탕
게임	VS.	아이돌
약속만남	VS.	번개만남
밖돌이	VS.	집돌이
애니메이션	VS.	드라마
조용한 친구	VS.	시끄러운 친구
부먹	VS.	찍먹
민초파	VS.	반민초파
물복	VS.	딱복

WANTED!

WANTED!

나와 취향이 맞는 그룹을 지명수배 합니다

· 좋아하는 음식:

· 좋아하는 게임:

· 좋아하는 아이돌:

· 취미:

자연스럽게 다가가기

ⓘ 그림 상황을 보고 말풍선 안에 들어갈 적절한 말을 적어 보세요.

〈처음 보는 친구를 본 상황〉

〈다른 친구들과 함께 껴서 이야기 하고 싶은 상황〉

〈친구들끼리 모여서 점심을 먹고 있는 상황〉

〈친구들끼리 모여서 보드게임을 하고 있는 상황〉

2) 쉬는 시간, 점심 시간 친구와 보내기

목표

(1) 친구들과 함께 시간을 보내기 위해 도움이 되는 행동을 알고 실천할 수 있다.

(2) 친구들과 쉬는 시간을 적절하게 활용할 수 있다.

활동내용

◆ 쉬는 시간에 우리 반은?

(1) 쉬는 시간이나 점심 시간에 우리 반의 모습은 어떤지 그리고, 나는 어디서 무엇을 하는지 그린다.

(2) 발표를 통해 다른 친구들은 쉬는 시간을 어떻게 활용하고 나는 쉬는 시간에 주로 무엇을 하는지 파악한다.

(3) 쉬는 시간을 나는 어떻게 활용하고 싶은지 이야기한다.

(4) 활동을 정리하며 소감을 나누고, 다음 시간을 소개하며 마무리한다.

◆ 쉬는 시간 낱말 퀴즈

(1) 나는 쉬는 시간이나 점심 시간에 어떻게 시간을 보내는지 이야기한다.

(2) 이 시간에 겪는 어려움이 있다면 무엇인지 이야기한다.

(3) 쉬는 시간을 활용하여 친구들과 어떤 활동(친구들이 좋아하는 활동)을 할 수 있는지 파악한다.

(4) 쉬는 시간에 할 수 있는 활동을 생각해 본 후 퍼즐의 빈칸을 채운다.

(5) 생각나는 단어가 없는 경우 밑에 있는 '열쇠'를 참고한다.

(6) 두 팀으로 나누거나 그룹 전체를 대상으로 스피드 게임을 진행할 수도 있다.

(7) 활동을 정리하며 소감을 나누고, 다음 시간을 소개하며 마무리한다.

◆ 나의 쉬는 시간 계획표

(1) 자신의 학교에 있는 쉬는 시간 종류를 이야기하고 나는 쉬는 시간이나 점심 시간에 어떻게 시간을 보내는지 이야기한다.

(2) 주어진 쉬는 시간에 할 수 있는 일과 놀이를 작성한다.

(3) 내가 할 일들에 표시하고 쉬는 시간에 대한 계획을 세운다.

(4) 스톱워치를 이용하여 놀이의 모든 진행 과정과 정리하는 것을 연습한다.

(5) 활동을 정리하며 소감을 나누고, 다음 시간을 소개하며 마무리한다.

◆ 쉬는 시간 O/X 퀴즈

* 준비물: 버저 버튼(종), 테이블

(1) 나는 쉬는 시간이나 점심 시간에 어떻게 시간을 보내는지 이야기한다.

(2) 이 시간에 겪는 어려움이 있다면 무엇인지 이야기한다.

(3) 진행자가 읽어 주는 활동지 내용을 듣고 버저 버튼을 먼저 누르는 친구가 정답을 말한다.

(4) X를 선택한 문항의 적절한 행동을 이야기한다.

(5) 그 밖에도 쉬는 시간에 할 수 있는 활동들에 어떤 것이 있는지 이야기한다.

(6) 활동을 정리하며 소감을 나누고, 다음 시간을 소개하며 마무리한다.

활동 TIP

- [쉬는 시간 낱말 퀴즈], [나의 쉬는 시간 계획표] 그룹의 특성에 따라 빈칸을 채우기 어려 울 때 진행자가 적절한 예시를 들어주거나 객관식으로 진행한다.
- [쉬는 시간 O/X 퀴즈] 버저 버튼을 누를 때 흥분하여 손이 겹치거나 다치지 않도록 주의사항을 미리 전달한다.
- [쉬는 시간 O/X 퀴즈] 진행자가 질문을 읽고 그룹원들이 자신이 생각하는 답에 손드는 등 실제 O/X 퀴즈 형식으로도 진행할 수 있다. 또한, 미취학이나 저학년일 경우, 앞쪽에 O/X 팻말을 세우고 움직이는 방식으로 진행할 수 있다.

쉬는 시간에 우리 반은?

Ⓠ 쉬는 시간이나 점심 시간에 우리 반 모습을 그려 보세요. 나는 어디서 무엇을 하고 있나요?

쉬는 시간의 나는?

· 내가 쉬는 시간에 제일 많이 하는 것은 무엇인가요?

· 친구들은 무엇을 하고 있나요?

· 내가 가장 하고 싶은 것은 무엇인가요?

쉬는 시간 낱말 퀴즈

쉬는 시간과 관련된 단어들로 퍼즐 빈 칸을 채우세요.

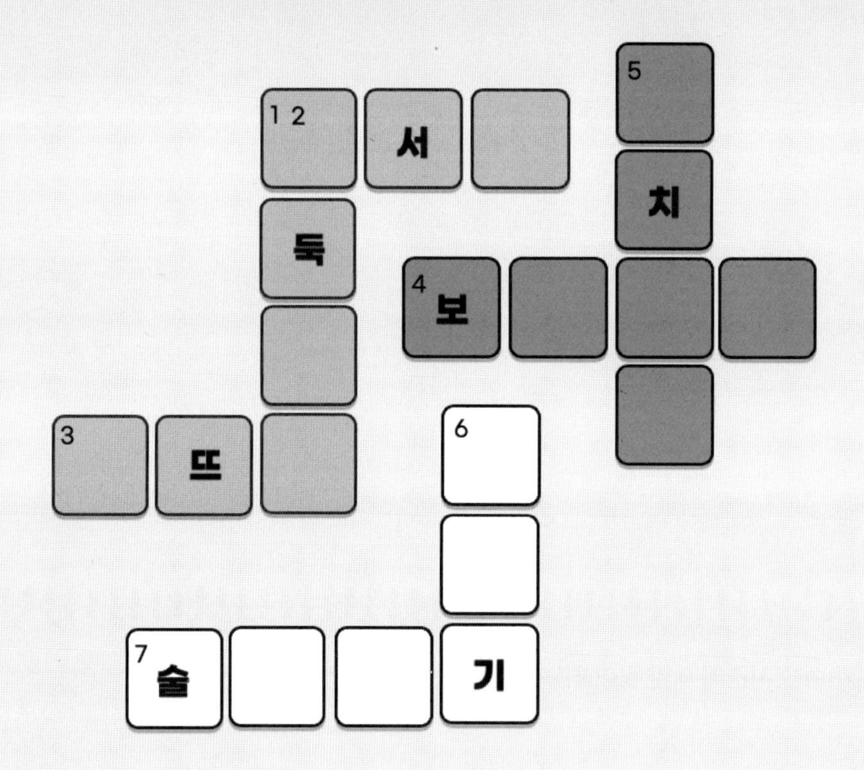

열쇠

1. 책을 읽거나 빌리러 가는 곳
2. 경찰이 도둑을 잡고 도둑은 반지를 훔치는 보드게임
3. 둘이 마주앉아 번갈아 가며 실을 모양을 바꾸는 게임
4. 카드나 말을 놓고 일정한 규칙에 따라 진행하는 게임
5. 눈치를 보며 겹치지 않게 숫자를 외치는 게임
6. 양 손으로 줄을 잡고 발 아래에서 위로 돌리면서 그 줄을 뛰어넘는 운동
7. 술래에게 잡히지 않도록 피해서 도망 다니는 게임

나의 쉬는 시간 계획표

10분 쉬는 시간	
해야 할 일	□ 화장실 다녀오기 □ 전 수업 정리하기 □ 다음 수업 준비하기 □ 선생님께 질문하기 □ 친구들과 이야기 □ □
10분 놀이	빙고 우노 도블 모눈 종이 오목 ________ ________

점심 시간	
해야 할 일	□ 도서관 다녀오기 □ 숙제하기 □ 보드게임 하기 □ 엎드려 자기 □ 운동장 나가서 놀기 □ □
점심 시간	뱅 젠가 할리갈리 딱지치기 ________ ________

- 놀이를 고르는 시간부터 정리하는 시간까지 스탑워치를 사용하여 실제 시간을 맞춰 놓고 연습해 보세요.

쉬는 시간 O/X 퀴즈

ⓘ 쉬는 시간에 할 수 있는 활동을 찾아 보세요.

① 도서관에 가서 책을 빌려온다.	O / X
② 옆 자리 친구와 주말에 본 예능에 대해 이야기 한다.	O / X
③ 반에서 친구들과 잡기 놀이를 한다.	O / X
④ 옆 반 친구들은 어떤 놀이를 하고 있는지 가서 본다.	O / X
⑤ 다른 친구들이 놀이하는 모습을 옆에 서서 구경한다.	O / X
⑥ 친구에게 보드게임을 하자고 제안한다.	O / X
⑦ 화장실에 다녀온다.	O / X
⑧ 자리에 앉아서 숙제를 한다.	O / X
⑨ 할 일이 없으니 혼자 계단을 오르락 내리락 한다.	O / X
⑩ 시간표를 확인하고 다음 시간을 준비한다.	O / X
⑪ 엎드려 잔다.	O / X
⑫ 친구들이 한 친구를 놀리는 모습이 재밌어 보이니 나도 옆에서 같이 놀린다.	O / X

5. 공간 관리

1) 사물함, 책상 관리하기

목표

자신의 공간을 파악하고 적절하게 활용하며 관리할 수 있도록 돕는다.

활동내용

◆ 나의 공간 체크리스트

(1) 책상 및 사물함의 사용 용도와 정리정돈의 필요성을 생각하고 자유롭게 이야기한다.

(2) 사물함에 넣어도 되는 물건과 아닌 물건이 무엇인지 구분하고 현재 자신의 사물함 모습은 어떤지 이야기한다.

(3) 평소 정리 습관대로 체크하고 관리가 필요한 부분을 생각하고 관리가 필요한 부분을 정리하기 위한 구체적인 방법을 발표한다.

(4) 관리가 잘 이루어지고 있는지 주기적으로 체크한다.

(5) 활동을 정리하며 소감을 나누고, 다음 시간을 소개하며 마무리한다.

◆ 어디에 둘까?

(1) 책상과 사물함에 넣어도 되는 물건과 아닌 물건이 무엇인지 구분하고 현재 자신의 책상과 사물함 모습은 어떤지 자유롭게 이야기한다.

(2) 평소 정리 습관대로 체크하고 관리가 필요한 부분을 생각하고 정리하기 위한 구체적인 방법을 발표한다.

(3) 활동지 작성 시, 각 물건의 제자리가 어디인지 생각하고 선을 긋는다.

(4) 제시된 물건 외 각 공간에 두어야 할 물건이 있는지 생각하고 평소 자신이 어디에 두어야 할지 어려웠던 물건을 이야기한다.

(5) 활동을 정리하며 소감을 나누고, 다음 시간을 소개하며 마무리한다.

◆ 수업 전 책상 정리

(1) 책상의 사용 용도와 정리정돈의 필요성을 생각하고, 현재 자신의 책상 위 모습은 어떤지 이야기한다.

(2) 시간표를 확인하고, 수업 시작 전 정리해야 할 물건을 생각한다.

(3) 활동지에 글로 작성하거나 책상에 직접 그림으로 그리고 발표한다.

(4) 활동지 외 나의 책상에서 정리가 필요한 물건을 생각하고 관리가 필요한 부분을 정리하기 위한 구체적인 방법을 발표한다.

(5) 활동을 정리하며 소감을 나누고, 다음 시간을 소개하며 마무리한다.

◆ 상상 속 사물함

(1) 사물함의 사용 용도와 정리정돈의 필요성을 생각하고, 현재 자신의 사물함의 모습은 어떤지 이야기한다.

(2) 자신의 사물함의 모습을 그리거나 글로 작성한다.

(3) 현재 자신의 사물함을 정리한 모습을 그리거나, 사물함 구조 자체를 상상하여 그린다.

(4) 전후 모습을 비교하고, 노력할 수 있는 부분이 있는지 발표한다.

(5) 활동을 정리하며 소감을 나누고, 다음 시간을 소개하며 마무리한다.

◆ 사물함 정리하기

(1) 사물함에 넣어도 되는 물건과 아닌 물건이 무엇인지 구분하고 현재 자신의 사물함 모습은 어떤지 자유롭게 이야기한다.

(2) 활동지의 어질러진 사물함의 모습이 어떤지 이야기하고, 현재 나의 사물함의 모습을 비교하고 각 물건을 어떻게 정리할지 작성한다.

(3) 활동지의 물건 외 나의 사물함에서 정리가 필요한 물건을 생각하고 관리가 필요한 부분을 정리하기 위한 구체적인 방법을 발표한다.

(4) 활동을 정리하며 소감을 나누고, 다음 시간을 소개하며 마무리한다.

활동 TIP

- [수업 전 책상 정리] 활동지의 시간표가 아닌 자신의 시간표로 활동지를 진행 할 수 있다.

나의 공간 체크리스트

ⓘ 학교에서 나의 공간을 체크해 보세요!

책상

	· 각 수업에 해당하는 교과서가 있다.	
	· 각 수업에 필요한 준비물이 있다.	
	· 필기도구 외 개인 물건은 없다.	
	· 낙서 및 이물질 없이 깨끗하다.	

책상 서랍

	· 오늘 수업할 교과서가 있다.	
	· 1교시 수업 교과서가 제일 위에 있다.	
	· 수업에 필요한 물건들만 정리되어 있다.	
	· 불필요한 물건은 없다.	

사물함

	· 교과서가 바르게 세워져 있다.	
	· 개인 물품(물티슈, 칫솔) 바로 찾을 수 있다.	
	· 학교에서 필요한 물건만 있다.	
	· 유인물이 파일에 정리되어 있다.	
	· 분실의 위험이 있는 물건은 없다.	

어디에 둘까?

ⓘ 학교에서 나의 물건들입니다. 제자리가 어디일까요?

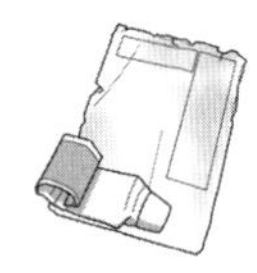

다 쓴 치약
오래된 유인물

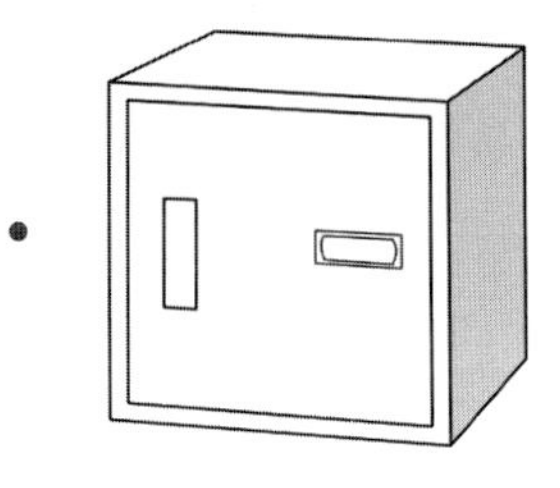

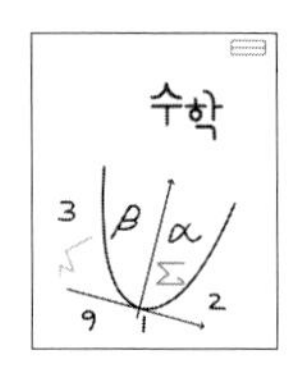

오늘 수업 교과서

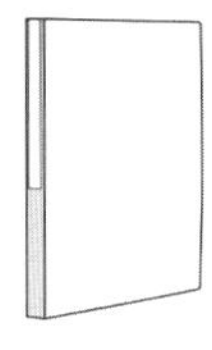

유인물 파일

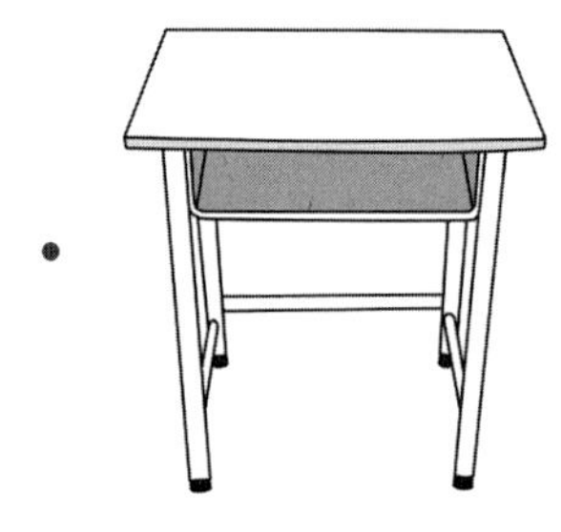

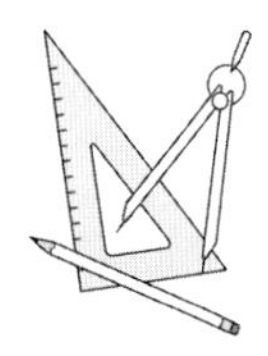

오늘 수업 준비물

내일 수업 교과서

상한 우유

수업 전 책상 정리

시간표를 보고, 수업 시작 전 책상을 정리해 보세요.

1교시	영어
2교시	체육
3교시	사회
4교시	수학
5교시	과학
6교시	국어

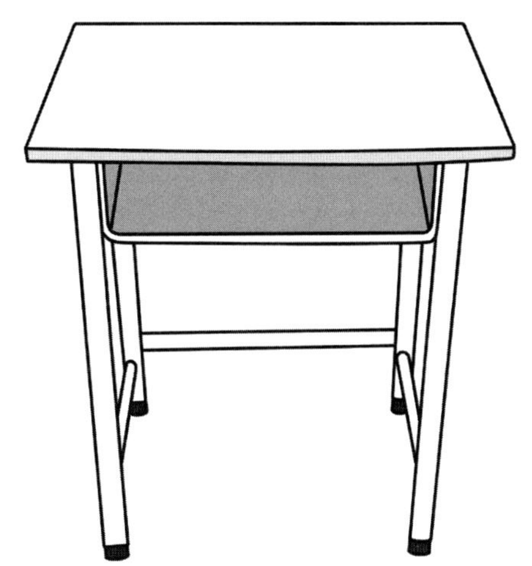

상상 속 사물함

? 현재 나의 사물함 모습을 그려 보고, 상상 속 사물함을 그려 보세요.

〈현재 사물함〉

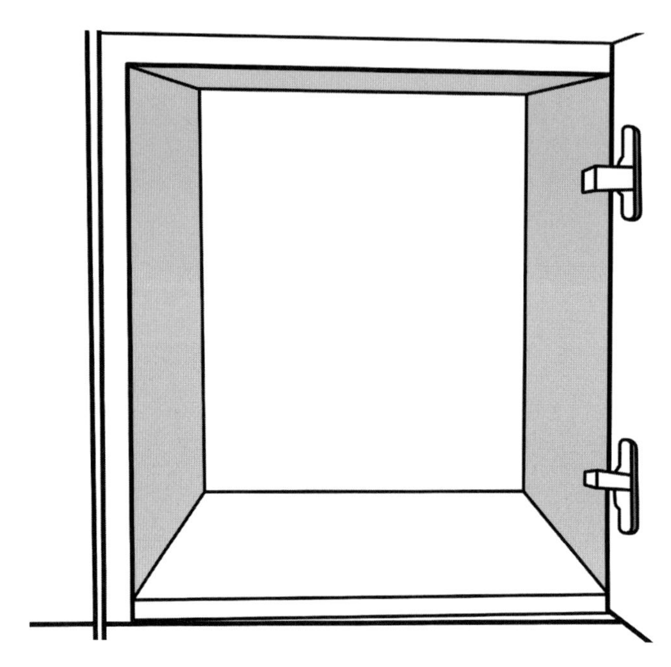

〈상상 속 사물함〉

사물함 정리하기

? 정리가 되지 않은 사물함에서 각 물건을 어떻게 정리할지 작성해 보세요.

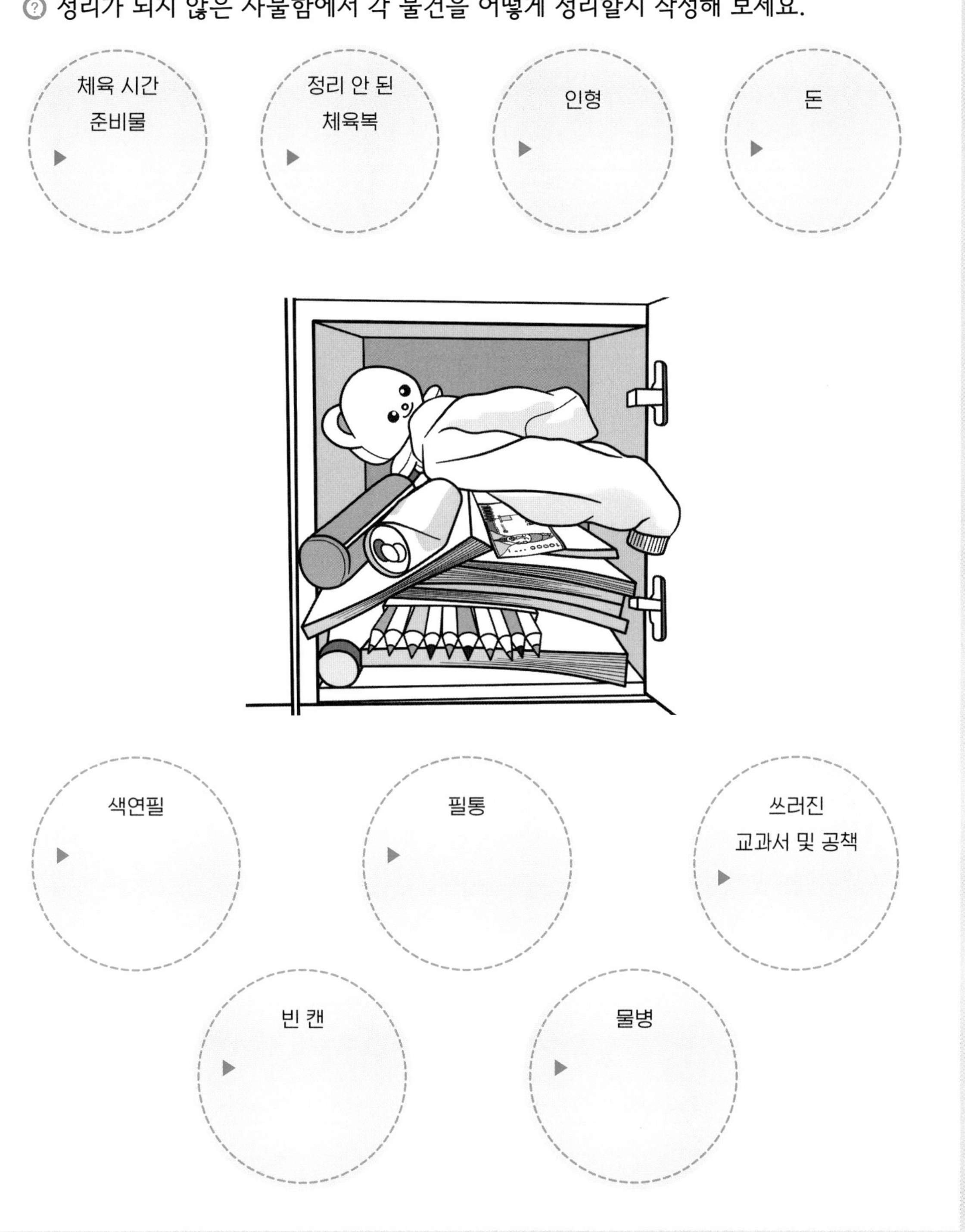

2) 내 주변 관리하기

목표

(1) 내 자리 범위를 알고 주변 공간을 관리하는 것의 중요성을 이해할 수 있다.

(2) 교실에서 내 자리의 특성을 파악하고 그에 따라 요구되는 에티켓 행동을 알 수 있다.

활동내용

◆ 자리 주변 체크리스트

(1) 내 주변 공간을 관리하는 것이 필요하고, 중요한 이유를 이야기한다.

(2) 평소 자리 주변 환경을 생각하며 체크하고 노력해야 하는 부분이 무엇인지 확인한다.

(3) 교실에서 개인 공간(책상, 사물함) 외 공용 공간이지만 스스로 관리해야 하는 자신의 주변 환경을 생각한다.

(4) 활동을 정리하며 소감을 나누고, 다음 시간을 소개하며 마무리한다.

◆ 내 자리 환경

(1) 교실에서 내 자리와 관련한 문제 상황(추위를 많이 타는 경우, 옆 짝꿍이 너무 시끄러운 경우, 눈이 잘 안 보이는 경우, 앞에 키 큰 친구 때문에 시야가 가리는 경우 등)을 이야기한다.

(2) 실제 자신의 자리를 생각하며 불편한 조건이 있는지, 어떤 방법으로 대처할지, 더불어 나만의 불편함인지, 내가 요구할 수 있는 부분인지도 생각하고 자유롭게 이야기한다.

(3) 활동지에 주어진 환경에서 어떻게 대처할지 작성하고 발표한다.

(4) 활동을 정리하며 소감을 나누고, 다음 시간을 소개하며 마무리한다.

활동 TIP

- [자리 주변 체크리스트] 스스로 관리가 어렵다면 주기적으로 체크리스트를 활용하여 관리하도록 한다.
- [내 자리 환경] 글로 작성하지 않고 롤플레잉을 통해 문제 해결 방법을 연습할 수 있다.

자리 주변 체크리스트

학교에서 나의 주변 정돈을 체크해 보세요!

책상과 의자

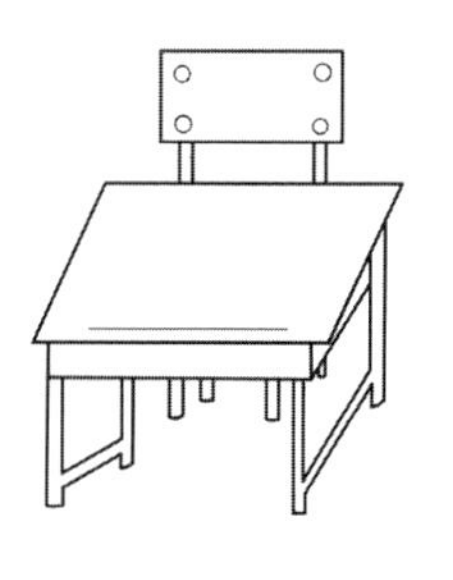	· 책상과 의자의 높이가 나에게 맞다.	
	· 책상과 의자가 흔들리지 않고 안정적이다.	
	· 앞, 옆 자리 책상과 열이 맞다.	

개인 물건

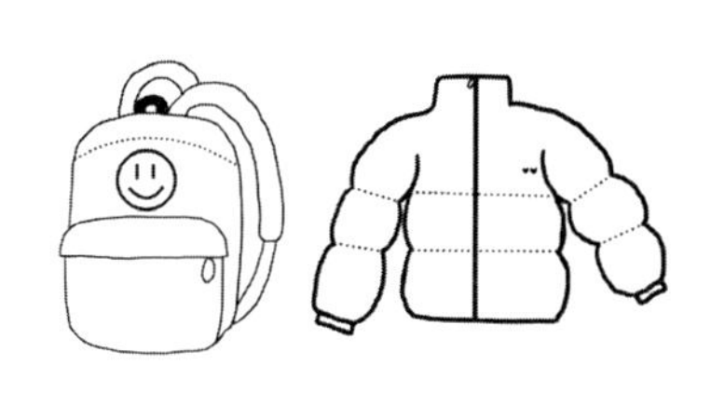	· 가방은 지퍼가 닫혀있고, 잘 걸어두었다.	
	· 겉옷은 의자에 걸어두거나 옷걸이에 걸었다.	
	· 나의 가방이 교실 통행에 방해가 되지 않는다.	

주변 환경

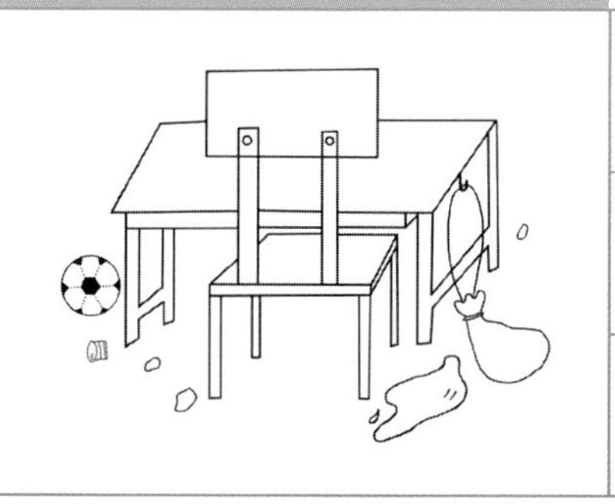	· 나의 자리에서 칠판과 선생님이 잘 보인다.	
	· 바닥에는 쓰레기가 없다.	
	· 나의 학습 환경에 방해가 되는 요소가 없다.	

내 자리 환경

? 현재 내 자리 환경이 마음에 들지 않을 때, 어떻게 해결해야 할까요?

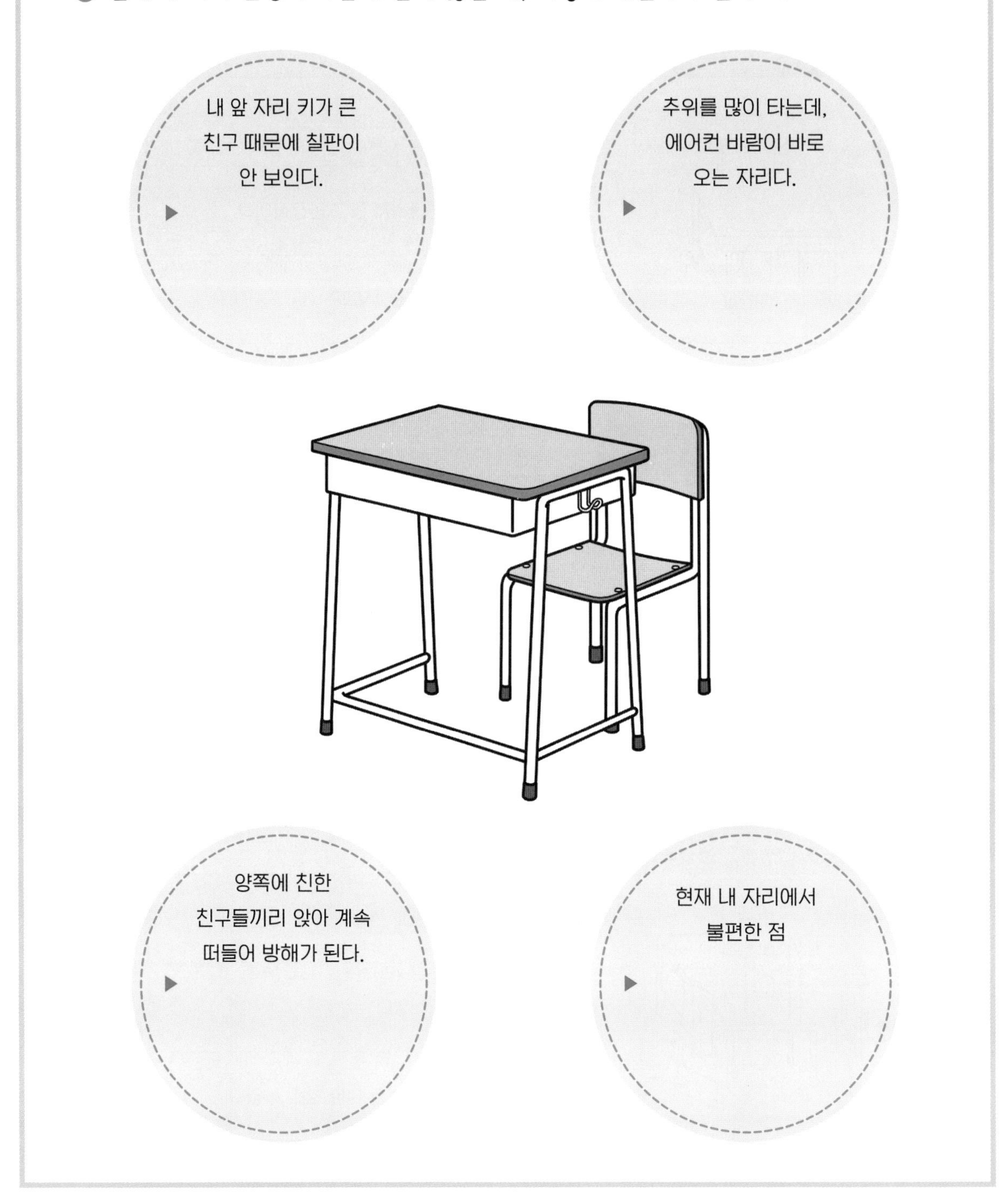

6. 스트레스 관리

1) 새 학기 스트레스 대비하기

목표

(1) 새 학기 자신의 스트레스가 될 수 있는 것이 무엇인지 알 수 있다.

(2) 새 학기 스트레스에 대비하여 새로운 환경에 대한 적응력을 높인다.

활동내용

◆ 스트레스 빙고

(1) 새 학기가 시작되면 달라지는 일상 및 학교에서의 변화와 이에 따른 스트레스를 자유롭게 이야기한다.

(2) 스트레스를 유발하는 새 학기 상황을 생각하고, 활동지의 주어진 네모 칸에 내가 생각한 상황을 각각 작성한다.

(3) 그룹원이 순서대로 돌아가며 자신이 작성한 상황을 발표한다.

(4) 그룹원과 내가 작성한 상황이 일치하면 네모 칸에 동그라미 표시하고 세 줄을 먼저 완성하면 '빙고'라고 외친다.

(5) 활동을 정리하며 소감을 나누고, 다음 시간을 소개하며 마무리한다.

◆ 새 학기 증후군 체크리스트

(1) 스트레스를 유발하는 새 학기 상황을 생각하고 이야기한다.

(2) 새 학기가 시작되면 달라지는 일상 및 학교에서의 변화가 나의 신체 및 마음에 어떤 영향을 미치는지 생각한다.

(3) 활동지를 작성하고, 발표한다.

(4) 활동을 정리하며 소감을 나누고, 다음 시간을 소개하며 마무리한다.

◆ 스트레스 파도 그리기

(1) 새 학기가 시작되면 달라지는 일상 및 학교에서의 변화에 어떤 생각과 감정을 느끼고 있는지 이야기한다.

(2) 다양한 변화 속에서 내가 느끼는 스트레스는 어느 정도인지 스트레스를 유발하는 특정 대상이나 상황이 있는지 생각한다.

(3) 활동지를 작성하고, 발표한다.

(4) 활동을 정리하며 소감을 나누고, 다음 시간을 소개하며 마무리한다.

◆ 새 학기 스트레스를 극복하는 나만의 방법

(1) 스트레스를 유발하는 새 학기 상황을 생각하고 특히 나를 불안하고 힘들게 만드는 것은 무엇이 있는지 이야기한다.

(2) 나의 (심리적) 어려움을 극복하는 데 도움이 되는 방법에는 무엇이 있는지 이야기한다.

(3) 그러한 방법을 사용했을 때 나의 모습이 어떻게 달라질 수 있는지 생각하고 활동지를 작성한 뒤 발표한다.

(4) 활동을 정리하며 소감을 나누고, 다음 시간을 소개하며 마무리한다.

활동 TIP

- [스트레스 빙고] 가장 먼저 세 줄을 완성한 그룹원에게 소정의 상품을 제공하며 활동에 대한 흥미를 유발할 수 있다.
- [새 학기 스트레스를 극복하는 나만의 방법] 새 학기 스트레스로 인한 심리적 어려움을 해결하는 방법을 이야기하지 못하는 그룹원이 있으면 구체적인 예시를 제시하며 활동 참여를 유도할 수 있다.

스트레스 빙고

새학기 증후군 체크리스트

새학기 증후군
체크리스트

- ☐ 개학 이후로 짜증과 화를 자주 낸다.
- ☐ 학교에서 있었던 일을 이야기하는 것을 피한다.
- ☐ 최근 2주 동안 먹는 양이 눈에 띄게 줄었다.
- ☐ 학교에서 돌아온 후 평소보다 피곤해 한다.
- ☐ 학교가는 게 싫다고 자주 이야기한다.
- ☐ 등교 전 두통이나 복통을 자주 호소한다.
- ☐ 아직 일어나지 않은 일을 미리 걱정하고 불안해 한다.

※ 5개 이상 해당되면 새학기 증후군 가능성이 높습니다.

스트레스 파도 그리기

새학기에 대한 나의 생각과 감정을 파도로 그려 보세요.

· 파도 안에 있는 나의 스트레스는 어느 정도 인지 적어 보세요.

· 어떤 대상/상황이 나의 스트레스 원인인지 적어 보세요.

· 내가 해결할 수 없는 스트레스가 무엇인지 적어 보세요.

새 학기 스트레스를 극복하는 나만의 방법

ⓘ 새 학기 스트레스를 극복하는 나만의 방법에는 무엇이 있는지 적어 보세요.

2) 시험 불안, 스트레스 관리하기

목표

(1) 시험 시 느끼는 불안을 탐색하고 이해할 수 있다.

(2) 시험 시 느끼는 불안과 스트레스를 다루는 방법을 알고 관리할 수 있다.

활동내용

◆ 시험 기간 밸런스 게임

(1) 시험을 떠올리면 어떤 감정이 드는지 생각하고 함께 이야기한다.

(2) 시험 시 불안이나 걱정을 가장 크게 느끼는 때가 언제인지 시험을 준비할 때, 시험을 볼 때, 시험 과목, 시간 등 구체적으로 나누어 살펴본다.

(3) 시험 시 발생할 수 있는 다양한 문제 상황을 생각하고 활동지에서 제시한 상황 중 자신이 원하는 것을 고른 다음 발표한다.

(4) 활동을 정리하며 소감을 나누고, 다음 시간을 소개하며 마무리한다.

◆ 나의 시험 불안 증상은?

(1) 시험을 떠올리면 어떤 감정이 드는지 생각하고 함께 이야기한다.

(2) 스트레스를 유발하는 시험 불안 상황을 생각하고 특히 어떤 생각이 나를 불안하고 힘들게 만드는 것인지 점검한다.

(3) 시험 시 느낄 수 있는 신체적 변화와 감정의 변화가 있는지 생각하고 활동지를 작성한다.

(4) 각자 돌아가며 발표한다.

(5) 활동을 정리하며 소감을 나누고, 다음 시간을 소개하며 마무리한다.

◆ 불안의 저울

(1) 스트레스를 유발하는 시험 불안 상황을 생각하고 특히 어떤 생각이 나를 불안하고 힘들게 만드는 것인지 이야기한다.

(2) 시험을 보기 위해서 노력하고 있는 것과 그 일을 하면서 느끼는 불안의 정도는 어떤지 생각하고 활동지를 작성한다.

(3) 각자 돌아가며 발표한다.

(4) 활동을 정리하며 소감을 나누고, 다음 시간을 소개하며 마무리한다.

◆ 내가 바라는 나의 모습

(1) 시험을 떠올리면 어떤 감정이 드는지 생각하고 함께 이야기한다.

(2) 스트레스를 유발하는 시험 불안 상황을 생각하고 특히 어떤 생각이 나를 불안하고 힘들게 만드는 것인지 점검한다.

(3) 시험을 볼 때 내가 바라는 나의 모습은 어떤 것이 있는지 생각하고 활동지를 작성한다.

(4) 각자 돌아가며 발표한다.

(5) 활동을 정리하며 소감을 나누고, 다음 시간을 소개하며 마무리한다.

◆ 자동적 사고를 찾아라!

(1) 시험을 준비하거나 시험을 볼 때 자동으로 떠오르는 생각에는 어떤 것이 있는지 생각하고 함께 이야기한다.

(2) 자동적 사고를 관찰하고 평가해야 하는 이유를 생각하고 활동지를 통해 자동적 사고가 나의 감정이나 행동에 어떤 영향을 미치는지 점검한다.

(3) 각자 돌아가며 발표한다.

(4) 활동을 정리하며 소감을 나누고, 다음 시간을 소개하며 마무리한다.

◆ 합리적 사고를 향하여!

(1) 시험을 떠올리면 어떤 감정이 드는지 생각하고 함께 이야기한다.

(2) 스트레스를 유발하는 시험 상황을 떠올리고, 그 상황과 관련된 나의 자동적 사고는 무엇인지, 그러한 생각이 합리적인지 혹은 비합리적인지 구분한다.

(3) 합리적/비합리적 사고가 나의 일상생활에 어떤 영향을 주는지 각각 구분하여 생각한다.

(4) 합리적 사고로 전환하기 위해 어떤 노력을 할 수 있는지 생각하고, 나의 노력이 감정과 일상생활에 어떤 영향을 주는지 활동지를 작성한다.

(5) 각자 돌아가며 발표한다.

(6) 활동을 정리하며 소감을 나누고, 다음 시간을 소개하며 마무리한다.

◆ 스트레스 탐정

(1) 시험을 떠올리면 어떤 감정이 드는지 생각하고 함께 이야기한다.

(2) 시험 기간 중 스트레스를 가장 많이 받는 때가 언제인지 시험을 준비할 때, 시험을 볼 때, 시험 과목, 시간 등 구체적으로 나누어 살펴본다.

(3) 시험 스트레스를 유발하는 원인이 무엇인지 생각하고 시험 스트레스를 해소하기 위해 내가 할 수 있는 일은 무엇인지 활동지를 작성한다.

(4) 각자 돌아가며 발표한다.

(5) 활동을 정리하며 소감을 나누고, 다음 시간을 소개하며 마무리한다.

활동 TIP

- [자동적 사고를 찾아라!] 나의 감정과 행동의 변화를 위해서 자동적인 생각을 관찰하고 평가하며 교정해 나가는 것이 필요함을 강조하여 설명한다.

시험 기간 밸런스 게임

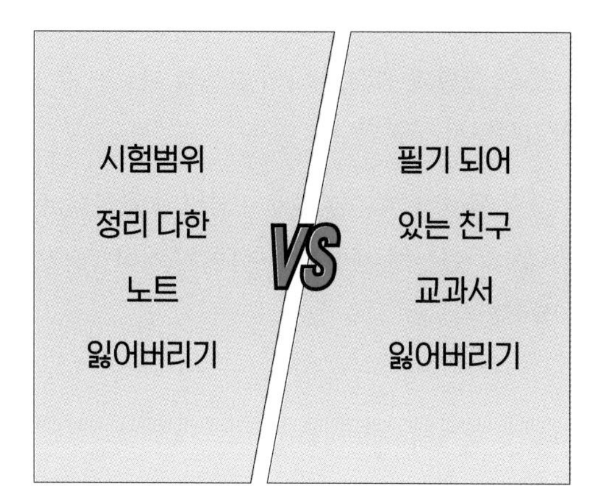
시험범위
정리 다한
노트
잃어버리기
VS
필기 되어
있는 친구
교과서
잃어버리기

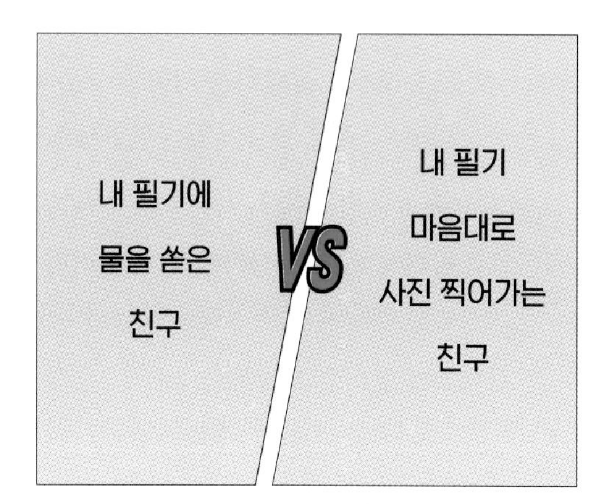
내 필기에
물을 쏟은
친구
VS
내 필기
마음대로
사진 찍어가는
친구

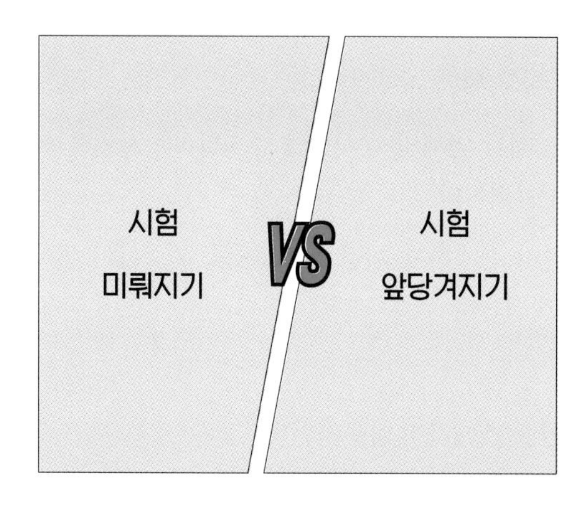
시험
미뤄지기
VS
시험
앞당겨지기

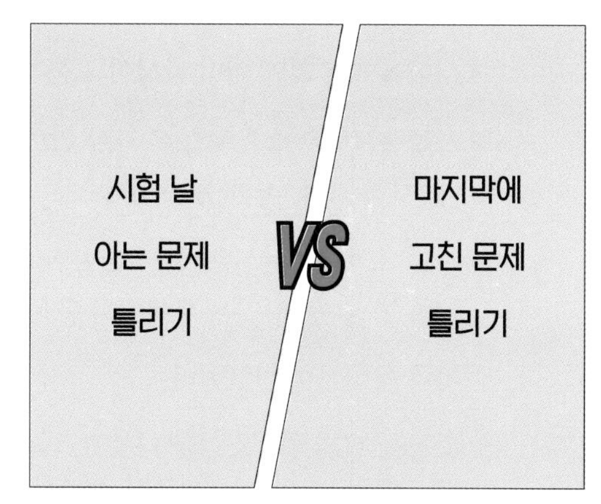
시험 날
아는 문제
틀리기
VS
마지막에
고친 문제
틀리기

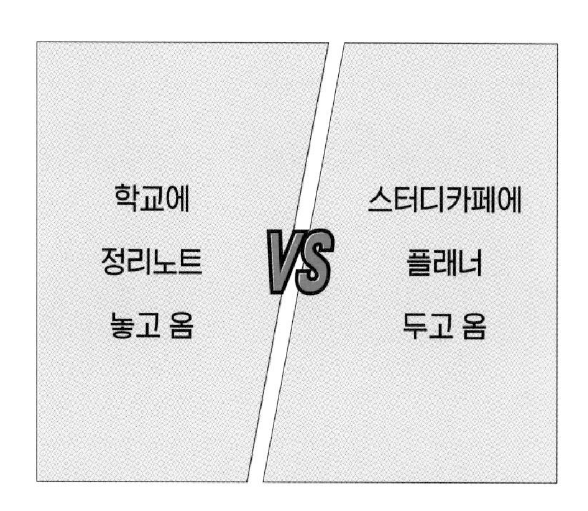
학교에
정리노트
놓고 옴
VS
스터디카페에
플래너
두고 옴

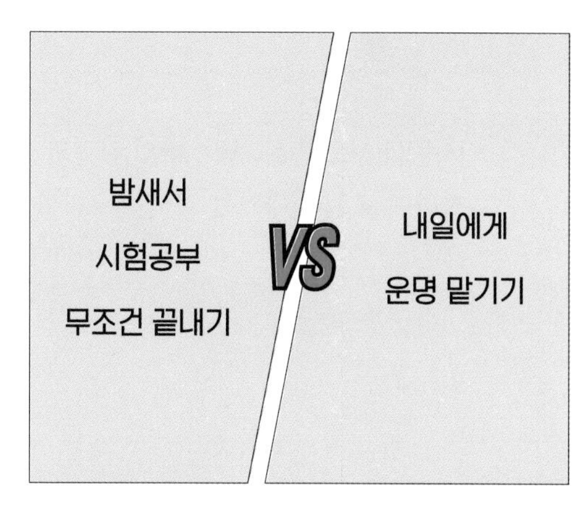
밤새서
시험공부
무조건 끝내기
VS
내일에게
운명 맡기기

나의 시험 불안 증상은?

시험 불안 체크리스트

시험 볼 때 자주 경험하는 증상을 적어주세요

신체변화

- [ ]
- [ ]
- [ ]
- [ ]
- [ ]
- [ ]

감정변화

- [ ]
- [ ]
- [ ]
- [ ]
- [ ]
- [ ]

불안의 저울!

시험을 잘 보기 위해 내가 노력하고 있는 것 하나를 적어 보세요.

그리고 그 일을 하면서 느끼는 불안의 무게를 화살표로 표현해 보세요.

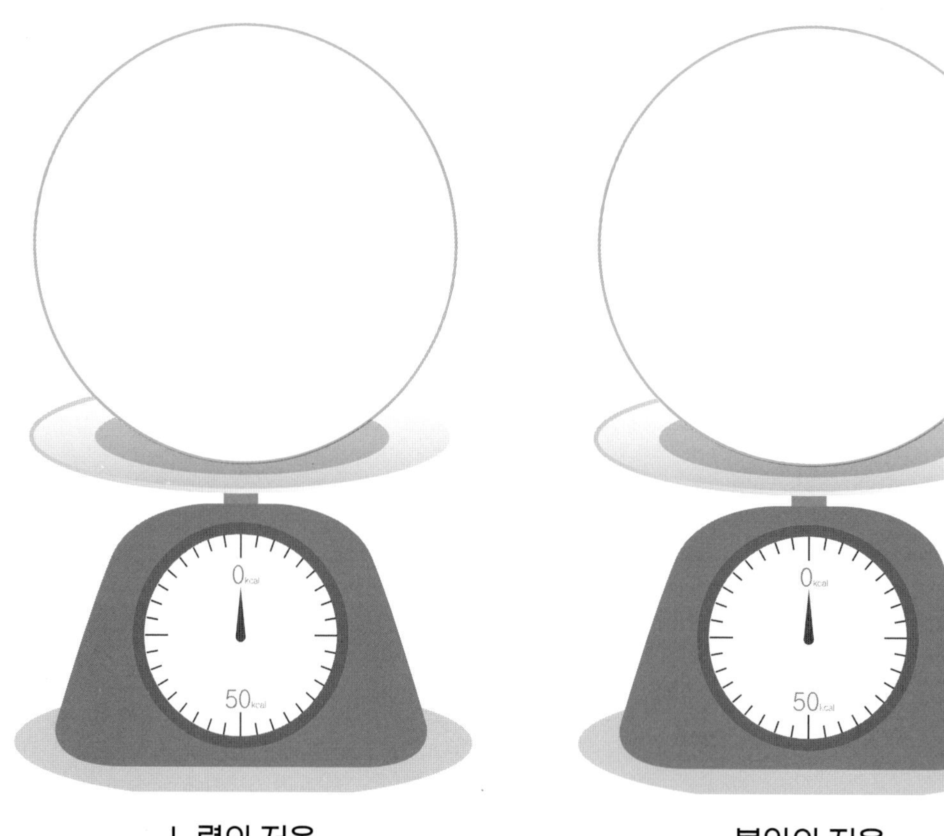

노력의 저울

불안의 저울

내가 바라는 나의 모습

시험에 대해 내가 바라는 나의 모습은?

시험지를 받았을 때
불안해하지 않고
머릿속에 정리된 생각들이
잘 떠올라 미소를 짓는다.

자동적 사고를 찾아라!

시험을 보거나 준비할 때 내가 자주 하는 생각은 무엇인가요?

합리적 사고를 향하여!

스트레스 탐정 

스트레스 유발 요인	스트레스 발생 시간	스트레스 해소를 위해 내가 할 수 있는 일
해야 할 공부는 많은데 집중이 잘 안될 때	매일 저녁	공원에서 10분 산책하기

5장 특별 활동

1. 교내 활동

2. 교외 활동

1. 교내 활동

1) 학급 내 친목 활동(알뜰시장)

목표

(1) 학급 내에서 진행되는 친목 활동의 의미를 이해하고 적절하게 참여할 수 있다.

(2) 알뜰시장의 의미를 알고 매너 있게 참여할 수 있다.

활동내용

◆ 판매 가능 물품 O/X

(1) 거래 활동 경험을 공유하고 자신이 생각하는 물건의 가치를 이야기한다.

(2) 활동 참여 시 지켜야 하는 에티켓과 주의해야 할 부분을 파악한다.

(3) 활동지의 설명을 읽고 물품의 판매 가능 여부를 표시하며 작성한다.

(4) 알뜰시장 참여 시 판매하려고 했던 나의 물건을 생각하고 활동지의 설명과 비교하며 나의 물건의 판매 가능 여부를 확인한다.

(5) 각자 돌아가며 발표한다.

(6) 활동을 정리하며 소감을 나누고, 다음 시간을 소개하며 마무리한다.

◆ 알뜰시장 판매 계획서

(1) 도입 활동으로 게임 〈이어 말하기 - '시장에 가면'〉, 보드게임 〈보난자〉, 〈카탄〉 진행하여 시장 및 거래에 대해 이해하고 흥미를 높인다.

(2) 거래 활동 경험을 공유하고 자신이 생각하는 물건의 가치와 활동 참여 시 지켜야 하는 에티켓과 주의해야 할 부분을 파악한다.

(3) 참여 전, 판매하려고 했던 나의 물건을 그림 및 글로 작성하고 판매 기준을 생각하고, 판매 여부를 결정한다.

(4) 각자 돌아가며 발표한다.

(5) 활동을 정리하며 소감을 나누고, 다음 시간을 소개하며 마무리한다.

◆ 알뜰시장 구매 계획서

(1) 도입 활동으로 게임 〈이어 말하기 - '시장에 가면'〉, 보드게임 〈보난자〉, 〈카탄〉 진행하여 시장 및 거래에 대해 이해하고 흥미를 높인다.

(2) 거래 활동 경험을 공유하고 자신이 생각하는 물건의 가치와 활동 참여 시 지켜야 하는 에티켓과 주의해야 할 부분을 파악한다.

(3) 구매를 결정하기 전에 기준에 맞는지, 활동지의 구매 기준 외 고려해야 할 부분이 있는지 생각하고 참여 중 구매를 희망하는 물건을 그림 및 글로 작성한다.

(4) 각자 돌아가며 발표한다.

(5) 활동을 정리하며 소감을 나누고, 다음 시간을 소개하며 마무리한다.

◆ 나의 상점 꾸미기

(1) 도입 활동으로 게임 〈이어 말하기 - '시장에 가면'〉, 보드게임 〈보난자〉, 〈카탄〉 진행하여 시장 및 거래에 대해 이해하고 흥미를 높인다.

(2) 거래 활동 경험을 공유하고 자신이 생각하는 물건의 가치와 활동 참여 시 지켜야 하는 에티켓과 주의해야 할 부분을 파악한다.

(3) 활동지 작성 시 물건 배치, 가격, 가격표, 상점 꾸미기 등 다양한 요소를 생각하고 자유롭게 나의 상점을 완성한다.

(4) 각자 돌아가며 발표한다.

(5) 활동을 정리하며 소감을 나누고, 다음 시간을 소개하며 마무리한다.

활동 TIP

- 학급 내 활동의 목적은 친목이므로 결과보다는 과정이 중요하다는 것을 알고, 자신이 노력하여 참여도를 높일 수 있도록 한다.
- [알뜰시장] 그룹 활동 시, 그룹 내에서 알뜰시장 활동을 진행하며 활동에 대한 이해 및 연습을 할 수 있다. 개별로 활동지를 활용한다면, 구조화 된 활동에 대한 참여도를 높일 수 있다.

판매 가능 물품 O/X

? 나의 물건 중에서 알뜰시장에서 판매 가능한 물품에 O/X로 표시하세요.

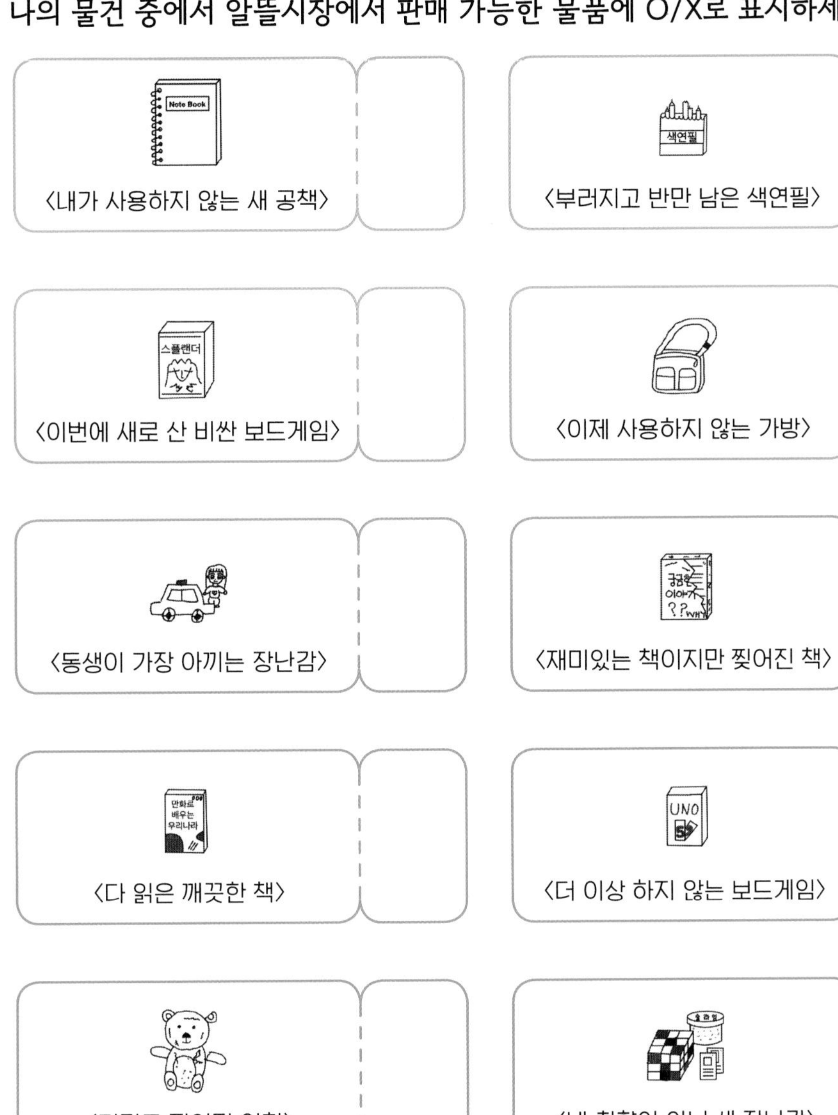

〈내가 사용하지 않는 새 공책〉

〈부러지고 반만 남은 색연필〉

〈이번에 새로 산 비싼 보드게임〉

〈이제 사용하지 않는 가방〉

〈동생이 가장 아끼는 장난감〉

〈재미있는 책이지만 찢어진 책〉

〈다 읽은 깨끗한 책〉

〈더 이상 하지 않는 보드게임〉

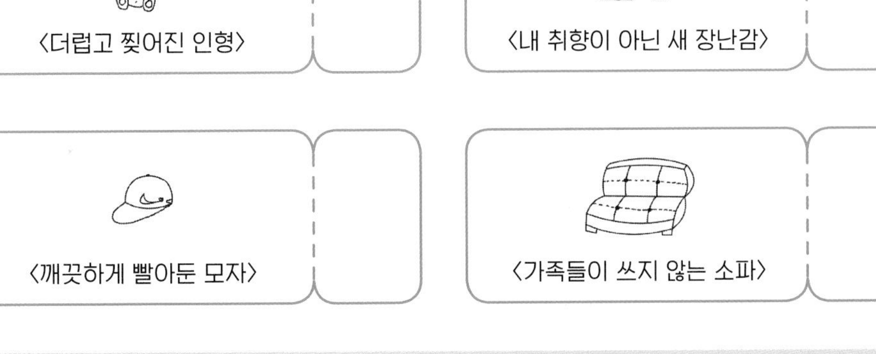

〈더럽고 찢어진 인형〉

〈내 취향이 아닌 새 장난감〉

〈깨끗하게 빨아둔 모자〉

〈가족들이 쓰지 않는 소파〉

알뜰시장 판매 계획서

<table>
<tr><th colspan="4">나의 판매 계획서</th></tr>
<tr><td rowspan="5">구 입 가 격 :
판매예정가격 :</td><td>① 나라면 판매예정가격에 살까?</td><td></td><td rowspan="5">판매결정
O X</td></tr>
<tr><td>② 판매가 될 만한 물건인가?</td><td></td></tr>
<tr><td>③ 깨끗한 상태인가?</td><td></td></tr>
<tr><td>④ 물건 주인에게 허락을 구했는가?(본인 포함)</td><td></td></tr>
<tr><td>⑤ 물건이 없어도 불편하지 않은가?</td><td></td></tr>
<tr><td rowspan="5">구 입 가 격 :
판매예정가격 :</td><td>① 나라면 판매예정가격에 살까?</td><td></td><td rowspan="5">판매결정
O X</td></tr>
<tr><td>② 판매가 될 만한 물건인가?</td><td></td></tr>
<tr><td>③ 깨끗한 상태인가?</td><td></td></tr>
<tr><td>④ 물건 주인에게 허락을 구했는가?(본인 포함)</td><td></td></tr>
<tr><td>⑤ 물건이 없어도 불편하지 않은가?</td><td></td></tr>
<tr><td rowspan="5">구 입 가 격 :
판매예정가격 :</td><td>① 나라면 판매예정가격에 살까?</td><td></td><td rowspan="5">판매결정
O X</td></tr>
<tr><td>② 판매가 될 만한 물건인가?</td><td></td></tr>
<tr><td>③ 깨끗한 상태인가?</td><td></td></tr>
<tr><td>④ 물건 주인에게 허락을 구했는가?(본인 포함)</td><td></td></tr>
<tr><td>⑤ 물건이 없어도 불편하지 않은가?</td><td></td></tr>
<tr><td rowspan="5">구 입 가 격 :
판매예정가격 :</td><td>① 나라면 판매예정가격에 살까?</td><td></td><td rowspan="5">판매결정
O X</td></tr>
<tr><td>② 판매가 될 만한 물건인가?</td><td></td></tr>
<tr><td>③ 깨끗한 상태인가?</td><td></td></tr>
<tr><td>④ 물건 주인에게 허락을 구했는가?(본인 포함)</td><td></td></tr>
<tr><td>⑤ 물건이 없어도 불편하지 않은가?</td><td></td></tr>
</table>

알뜰시장 구매 계획서

나의 구매 계획서			
♥ 나의 예산 ♥ ______________ 원			
	① 내가 필요해서 구매하는 것인가?		
	② 나의 예산 안에서 살 수 있나?		구매결정
새 상품 가격 :	③ 예상한 가격보다 저렴한가?		O X
판 매 가 격 :	④ 구성 물품이 다 있고 깨끗한가?		
	⑤ 여러 상점에서 가격과 상태를 비교했나?		
	① 내가 필요해서 구매하는 것인가?		
	② 나의 예산 안에서 살 수 있나?		구매결정
새 상품 가격 :	③ 예상한 가격보다 저렴한가?		O X
판 매 가 격 :	④ 구성 물품이 다 있고 깨끗한가?		
	⑤ 여러 상점에서 가격과 상태를 비교했나?		
	① 내가 필요해서 구매하는 것인가?		
	② 나의 예산 안에서 살 수 있나?		구매결정
새 상품 가격 :	③ 예상한 가격보다 저렴한가?		O X
판 매 가 격 :	④ 구성 물품이 다 있고 깨끗한가?		
	⑤ 여러 상점에서 가격과 상태를 비교했나?		
	① 내가 필요해서 구매하는 것인가?		
	② 나의 예산 안에서 살 수 있나?		구매결정
새 상품 가격 :	③ 예상한 가격보다 저렴한가?		O X
판 매 가 격 :	④ 구성 물품이 다 있고 깨끗한가?		
	⑤ 여러 상점에서 가격과 상태를 비교했나?		

나의 상점 꾸미기

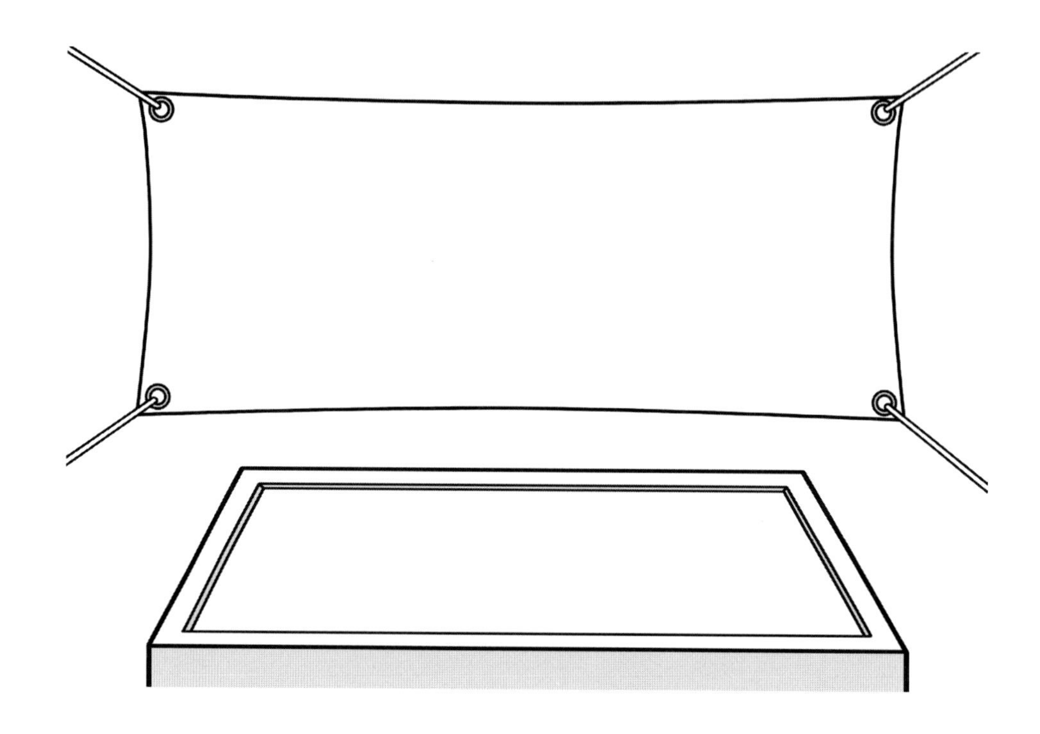

- 나의 상점의 이름은?
- 상점에서 메인 상품은?
- 상점에서 가장 저렴한 판매가격의 상품은?
- 상점에서 가장 비싼 판매가격의 상품은?
- 물건을 다 팔기 위한 나만의 판매 전략은?

2) 학급 내 친목 활동(마니토-비밀친구)

목표

(1) 학급 내에서 진행되는 친목 활동의 의미를 이해하고 적절하게 참여할 수 있다.

(2) 비밀친구가 무엇인지 알고 적절하게 마니토 활동에 참여할 수 있다.

활동내용

◆ 마니토 에티켓 배우기

* 준비물: 색연필

(1) 도입 활동으로 게임 <전기전달 놀이>, <마피아 게임>, 보드게임 <타블라의 늑대>를 진행하여 비밀 유지 및 전략을 이해하고 흥미를 높인다.

(2) 비밀친구가 무엇인지 알아보고 비밀친구와 관련된 경험이 있다면 공유한다.

(3) 활동지의 에티켓 행동을 확인하고, 제시된 행동이 적절한지 아닌지 구분하여 색칠한다.

(4) 에티켓인지 모르고 자신이 했던 행동이 있는지 생각하고 참여 시 가장 지키기 어려웠던 에티켓을 생각하고 어떻게 노력할 수 있는지 이야기한다.

(5) 활동지를 작성하고, 발표한다.

(6) 활동을 정리하며 소감을 나누고, 다음 시간을 소개하며 마무리한다.

◆ 마니토 이상형

(1) 도입 활동으로 게임 <전기전달 놀이>, <마피아 게임>, 보드게임 <타블라의 늑대>를 진행하여 비밀 유지 및 전략을 이해하고 흥미를 높인다.

(2) 비밀친구가 무엇인지 알아보고 비밀친구와 관련된 경험이 있다면 공유한다.

(3) 마니토에게 바라는 점과 마니토로서 하고 싶은 점을 현실적으로 가장 쉬운 점과 어려운 점을 나누어서 작성한다.

(4) 내가 마니토로서 하고 싶은 것을 계획하고 활동지를 작성한다.

(5) 각자 돌아가며 발표한다.

(6) 활동을 정리하며 소감을 나누고, 다음 시간을 소개하며 마무리한다.

◆ 마니토 미션지

(1) 도입 활동으로 게임 〈전기전달 놀이〉, 〈마피아 게임〉, 보드게임 〈타블라의 늑대〉를 진행하여 비밀 유지 및 전략을 이해하고 흥미를 높인다.

(2) 비밀친구가 무엇인지 알아보고 비밀친구와 관련된 경험이 있다면 공유한다.

(3) 제시된 미션을 수행하기 위해 각 번호에 맞는 계획을 작성하고 주어진 질문 외 또 다른 계획이 필요한지 생각한다.

(4) 실제로 해 본다면 가장 어려운 미션을 생각하고 활동지에 작성한다.

(5) 각자 돌아가며 발표한다.

(6) 활동을 정리하며 소감을 나누고, 다음 시간을 소개하며 마무리한다.

◆ 나만의 마니토 미션지

(1) 도입 활동으로 게임 〈전기전달 놀이〉, 〈마피아 게임〉, 보드게임 〈타블라의 늑대〉를 진행하여 비밀 유지 및 전략을 이해하고 흥미를 높인다.

(2) 비밀친구가 무엇인지 알아보고 비밀친구와 관련된 경험이 있다면 공유한다.

(3) 친목을 위한 활동임을 알고 주제에 맞게 미션을 자유롭게 작성한다.

(4) 작성한 미션 중, 나의 마니토에게 가장 받고 싶은 미션이 무엇인지, 마니토로서 해주고 나서 뿌듯할 미션이 무엇인지 생각하고 발표한다.

(5) 활동을 정리하며 소감을 나누고, 다음 시간을 소개하며 마무리한다.

활동 TIP

- 학급 내 활동의 목적은 친목이므로 결과보다는 과정이 중요하다는 것을 알고, 자신이 노력하여 참여도를 높일 수 있도록 한다.
- [마니토-비밀친구] 그룹 활동 시, 활동을 진행하는 동안 간단하게 진행하여 활동에 대한 이해 및 연습을 할 수 있다.

마니토 에티켓 배우기

? 마니토 활동의 에티켓를 알아보고, 아래의 행동을 표정으로 평가해 보세요.

- 친하지 않은 친구의 마니토가 되더라도 즐겁게 참여한다.
- 누구의 마니토인지 알게 되어도 비밀을 지킨다.
- 미션 수행에 최선을 다하여 마니토 역할을 한다.
- 활동을 통해 친구들과 더욱 가까워지는 데 의미를 둔다.
- 나의 마니토가 누구인지 찾는데 집중하지 않는다.

나는 주리의 마니토이지만 친하지 않으니까 참여 안 해야지.	☺ ☹
나의 마니토가 누구인지 예상하지만, 내 마니토의 기분이 상할 수 있으니 마지막 날까지 모른 체 해야지.	☺ ☹
나는 젤리를 좋아하는데, 승비는 초콜릿을 좋아하네? 그럼 초콜릿을 몰래 챙겨 줘야겠다.	☺ ☹
가장 친한 친구 다미의 마니토가 누군지 알게 됐으니, 다미에게만 살짝 누구인지 말해 줘야지.	☺ ☹
내 마니토야~ 빨리 나도 선물 주라고, 나는 비싼 거 받고 싶다.	☺ ☹
미션 '하이파이브 하기'를 수행하기 위해 체육 시간에 자연스럽게 여러 친구들과 하이파이브를 해야겠다.	☺ ☹
유나 네가 내 마니토야? 그럼 꽃초롱 너야? 누구야 도대체?	☺ ☹

마니토 이상형

나의 마니토가
이렇게 해줬으면
좋겠다.

♥ ________________

♥ ________________

♥ ________________

♥ ________________

♥ ________________

나는 이런
마니토가 될거야!

♥ ________________

♥ ________________

♥ ________________

♥ ________________

♥ ________________

마니토 미션지

? 마니토 미션지입니다. 미션을 어떻게 수행할지 계획해 보세요.

1 언제 할까?

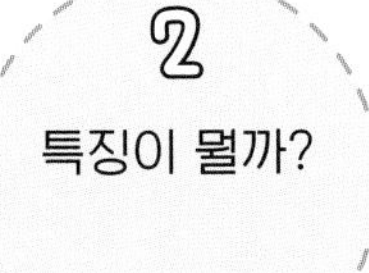

2 특징이 뭘까?

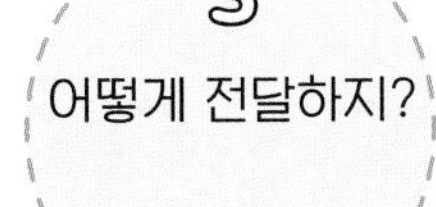

3 어떻게 전달하지?

4 무엇을 도와주지?

5 무엇을 사지?

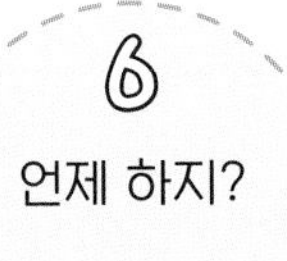

6 언제 하지?

7 뭐라고 쓰지?

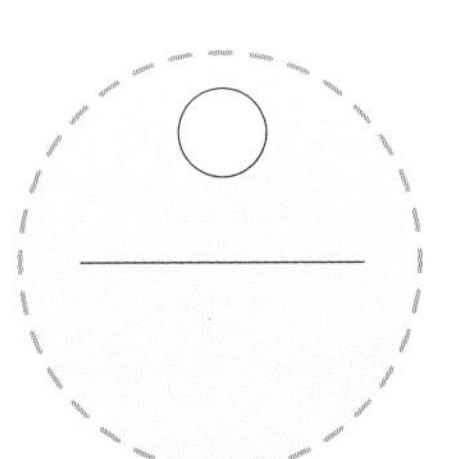

나만의 마니토 미션지

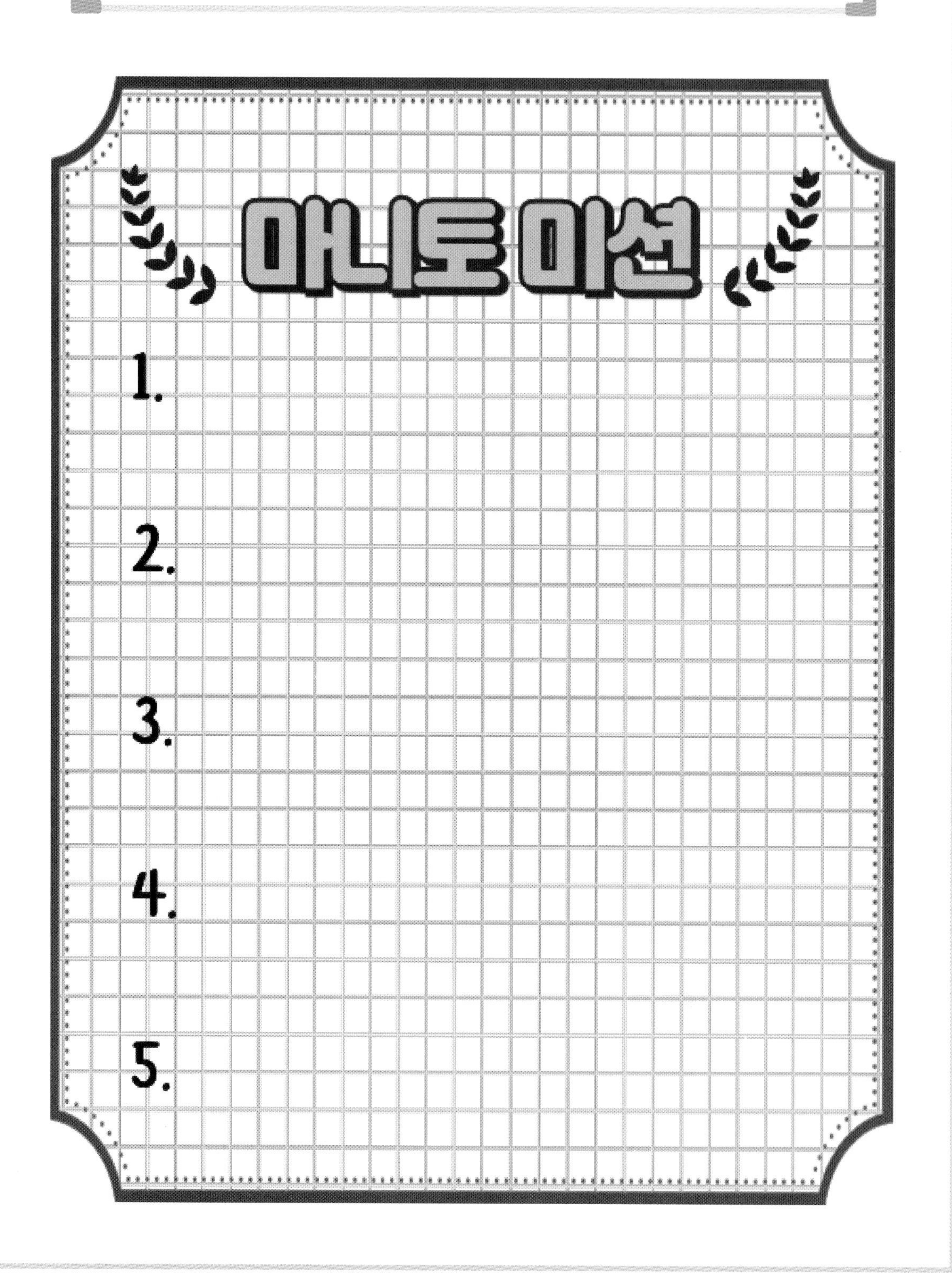

3) 교내 활동(선거)

목표

(1) 선거의 개념 및 방법을 파악할 수 있다.

(2) 회장과 임원의 역할을 이해할 수 있다.

(3) 투표를 통해 집단이 결정한 결과를 수용하는 연습을 할 수 있다.

활동내용

◆ 내가 회장이 된다면 (나만의 공약 만들기)

(1) 학교에서 진행되는 선거는 어떤 것이 있는지 이야기한다.

(2) 각자 생각하는 임원의 역할을 이야기하고, 회장(임원)이 되고 싶을 때 반 친구들에게 할 수 있는 적절한 말에는 무엇이 있는지, '공약'의 의미가 무엇인지 생각하고 활동지를 작성한다.

(3) 작성한 활동지를 보고 실제 공약처럼 발표한다.

(4) 활동을 정리하며 소감을 나누고, 다음 시간을 소개하며 마무리한다.

◆ 올바른 선거 공약 구분하기 (O/X 이구동성 퀴즈)

(1) 학교에서 진행되는 선거는 어떤 것이 있는지 이야기한다.

(2) 각자 생각하는 임원의 역할을 이야기하고, 학교에서 이루어진 선거 과정에서 주의해야 할 행동(후보를 추천하거나, 후보가 되는 것, 비밀투표, 결과 받아들이기 등)을 논의한다.

(3) 선거할 때 기억에 남았던 공약이 있는지, 회장(임원)이 되기 위해서 친구들에게 어떻게 말하는 것이 가장 적절한지 생각한다.

(4) O/X 이구동성 퀴즈에 참여한다.

- 정답을 동시에 말한다.
- 팀원이 서로 다른 답을 이야기하거나 동시에 말하지 않는 경우 정답으로 인정하지 않는다.

(5) 각자 돌아가며 발표한다.

(6) 활동을 정리하며 소감을 나누고, 다음 시간을 소개하며 마무리한다.

◆ 선거 포스터 만들기

(1) 학교에서 진행되는 선거는 어떤 것이 있는지 이야기한다.

(2) 각자 생각하는 임원의 역할을 생각하고, 선거 포스터에 들어갈 내용에는 무엇이 있는지 자유롭게 이야기한다.

(3) 선거 포스터를 만들 때 주의해야 하는 것이 무엇인지 생각하고 활동지를 통해 선거 포스터를 만든다.

(4) 각자 돌아가며 발표한다.

(5) 활동을 정리하며 소감을 나누고, 다음 시간을 소개하며 마무리한다.

◆ 선거 에티켓 (O/X 이구동성 퀴즈)

(1) 학교에서 진행되는 선거는 어떤 것이 있는지 이야기한다.

(2) 각자 생각하는 임원의 역할을 이야기하고, 학교에서 이루어진 선거 과정에서 주의해야 할 행동(후보를 추천하거나, 후보가 되는 것, 비밀투표, 결과 받아들이기 등)을 논의한다.

(3) 선거의 원칙에는 무엇이 있는지 알아보고 선거할 때 지켜야 하는 규칙 및 매너에는 무엇이 있는지 이야기한다.

(4) O/X 이구동성 퀴즈에 참여한다.

- 정답을 동시에 말한다.
- 팀원이 서로 다른 답을 이야기하거나 동시에 말하지 않는 경우 정답으로 인정하지 않는다.

(5) 활동을 정리하며 소감을 나누고, 다음 시간을 소개하며 마무리한다.

활동 TIP

- [내가 회장이 된다면] 도입에서 공약 밸런스 게임 등을 진행하여 활동에 대한 흥미를 유발할 수 있다.
- [내가 회장이 된다면] 그룹원들이 장난으로 공약을 작성하거나 다른 친구의 공약을 비난/지적하지 않도록 지도한다.
- [올바른 선거 공약 구분하기] 기억에 남는 공약을 떠올려 볼 때 그 공약이 적절했는지, 적절하지 않았다면 그 이유는 무엇인지를 자유롭게 이야기하도록 지도할 수 있다.

내가 회장이 된다면 (1)

내가 회장이 된다면 (2)

올바른 선거 공약 구분하기 - O/X 퀴즈

? 우리 반 친구들을 위한 공약으로 적절한 것에는 O, 적절하지 않은 것에는 X 표시해 주세요.

① 친구들이 시키는 일은 뭐든지 다 하겠습니다.	O / X
② 친구들의 생각을 자유롭게 이야기할 수 있는 온라인 학급 건의함을 만들겠습니다.	O / X
③ 학년이 올라갈 때마다 한 사람당 십만 원씩 주겠습니다.	O / X
④ 수행평가와 시험을 모두 없애겠습니다.	O / X
⑤ 사이좋은 반, 모두가 행복한 반을 만들기 위해 노력하겠습니다.	O / X
⑥ 일주일에 한 번 최고급 요리를 무조건 제공하겠습니다.	O / X
⑦ 어려움이 있는 친구들이 고민을 나눌 수 있는 고민 상담소를 만들겠습니다.	O / X
⑧ 한 달 안에 음료수 자판기 10대를 설치하겠습니다.	O / X
⑨ 청결하고 쾌적한 환경에서 공부할 수 있도록 만들겠습니다.	O / X
⑩ 핸드폰 수거를 자율적으로 진행할 수 있도록 하겠습니다.	O / X

반장
기호
1
약속은 꼭 지키는 의 3가지 선거공약!
01
02
03

선거 포스터 만들기 II

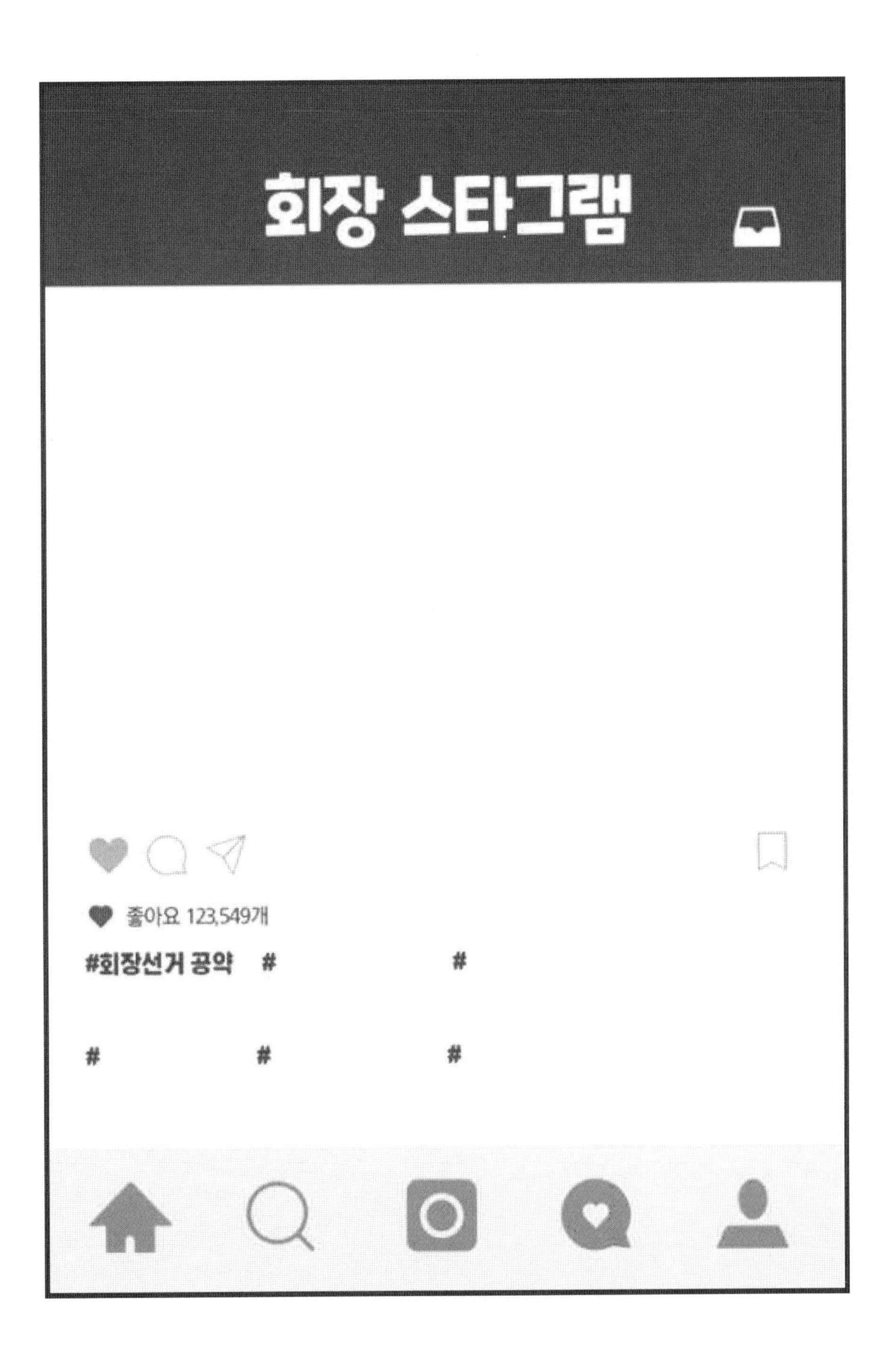

선거 에티켓 - O/X 퀴즈

❓ 선거 에티켓 중 적절한 것에는 O, 적절하지 않은 것에는 X 표시하세요.

① 후보자가 아닌 내가 좋아하는 친구의 이름을 쓴다.	O / X
② 투표용지에 후보 이름이 아닌 별명을 작성하며 웃는다.	O / X
③ 큰 소리로 누구에게 투표했는지 말한다.	O / X
④ 친한 친구에게 대신 투표해 달라고 부탁한다.	O / X
⑤ 다른 친구의 투표용지를 뺏은 뒤 일부러 제출하지 않는다.	O / X
⑥ 내가 찍은 후보 이름이 불리지 않을 때마다 다른 친구들에게 화를 낸다.	O / X
⑦ 투표하기 싫어서 일부러 학교에 가지 않는다.	O / X
⑧ 선거 전부터 친구들에게 특정 후보를 뽑으라고 강요한다.	O / X
⑨ 투표하고 있는 친구에게 다가가 누굴 뽑았는지 계속 물어본다.	O / X
⑩ 친구에게 '넌 공부를 못하니까 반장을 뽑을 수 없어'라고 말하며 놀린다.	O / X

4) 체육대회

목표

(1) 체육대회 참여 시 지켜야 할 규칙과 주의점을 알 수 있다.

(2) 내가 할 수 있는 역할과 해야 하는 역할을 알고 적절히 참여하여 즐길 수 있다.

(3) 체육대회에서 일어날 수 있는 다양한 상황과 그에 대한 적절한 행동을 알 수 있다.

활동내용

◆ 스포츠맨십 O/X 퀴즈

* 준비물: 미니칠판, 보드마카, 지우개

(1) 체육대회에서 다뤄지는 운동 종류를 파악하고 내가 참여할 수 있는 운동 종류를 이야기 한다.

(2) 학교에서 하는 체육대회 목적을 브레인스토밍한다.

(3) 지문을 듣고 해당 내용이 맞으면 O, 틀리면 X를 미니칠판에 작성한다.

(4) 정답이 무엇인지 확인하고 체육대회 참여 시 지켜야 하는 에티켓과 상황에 따른 적절한 행동을 이야기한다.

(5) 활동지의 예시를 참고하여 각자 비슷했던 경험이나 연습이 필요한 부분을 이야기한다.

(6) 적절하지 않은 행동을 어떻게 바꿀 수 있을지 이야기한다.

(7) 먼저 틀린 순서대로 탈락해서 가장 마지막까지 남은 사람이 우승자가 된다.

(8) 활동을 정리하며 소감을 나누고, 다음 시간을 소개하며 마무리한다.

◆ 종목별 연습

□ 바통 폭탄 돌리기

* 준비물: 바통 2개, 타이머

(1) 체육대회에서 다뤄지는 운동 종류를 파악하고 내가 참여할 수 있는 운동 종류를 이야기 한다.

(2) 체육대회 때 바통을 전달하며 어려움이 있었는지 이야기한다.

(3) 실제 바통을 가지고 전달하는 연습을 해본다.

(4) 1분 타이머를 맞추고 진행자가 제시어를 말한다. 제시어는 아이스크림, 과자, 노래 제목, 게임 등 다양한 주제를 제시한다.

(5) 제시어에 해당하는 단어를 말한 뒤 다음 사람에게 바통을 넘긴다.

(6) 타이머가 울릴 때 바통을 가지고 있는 사람이 탈락한다.

(7) 최후의 승자를 칭찬하고 실제로 바통을 전달해 본 소감을 나눈다.

□ 경보 이어달리기

* 준비물: 바통 2개, 반환점, 출발선/결승선

(1) 학교에서 하는 체육대회 목적을 브레인스토밍한다.

(2) 두 팀으로 나누고 팀장과 팀명, 구호, 순서를 정한다.

(3) 시작 전, 바통을 전달하는 연습을 한다.

(4) 뛰지 않고 경보로 이어달리기를 진행한다.

(5) 경기에 참여하는 태도뿐만 아니라 응원이나 반응 등 경기를 지켜보는 태도를 연습한다.

(6) 먼저 마지막 사람이 결승선에 들어오는 팀이 승리한다.

(7) 진행하며 좋았던 점이나 어려웠던 점을 이야기한다.

(8) 활동을 정리하며 소감을 나누고, 다음 시간을 소개하며 마무리한다.

□ 신문지 줄다리기

* 준비물: 신문지, 밧줄

(1) 학교에서 하는 체육대회 목적을 브레인스토밍한다.

(2) 두 팀으로 나누고 팀장과 팀명, 구호, 순서를 정한다.

(3) 첫 번째 사람부터 각각 자신의 신문지 위에 서서 줄을 잡는다.

(4) 시작 신호와 함께 줄다리기한다.

(5) 신문지에서 발을 떼거나 신문지 밖으로 발이 먼저 나간 사람이 패한다.

(6) 더 많이 이긴 팀이 승리한다.

(7) 경기에 참여하는 태도뿐만 아니라 응원이나 반응 등 경기를 지켜보는 태도를 연습한다.

(8) 활동을 정리하며 소감을 나누고, 다음 시간을 소개하며 마무리한다.

□ 풍선 옮기기

* 준비물: 풍선 2개

(1) 학교에서 하는 체육대회 목적을 브레인스토밍한다.

(2) 두 팀으로 나누고 팀장과 팀명, 구호, 순서를 정한다.

(3) 팀별로 작전 회의를 하는 시간을 갖는다.

(4) 팀별로 길게 한 줄로 앉는다.

(5) 시작 신호와 함께 첫 번째 사람부터 머리 위로 풍선을 뒷사람에게 전달한다.

(6) 마지막 사람이 풍선을 받았으면 다시 앞으로 풍선을 전달한다.

(7) 먼저 첫 번째 사람에게 풍선을 놓치지 않고 전달한 팀이 승리한다.

(8) 풍선을 떨어트리면 첫 번째 사람부터 다시 시작한다.

(9) 활동을 정리하며 소감을 나누고, 다음 시간을 소개하며 마무리한다.

□ 풍선 배구

* 준비물: 풍선, 네트

(1) 학교에서 하는 체육대회 목적을 브레인스토밍한다.

(2) 게임규칙과 주의할 점을 공유한다.

(3) 두 팀으로 나누고 팀장과 팀명, 구호, 서브 순서를 정한다.

(4) 팀별로 작전 회의를 하는 시간을 갖는다.

(5) 시작 소리를 듣고 서브한다. 시작 신호 전에 서브할 경우 실점한다.

(6) 3번의 패스 안에 상대 팀으로 풍선을 넘긴다. 패스 중 땅에 풍선이 떨어지거나 3번 이상의 패스를 할 경우, 풍선을 손으로 잡으면 실점한다.

(7) 먼저 15점을 얻는 팀이 승리한다.

(8) 경기에 참여하는 태도뿐만 아니라 응원이나 반응 등 경기를 지켜보는 태도를 연습한다.

(9) 체육대회에 즐겁게 참가하기 위해서 어떤 부분을 주의해야 하는지 이야기한다.

(10) 활동을 정리하며 소감을 나누고, 다음 시간을 소개하며 마무리한다.

◆ 우리 학교 체육대회는?

(1) 체육대회에서 다뤄지는 운동 종류를 파악하고 내가 참여할 수 있는 운동 종류를 이야기한다.

(2) 학교에서 하는 체육대회 목적을 브레인스토밍한다.

(3) 활동지를 보며 각 능력에 맞는 경기 종목을 이야기하고 비슷한 능력을 갖추고 있다고 생각하는 그룹원을 적는다.

(4) 자신이 생각하는 자신의 능력과 잘 맞는다고 생각하는 종목을 이야기하고 자신이 생각하는 다른 그룹원들의 능력과 종목을 이야기한다.

(5) 나의 능력과 체육대회에서 할 수 있는 역할을 파악한다.

(6) 활동지 내용을 발표한다.

(7) 활동을 정리하며 소감을 나누고, 다음 시간을 소개하며 마무리한다.

◆ 내가 만든 체육대회

(1) 체육대회에서 다뤄지는 운동 종류를 파악하고 내가 참여할 수 있는 운동 종류를 이야기한다.

(2) 학교에서 하는 체육대회 목적을 브레인스토밍한다.

(3) 활동지를 활용하여 내가 원하는 체육대회 아이템과 종목, 상품을 적는다.

(4) 활동지 내용을 발표하고 체육대회를 기획한 이유를 함께 발표한다.

(5) 활동을 정리하며 소감을 나누고, 다음 시간을 소개하며 마무리한다.

활동 TIP

- [스포츠맨십 O/X 퀴즈] 답을 맞히는 데에만 몰입하지 않도록 주의한다.
- [스포츠맨십 O/X 퀴즈] 양손에 O/X 팻말을 들고 자신이 생각하는 답 팻말을 들거나, 책상 가운데 버저 버튼(종)을 두어 스피드 게임으로 진행할 수 있으며, 팀을 나눈 뒤 구호를 외치고 답 말하기(ex. 정정/당당) 등 다양한 형식으로 진행할 수 있다.
- [종목별 연습] 실제 경기에서 사용되는 준비물(바통, 줄 등)을 활용하여 연습하여 실전에 대비할 수 있도록 돕는다.
- 예시로 나와 있는 종목 이외에도 체육대회에서 자주 하는 종목 및 연습이 필요한 종목이 있다면 준비하여 진행한다.
- 경기 시작 전에 활동에 대한 목표와 스포츠맨십을 다시 한번 강조하여 승패에 몰입하지 않도록 지도한다.
- 과한 승부욕으로 인해 다치지 않도록 주의한다.
- 팀명과 팀장 등을 정해서 협동하는 분위기를 만들 수 있도록 돕는다.
- 경기를 관람하는 태도 및 응원에 대한 점수를 부여하여 스포츠맨십을 실제로 연습할 수 있도록 돕는다.
- 몸으로 하는 활동 시, 충동성이 두드러지게 나타나고 흥분도 조절이 안 될 수 있으므로 사전에 충분히 개입 후 시작한다. 활동 중에도 주의가 필요한 그룹원이 있다면 주의 깊게 관찰한다.
- [내가 만든 체육대회] 장난스럽게 작성하기보다는 모두가 함께 즐길 수 있는 체육대회를 기획해 볼 수 있도록 지도한다.

스포츠맨십 O/X 퀴즈

① 경기 중 실수한 친구를 비난한다.	O / X
② 심판의 판정이 어떠하든 이의제기를 하지 않고 따른다.	O / X
③ 관중으로서, 어느 편이든지 훌륭한 경기를 한 것에 대해 박수를 보낸다.	O / X
④ 이기기 위해서 약간의 반칙을 할 수 있다.	O / X
⑤ 경기에 몰입하여 화를 내거나 욕을 할 수 있다.	O / X
⑥ 경기에서 이기는 것보다 페어플레이가 더 중요하다.	O / X
⑦ 심판이 잘못 판정하여 졌기 때문에 결과를 받아들이지 않고 화를 낸다.	O / X
⑧ 자신이 속한 팀만 응원한다.	O / X
⑨ 경기에서 졌어도 화내거나 울지 않는다.	O / X
⑩ 혼자 잘하는 것보다 팀이 이기는 것에 초점을 맞춘다.	O / X
⑪ 잘 못하는 종목도 우선 나서서 시도해 본다.	O / X

종목별 연습

바통 폭탄 돌리기

＊ 준비물 ＊

바통 2개
타이머

① 책상 위에 타이머를 놓고 시간을 1분 맞추세요.

② 동그랗게 앉아 진행자가 말하는 제시어를 잘 들어요.

③ '시작' 소리와 함께 타이머를 눌러요.

④ 바통을 들고 있는 사람이 제시어를 말하고 옆사람에게 바통을 넘겨요.

⑤ 타이머가 울릴 때 바통을 가지고 있는 사람이 탈락자가 되어요.

경보 이어달리기

＊ 준비물 ＊

바통 2개
반환점
출발/결승선

① 두 팀으로 나눈 뒤, 첫 번째 선수가 출발선에 서요.

② '출발' 소리와 함께 바통을 들고 반환점을 향해 경보로 걸어가요.

③ 반환점을 돌아서 다시 출발선으로 돌아오면 다음 선수에게 바통을 넘겨요.

④ 마지막 선수가 먼저 들어오는 팀이 우승이에요.

＊ 팁 ＊

① 경보로 걷지 않고 뛰는 선수는 출발선으로 돌아와서 다시 출발해요.
② 모든 판단은 심판의 결정을 따라요.

신문지 줄다리기

* 준비물 *

신문지 2개
밧줄

① 두 팀으로 나눈 뒤, 첫 번째 선수부터 각각 신문지 위에 올라가요.

② 신문지 위에 서서 줄을 잡아요.

③ '시작' 소리와 함께 줄다리기를 해요.

④ 먼저 신문지에서 발이 떨어지거나 신문지에서 벗어난 선수가 져요.

⑤ 모든 선수들이 돌아가면서 경기한 뒤 이긴 선수가 많은 팀이 우승해요.

풍선 옮기기

* 준비물 *

풍선 2개

① 두 팀으로 나눈 뒤, 팀별로 한줄로 길게 앉아요.

② '시작' 소리를 듣고 첫 사람부터 머리 위로 풍선을 옮겨요.

③ 풍선이 바닥에 떨어지지 않도록 맨 뒤 사람까지 전달해요.

④ 풍선이 바닥에 떨어진 경우 다시 첫 사람부터 시작해요.

⑤ 다시 첫 사람에게 풍선을 먼저 옮기는 팀이 승리해요.

풍선 배구

* 준비물 *	① 두 팀으로 나눠서 팀장과 팀명, 구호, 서브 순서를 정해요.	② 가위바위보를 통해 어느 팀이 먼저 서브할지 정해요.
풍선 네트		
③ '시작' 소리를 듣고 서브해요.	④ 3번의 패스 안에 상대 팀에게 풍선을 넘겨요.	⑤ 먼저 15점을 내는 팀이 승리해요.
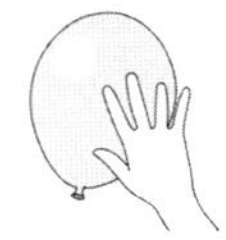		

팁

'시작' 전에 서브를 넣을 경우 실점해요.
풍선을 잡거나 풍선이 네트에 닿으면 실점해요.
발은 사용할 수 없어요.

우리 학교 체육대회는?

ⓘ 나와 그룹원들의 능력을 파악하여 적절하게 참여할 수 있는 역할을 적어 보세요.

	나는 느리지만 힘이 세. 순간적으로 엄청난 힘이 나와.	종목: 참가자:
	나는 팔힘은 약하지만 매일매일 달리기를 하고 있어서 엄청 빨리 오래 달릴 수 있어.	종목: 참가자:
	나는 목소리가 진짜 커. 지치지 않고 큰 목소리로 응원할 수 있어.	종목: 참가자:
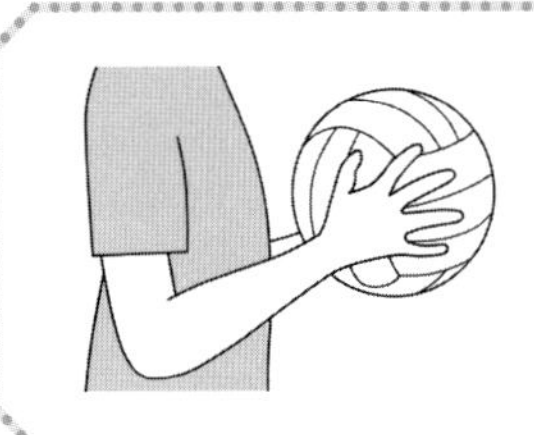	나는 날렵해서 공을 잘 피해. 공을 잡는 것도 두렵지 않아	종목: 참가자:

- 체육대회에서 발휘할 수 있는 나의 능력은 무엇일까요?
- 나의 능력은 어떤 종목과 잘 맞을까요?

내가 만든 체육대회

우리 반 단체 아이템

<단체 티셔츠 디자인>

<단체 응원 도구>

경기 종목

· 이름 :
· 규칙 : ①
②
③

· 이름 :
· 규칙 : ①
②
③

· 이름 :
· 규칙 : ①
②
③

· 이름 :
· 규칙 : ①
②
③

우승 상품

5) 축제

목표

(1) 축제에서 진행되는 다양한 활동을 이해하고 이에 참여할 수 있다.

(2) 축제를 준비하고 참여하는 과정에서 나의 역할과 그에 따른 주의점을 알고 협조적으로 참여하며 함께 즐길 수 있다.

활동내용

◆ 축제 에티켓 - 풍선껌을 불어라!

* 준비물: O/X 팻말, 풍선껌

(1) 학교 축제의 목적과 축제 시 이루어지는 다양한 활동을 생각한다.

(2) 축제 참여 시 주의해야 할 부분을 파악하고 축제에 참여했던 자신의 경험을 바탕으로 축제 에티켓은 무엇이 있는지 생각한다.

(3) O/X 퀴즈에 참여한다.

- 진행자가 읽어 주는 내용을 듣고 O/X 팻말로 달려간다.
- 테이블 위 풍선껌을 빠르게 부는 사람이 O/X 팻말을 들어 정답을 맞힌다.

(4) 각자 어떤 문제에서 답을 틀렸는지 확인하고 서로 생각이 다른 부분이나 각자 연습이 필요하다고 생각하는 부분을 돌아가며 발표한다.

(5) 그 밖에도 축제를 준비하고 참여하며 지켜야 하는 에티켓은 무엇이 있을지 이야기한다.

(6) 활동을 정리하며 소감을 나누고, 다음 시간을 소개하며 마무리한다.

◆ 나만의 부스 만들기 / 축제 스탬프 투어

* 준비물: 그리기 도구(색연필, 사인펜 등)

(1) 학교 축제의 목적과 축제 시 이루어지는 다양한 활동을 생각한다.

(2) 축제를 준비하고 참여하는 과정에서 어떤 일들을 함께하게 되는지, 경험할 수 있는 어려움이나 일어날 수 있는 다양한 상황을 자유롭게 이야기한다.

(3) 함께 즐길 수 있는 축제를 위해 부스를 계획할 때, 나의 관심사와 더불어 고려할 수 있는

것에는 무엇이 있는지 이야기한다.

(4) 학교뿐 아니라 지역 축제 등 기억에 남았던 축제 참여 경험과 흥미로웠던 주제를 생각하고, 각자 활동지를 자유롭게 꾸미고 작성하며 가상의 축제 부스를 만든다.

(5) 즐길 수 있는 포인트를 설명하며 자신의 부스를 소개한다.

(6) 각각의 부스 소개를 듣고 각자 참여하고 싶은 관심 부스와 이유를 적고, 서로에게 자신만의 도장을 그려준다.

(7) 활동을 정리하며 소감을 나누고, 다음 시간을 소개하며 마무리한다.

활동 TIP

- [나만의 부스 만들기] 제시된 활동지의 활용뿐 아니라, 특별히 제한을 두지 않고 자유롭게 부스를 꾸밀 수 있으며, 나만의 부스를 홍보하는 포스터를 만들어 보는 활동으로 진행할 수도 있다.

축제 에티켓 - O/X 퀴즈

• 축제준비 에티켓

① 내가 하고 싶은 아이템을 적극 추천하고 밀어붙인다.	O / X
② 모두가 함께 결정한 의견이라도 축제의 성공을 위해 적극적으로 반대의견을 주장한다.	O / X
③ 방해가 될 수 있으니, 준비는 잘하는 친구들에게 맡기고 즐거운 마음으로 축제를 기다린다.	O / X

• 부스체험 에티켓

④ 즐기는 마음으로 다양한 부스에 관심을 갖고 참여한다.	O / X
⑤ 부스 운영보다는 다른 부스에 적극적인 참여로 축제를 즐기는 것이 우선이다.	O / X
⑥ 준비가 부족하고 재미없는 부스는 냉정하게 평가한다.	O / X

• 공연관람 에티켓

⑦ 분위기에 맞춰 함께 환호하며 즐긴다.	O / X
⑧ 축제는 즐겨야 하는 법! 내가 즐겁다면 얼마든지 자유롭게 표출해도 좋다.	O / X
⑨ 공연이 재미없다면 자유롭게 자리를 이탈해도 된다.	O / X

나만의 부스 만들기

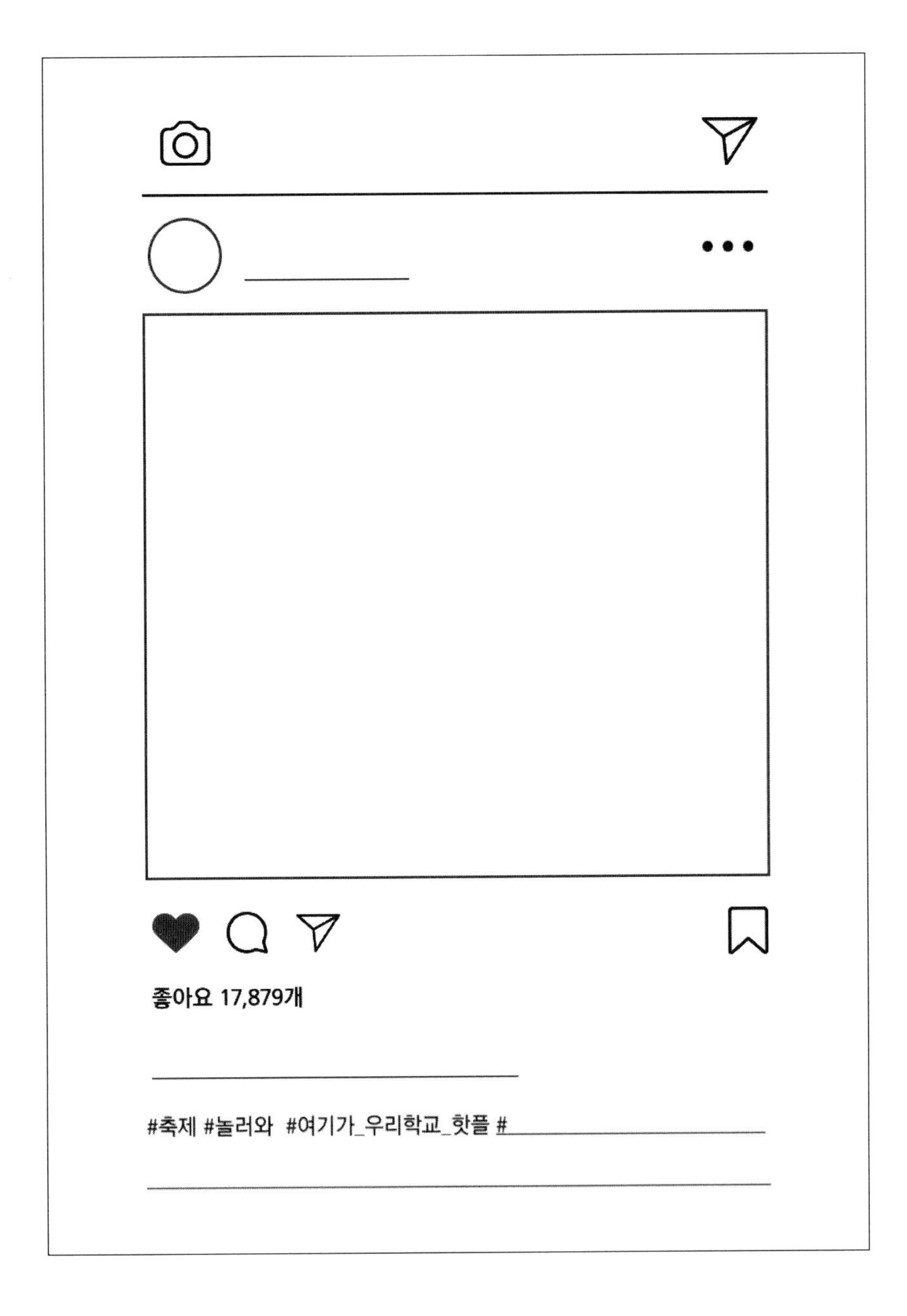

축제 스탬프 투어

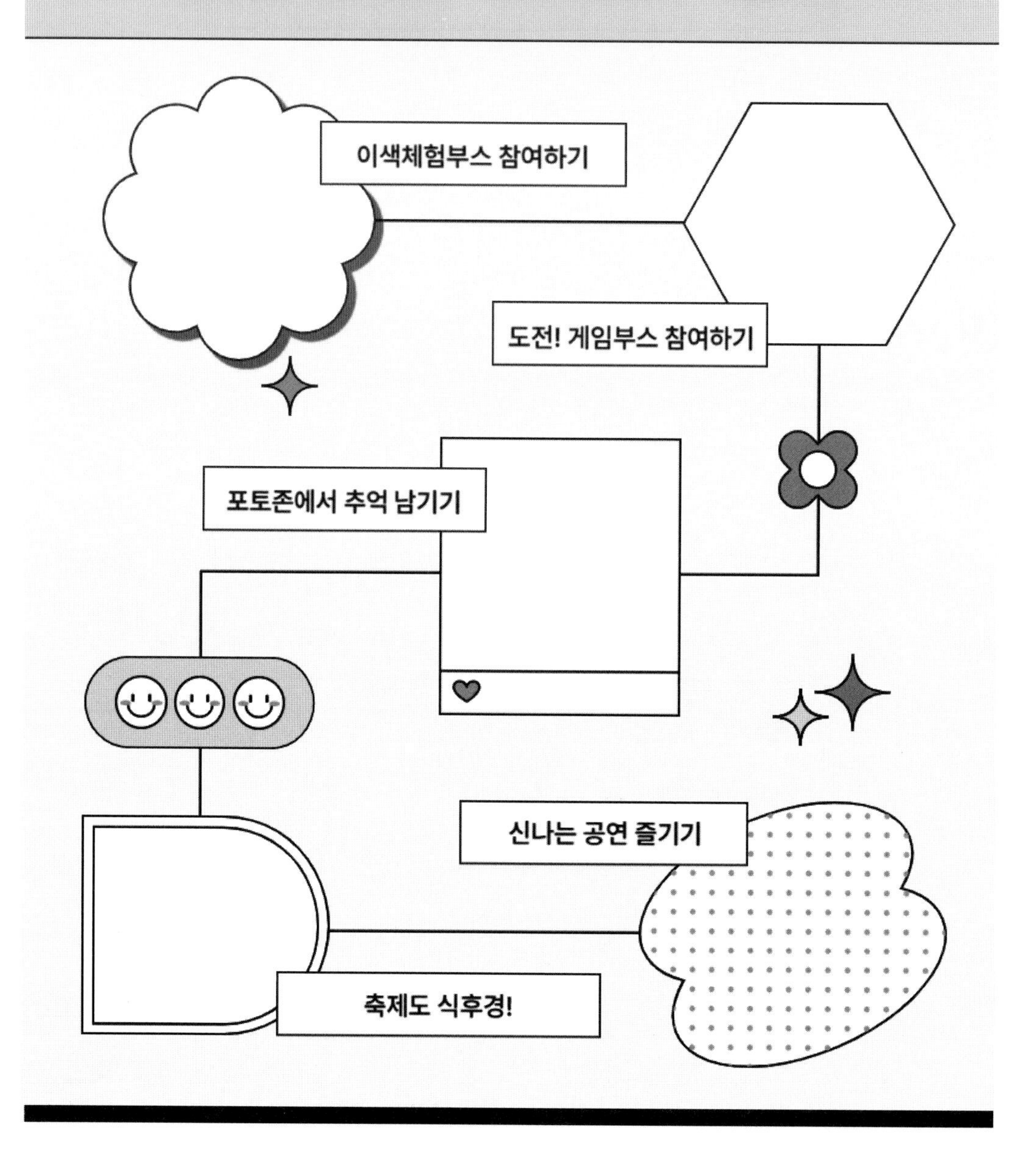
페스티벌 스탬프 투어
이색체험부스 참여하기
도전! 게임부스 참여하기
포토존에서 추억 남기기
신나는 공연 즐기기
축제도 식후경!

2. 교외 활동

1) 현장체험학습

목표

(1) 교외에서 이루어지는 현장체험학습에서 적응적으로 참여할 수 있다.

(2) 현장체험학습 시 주의해야 할 점, 대처 행동 등을 파악하고 적용해 볼 수 있다.

활동내용

◆ 중요한 정보 기억하기

(1) 학교에서 진행되는 현장체험학습의 종류를 이야기한다.

- 소풍, 놀이공원, 과학관, 숲 체험, 봉사활동, 백일장, 사생대회 등

(2) 예정된 활동의 일정 및 준비물을 생각하고 활동 참여 시 주의 및 대처해야 할 부분을 이야기한다.

(3) 현장체험학습을 준비하며 기억해야 할 중요한 정보에는 무엇이 있는지 이야기한다.

(4) 이번 활동에 앞서 주의 깊게 듣기와 관련한 간단한 도입 활동을 진행한다(활동 팁 참고).

(5) 활동지에 제시된 내용을 읽고 중요한 정보는 무엇인지 생각하고, 실제 상황에서 메모하듯 각각의 답을 작성한다.

(6) 함께 답을 확인하며 놓친 부분을 점검하고, 실제 상황에서 고려해야 하는 부분이나 예상되는 문제 상황을 이야기한다.

(7) 활동을 정리하며 소감을 나누고, 다음 시간을 소개하며 마무리한다.

◆ 약속 장소 찾아가기

(1) 학교에서 진행되는 현장체험학습의 종류를 이야기한다.

- 소풍, 놀이공원, 과학관, 숲 체험, 봉사활동, 백일장, 사생대회 등

(2) 예정된 활동의 일정 및 준비물을 생각하고 활동 참여 시 주의 및 대처해야 할 부분을 이야기한다.

(3) 활동지를 통해 현장체험학습 당일 약속 장소를 찾아가며 일어날 수 있는 상황을 살펴보고 각각의 상황에 적절한 대처 행동을 생각하고 길 찾기를 작성한다.

(4) 제시된 대처 외에 어떤 효과적인 문제 해결이 가능할지, 그 외에도 예상되는 문제 상황이 있다면 함께 이야기한다.

(5) 활동을 정리하며 소감을 나누고, 다음 시간을 소개하며 마무리한다.

활동 TIP

- 구체적인 현장체험학습 관련 기술은 [**6장 경험중심 사회기술훈련**] 내용을 참조하여 연습할 수 있다.
- [**중요한 정보 기억하기**] 주의 깊게 듣기와 관련한 활동은 다양하게 이루어질 수 있으나, 흥미를 유발하는 동시에 중요한 키워드를 선별하여 듣는 훈련에 초점이 맞춰질 수 있도록 한다.

  예) 읽어 주는 지시문에서 약속된 키워드에 반응하여 박수 치기(약속된 키워드와 혼동이 될 수 있는 단어가 섞여 있는 지시문을 준비)
- [**약속 장소 찾아가기**] 진행자가 다양한 문제 상황을 제시하여 각자의 대처를 살펴보고, 효과적인 대처를 함께 고민하고 이야기하는 것이 중요하다.

중요한 정보 기억하기

내일은 ○○놀이공원으로 체험학습을 갑니다.
조별로 대중교통을 이용해 이동하고, 10시까지 ○○놀이공원 8번 매표소 앞에서 모입니다. 모두가 모여야 입장이 가능하니 늦지 않게 도착해야 해요. 안내 후 각 조별로 만나는 시간이나 장소를 정할 수 있는 시간을 줄테니 자유롭게 정하도록 하세요. 점심식사는 놀이공원 내에서 조별로 이루어질 예정이니 점심식사비 10,000원을 꼭 준비하고, 그 외 간식이나 기념품을 구입하고 싶은 친구들은 자유롭게 사용할 용돈 10,000원 정도를 챙겨오세요. 단, 너무 많은 돈을 챙겨오지 않도록 하세요. 마실 물과 간단한 간식 같은 것을 가져와도 됩니다. 그럼 이제 조별로 회의시간을 가질게요.
1조: ……
2조: ○○○, ★, △△△, □□□
3조: ……
……

△△역에서 지하철로 한 시간이라고 나오네. 그럼 우리 10분 전에는 도착할 수 있도록 8시 50분까지 △△역 1, 2번 출구 방향 개찰구 앞에서 보자. 절대 늦으면 안돼. 알았지? 그럼 내일 아침에 톡으로 연락하자!

- ★은 몇 조인가요?
- 집합 시간은 언제인가요?
- 집합 장소는 어디인가요?
- 준비물은 무엇인가요?
- 문제가 생긴 경우 연락을 취할 대상과 방법은 무엇인가요?

약속 장소 찾아가기

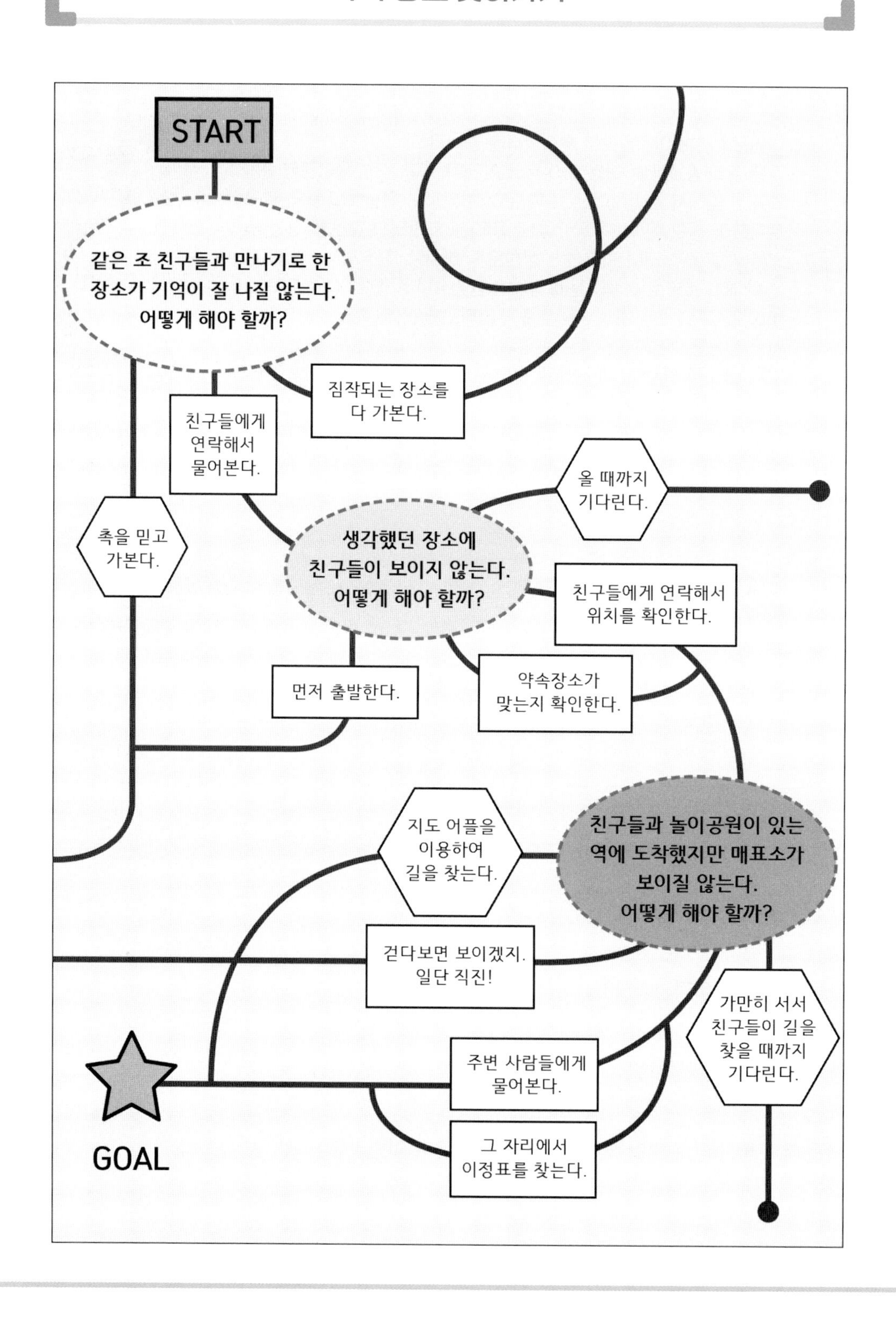
START
같은 조 친구들과 만나기로 한 장소가 기억이 잘 나질 않는다. 어떻게 해야 할까?
짐작되는 장소를 다 가본다.
친구들에게 연락해서 물어본다.
촉을 믿고 가본다.
올 때까지 기다린다.
생각했던 장소에 친구들이 보이지 않는다. 어떻게 해야 할까?
친구들에게 연락해서 위치를 확인한다.
먼저 출발한다.
약속장소가 맞는지 확인한다.
지도 어플을 이용하여 길을 찾는다.
친구들과 놀이공원이 있는 역에 도착했지만 매표소가 보이질 않는다. 어떻게 해야 할까?
걷다보면 보이겠지. 일단 직진!
가만히 서서 친구들이 길을 찾을 때까지 기다린다.
주변 사람들에게 물어본다.
그 자리에서 이정표를 찾는다.
GOAL

2) 숙박 활동(수련회, 수학여행 등)

목표

(1) 학교에서 이루어지는 숙박 활동을 알고 적절한 방식으로 참여할 수 있도록 돕는다.

(2) 자신의 자조 능력을 파악하고 이에 적절하게 대처하여 참여할 수 있다.

활동내용

◆ 숙박 활동 에티켓 - 뒤집어라 O/X

* 준비물: O/X 팻말, 다양한 모양 판

(1) 숙박 활동이 다른 체험 활동들과 다른 점을 이야기한다.

(2) 숙박 활동 및 친구들과의 단체생활을 생각하며 기대되는 것과 걱정되는 것을 이야기한다.

(3) 진행자가 읽어 주는 내용을 듣고 모양 판으로 달려가서 정답을 찾는다.

(4) 숙박 활동을 위해 자신이 특히 연습해야 하는 것이 있다면 발표하고 어떻게 연습할 수 있을지 함께 이야기한다.

(5) 활동을 정리하며 소감을 나누고, 다음 시간을 소개하며 마무리한다.

◆ 수학여행 짐 싸기 콜라주

* 준비물: 잡지, 가위, 풀

(1) 수학여행(숙박 활동)에 필요한 물건 말하기 <5초 게임> 활동을 진행한다.

(2) 다양한 물건 사진 중 수학여행을 갈 때 필요한 물건과 가지고 가기 적절하지 않은 물건을 선택해 각각 짐 싸기 콜라주를 진행한다.

(3) 수학여행을 갈 때 자신에게 꼭 필요한 물건은 무엇이 있는지 이야기한다.

(4) 활동을 정리하며 소감을 나누고, 다음 시간을 소개하며 마무리한다.

활동 TIP

• [숙박 활동 에티켓-뒤집어라 O/X] 뒤집힌 판에는 다양한 모양을 넣어 둔다.

숙박 활동 에티켓 - O/X 퀴즈

① 샴푸, 치약, 비누 등 세안 용품은 친구 것을 함께 쓰면 되니 챙기지 않는다.	O / X
② 단체로 이동할 때 시간이 지연되는 것은 당연하니 나도 조금 늦어도 괜찮다.	O / X
③ 샤워하던 중에 치약이 없는 것을 알게 되었다면 물기를 닦지 않는 맨몸으로 나와 치약을 찾아 들어간다.	O / X
④ 정해진 취침 시간 이후에는 너무 큰 소리로 떠들거나 돌아다니지 않는다.	O / X
⑤ 이동 중 사고 싶은 물건이 생기면 굳이 선생님께 이야기하지 않아도 빠르게 편의점에 다녀오면 괜찮다.	O / X
⑥ 함께 사용하는 방이니 개인 짐을 너무 늘어놓지 않도록 틈틈이 정리한다.	O / X
⑦ 친구들과 추억을 만드는 것이 중요하기 때문에 밤에 잠시 숙소 밖을 나가서 노는 정도는 괜찮다.	O / X

• O/X 퀴즈에서 나온 에티켓 외에 지켜야 하는 것이 있다면 적어 보고 숙박 활동을 위해 자신이 특히 연습하고 주의해야 할 부분을 적어 보세요.

수학여행 짐 싸기 콜라주

? 수학여행을 갈 때 필요한 물건을 선택해 짐을 챙겨 보세요.

- 꼭 가져가고 싶은 물건 3가지는?

- 만약 짐의 무게가 초과했을 때, 빼도 괜찮은 물건은?

6장 경험중심 사회기술훈련

1. 사전 준비
2. 외출 계획 세우기
3. 외출 모의훈련
4. 외출 및 외출 평가

아동·청소년을 위한 경험중심 사회기술훈련

아동·청소년 시기에 또래와의 자연스러운 상호작용 경험은 사회성 습득뿐 아니라 친구들에 의하여 받아들여지는 느낌, 잘 어울릴 수 있다는 자신감을 얻을 수 있으며 자신에 대한 평가와 자아상 형성에도 큰 영향을 미친다.

아동·청소년을 위한 경험중심 사회기술훈련은 또래 문화를 경험할 수 있는 실제 환경에서 친구들과 긍정적 상호작용을 경험하도록 돕는 것에 목적이 있다. 이 과정에서 참여자들은 의사소통을 통해 학습한 사회기술을 연습, 활용해 보며 일반화할 수 있는 것과 더불어 실제상황에서의 경험을 바탕으로 자신의 사회기술에 대해 스스로 평가할 수 있다.

사회기술의 습득은 기술의 내용을 이해하는 데서 그치지 않으며 실제상황에서의 적용과 거듭된 훈련을 통해 이루어질 수 있다. 따라서 경험중심 사회기술훈련은 치료실이라는 인위적으로 통제된 훈련 환경에서 학습한 사회기술을 현장에서 적용해 보는 실제적인 경험을 목적으로 한다.

'현장'은 일상생활의 장이자 사회적 교류의 장으로, 다양한 요소가 개입되고 끊임없는 역동이 일어나는 실제적 장이다. 물리적으로 치료실을 벗어난 장소만을 의미하는 것이 아니라 그렇듯 통제되지 않은 실제적, 사회적, 일반적 상황을 모두 포괄한다. 참여자들은 훈련 가운데 실제 현장에서 발생할 수 있는 다양한 문제 상황에 직면하게 되며 이를 직접 해결하거나 대응해 보는 경험을 통해, 학습한 사회기술을 연습하고 일반화시키는 기회를 얻을 수 있다. 또한, 공유되는 문화를 포괄하며 아동·청소년에게는 또래문화를 공유하고 경험하는 관계의 장이 될 수 있다.

경험중심 사회기술훈련은 그 계획부터 참여에 이르기까지 진행자(리더) 중심이 아닌 참여자가 중심이 되어 진행된다는 특징을 갖는다. 핵심은 '의사소통 훈련'이며 진행자(리더)를 중심으로 대화가 이루어지는 것이 아니라 참여자(집단원) 간의 소통이 중심이 된다. 외출을 계획하며 장소와 예산을 상의하고 협의, 결정하는 전 과정이 참여자들에 의해 이루어지고, 결국 이러한 과정 또한 자연스러운 사회적 의사소통의 현장이자 기회가 된다. 참여자 중심의 성공적인 과제수행과 다양한 실제적 경험 및 긍정적인 관계 경험은 자신감을 향상하고 주체적으로 자신을 평가 및 점검할 기회를 제공하며, 또래 수용의 경험과 적절한 행동에 대한 사회적 강화를 제공할 수 있다.

1. 사전 준비

프로그램은 참여자와 진행자로 구성되며, 참여자의 경우 4명 내외의 소그룹 혹은 대그룹(여러 개의 소그룹)을 대상으로 유연하게 진행할 수 있다. 소그룹으로 진행될 때 진행자의 자세한 관찰과 개입이 용이하며, 개개인이 사회기술을 훈련하는 기회를 충분히 가질 수 있고 의사소통 및 프로그램의 참여를 높일 수 있다. 대그룹의 경우 참여자의 특성과 역동을 고려하여 집단을 나누고 소그룹 진행자를 두어 전체 진행자의 관리 및 교육하에 진행이 되어야 한다.

진행자는 전체적인 프로그램을 운영하고 관리하는 역할을 하며 session마다 프로그램에 대한 안내자이자 관찰자의 역할을 한다. 진행자는 집단 역동을 잘 파악할 수 있어야 하며, 실제 현장에서의 예상 밖의 상황에 대비하고 유연한 대처를 통해 참여자들이 사회기술을 연습하고 문제를 해결할 수 있도록 안내하거나 적절한 모델링을 제시할 수 있어야 한다.

1) 목표

① 또래문화를 이해하고 경험할 수 있으며, 친구들과의 긍정적 관계 경험을 갖는다.

② 실제 상황에서의 문제 해결과 주어진 과제 수행을 통해 사회기술을 연습하고 일반화한다.

③ 부족한 사회기술을 점검하고 어려움을 분석하여 이후의 훈련을 계획할 수 있다.

2) 회기 구성

프로그램은 일반적으로 4회기로 구성되며 회기 별로 ① 외출 계획 세우기, ② 모의훈련, ③ 외출, ④ 평가 순서로 진행된다. 회기는 보통 90분으로 진행되지만, 외출 회기는 약 4시간 이내로 진행하고 상황에 따라 외출 회기에 평가를 함께 진행할 수도 있다.

오리엔테이션

- 프로그램 목적 및 진행 방법 설명

- 전반적인 회기 구성 안내

프로그램의 목적과 진행 방법에 대한 설명과 이후의 회기 구성에 대한 안내를 통해 프로그램에 대한 기대와 적절한 동기를 가질 수 있도록 한다. 또한, 계획 단계에서 의논하게 될 장소 및 활동에 대한 사전 조사가 이루어질 수 있도록 안내한다.

1회기 외출 계획 및 개별 과제 정하기

- 함께 하고 싶은 활동과 그에 맞는 장소 및 준비물을 의논하고 합의하기

- 연습하고 싶은 사회기술에 대한 개별 과제 선정

- 외출 시 예상되는 어려움과 지켜야 하는 규칙 설명

함께 하고 싶은 활동과 그에 맞는 장소 및 교통편, 예산과 준비물을 의논하고 협의할 수 있도록 하며, 구체적인 일정을 계획한다. 또한 프로그램을 통한 공동의 목표를 비롯하여 개별적으로 연습하고 싶은 사회기술에 관한 개별 과제를 설정하고, 외출 시 예상되는 어려움과 지켜야 할 규칙을 이야기하며 외출에 대한 불안을 다루고 문제가 될 수 있는 개인 행동 및 위험 행동을 사전에 개입할 수 있다.

2회기 모의훈련

- 외출 시 발생할 수 있는 문제 상황 설정 및 해결 방법 연습(role play)

- 다양한 상황에 대한 문제 해결 방법 적용해 보기

- 문제 해결 방법에 대한 진행자(치료사)의 피드백 제공을 통한 적절한 대처 양식 학습

외출 시 장면에 따라 발생할 수 있는 문제 상황을 설정하고 집단원 전체가 각자의 역할을 맡아 역할극 안에서 문제 해결 및 대처를 연습해 본다. 이때, 여러 상황을 설정하고 역할을 바꾸며 각기 다른 상황에 대한 문제 해결의 주체가 되어볼 수 있도록 하며, 이를 통해 문제 상황을 연출하는 역할을 맡을 때에도 상대방의, 입장에서 함께 고민이 이루어질 수 있고, 대처 행동에 대한 피드백과 함께 다양한 상황에 대한 적절한 행동 및 대처를 학습할 기회를 가질 수 있다.

3회기 현장실습(외출)

- 실제 현장 과제의 수행
- 참여자 간의 의사소통과 상호작용을 촉진하는 공동 과제 제시 및 수행

계획된 활동 참여와 장소 이용 등 현장 과제의 수행이 이루어진다. 그 가운데 각자가 연습하기로 한 개별 과제를 비롯하여 참여자 간의 의사소통과 상호작용을 촉진하는 공동 과제(미션 활동)가 제시되고 수행될 수 있다. 집단 진행자는 최소한의 개입 가운데 관찰자로서 집단원의 수행과 서로 간의 역동을 모니터링하며, 위기 시 적절히 개입한다.

4회기 평가

- 개별 목표와 공동 목표에 대한 자기평가
- 프로그램 전체 과정에 대한 평가와 마무리(전 참여자 소감 나누기 진행)

프로그램의 목적을 다시 한번 상기하고 소감을 나누며 경험을 공유한다. 집단원 간의 긍정적 피드백을 통해 수용을 경험하고 강화가 이루어질 수 있으며, 현장 과제 및 개별 과제의 수행에 대한 자기평가를 통해, 보다 연습이 필요한 사회기술에 대한 점검이 이루어질 수 있다.

3) 준비단계별 가이드

(1) 일정 및 준비단계

일정은 시험 기간이 아니어야 하며 총 2회기에 거쳐 준비하고 3회기에 외출을 진행하기 위하여 전체 일정의 중간에 진행하는 것이 좋다. 외출 진행시간은 약 4시간 이내가 적당한데 기존에 진행하던 프로그램의 시간에 따라 여러 회기를 묶어서 진행하는 것이다. 함께 이동하는 시간, 활동 시간, 식사 시간을 포함하여 정한다. 활동내용에 따라서 기존에 진행하던 요일은 동일하되 다른 시간대에 진행할 수 있으며, 이 경우, 일정을 놓치는 집단원이 없도록 공지를 반복하여야 한다. 액팅이 심하거나 충동성이 심한 그룹의 경우에는 진행하는 것을 추천하지 않으며, 집단원의 한 구성원이라도 동의하지 않을 때는 진행할 수 없음을 사전에 기관이나 양육자에게 공지하여야 한다.

(2) 동의서

프로그램에 앞서 참여에 대한 동의서를 양육자에게 받는 것은 필수다. 실제 사회는 교실이나 치료실과 다르게 복잡하여 어떠한 일이 일어날지 누구도 예상할 수 없으므로 안전과 책임에 대한 서명이기도 하며, 이 프로그램을 주관하는 진행자(리더)를 보호하기 위한 과정이기도 하다. 기관과 학부모에게 이러한 사실을 미리 알리고 협조를 구하여 동의한 구성원만 참여할 수 있도록 한다.

(3) 보조 인력

안전을 위해서 보조 인력이 꼭 필요하다. 연령이나 집단원들의 증상에 따라 비율은 적절히 조절할 수 있으나, 집단원과 보조 인력의 비율을 2:1로 하는 것이 가장 안전하다. 보조 인력은 현장에서 안전한 활동을 돕기도 하지만, 회의부터 시작하여 활동까지 집단원들에게 모델링이 되기도 한다.

(4) 조 구성

조 구성은 성별과 집단원들의 진단 및 증상을 고려하여 사전에 진행자(리더)가 정하는 것이 좋다. 팀을 구성하는데 집단원에게 자율성이 주어지면 소외되는 집단원이 발생할 수 있기 때문이다. 친해진 두 집단원을 굳이 분리하거나, 학년과 성별을 나누려고 하지 않아도 된다. 남녀 각각 팀을 구성하거나, 같은 학년으로 팀을 구성하면 동질성에 안정감을 느끼기도 한다.

(5) 오픈채팅방

이 활동을 위해서 일시적으로 오픈채팅방을 만들어 전체적인 소통을 하는 것이 효율적이다. 그뿐만 아니라, SNS 기본예절 및 매너를 훈련할 좋은 기회가 되기도 한다. 집단원들의 회의를 통해 정해진 프로그램의 일시, 장소, 가는 방법, 회비를 공지하기도 하고, 미션 수행한 것을 업로드하는 것으로 사용하기도 한다. 오픈채팅방을 개설하는 일시도 공지해야 하며, 팀별로 오픈채팅방에 모두 들어오는 것부터 미션으로 시작할 수 있다. 효율적인 활동을 위한 소통의 창구로 개설한 것으로 개별적인 연락을 차단하고 활동을 완료한 후에는 모두 삭제하도록 한다. 또한, 채팅방에서 공유된 사진은 활동에 참여한 집단원 외에 공유되지 않도록 해야 한다. 이와 같은 규칙은 사전에 안내하고, 집단원 모두 채팅방에 입장하였을 때 다시 한번 공지하는 것이 좋다.

🌼 우리들만의 행복한 외출 🌼

오픈채팅방 공지사항입니다. 외출할 때까지 모두 규칙을 잘 지켜주세요!

----

1. 밤 9시 이후에 카톡방에 글 올리지 않기

2. 카톡방 글이나 사진 허락없이 캡쳐 금지
(개인적으로 소장하거나 유포하지 마세요)

3. 외출과 관련없는 사진 & 짤 올리지 않기
(경고 2번 누적될 경우 미션 수행에서 패널티 부과합니다)

4. 친구들에게 욕설, 비방 사용하지 않기

5. 현재 카톡방에 있는 인원 이외에 전혀 관련없는 사람 초대하지 않기

6. 친구들 말 경청해주기

▲ 친구들끼리 정한 규칙이니 잘 지켜주세요!

▲ 궁금한 사항은 언제든지 물어보세요😆

단톡방 공지사항

1. 욕설, 비방 금지

2. 상대방한테 불편한 말 하지않기

3. 남의 말을 경청하기

4. 이상한 사진 금지

5. 비난 금지

6. 1:1 대화 금지

7. 이상한 사람 초대 금지

8. 남에게 피해 주는 말 하지 않기

🌼 우리들만의 행복한 외출 🌼

내일(7/23)은 드디어!! 여러분들이 기다리던 외출을 하는 날입니다😆

준비물 챙겨오는거 잊지말고 내일 오후 3시 20분까지 등촌역 2번 출구로 모여주세요~!!

그리고 '인생 네컷' 찍는 곳 지도도 올려놓았으니 외출 전에 검색해서 정확한 장소가 어딘지찾아보세요~!

확인한 사람은 💚 를 꼭 눌러주세요!

(6) 미션(참고자료 붙임)

경험중심 사회기술훈련은 또래 문화를 경험하는 것과 동시에 또래와의 의사소통을 훈련하는 프로그램으로 목적지로 향해 가는 동안 집단원들의 소통이 활성화될 수 있도록 간단한 미션을 준비한다. 집단원과 담당 보조 인력이 공동으로 수행하는 미션으로 간단한 인증사진부터 넌센스 문제까지 10가지 내외로 준비한다. 집단원이 넌센스 문제를 어려워하는 경우 보조 인력이 약간의 도움을 줄 수 있다. 1등으로 미션을 빠르게 수행한 팀에 활동비를 지원하거나, 간식을 제공하는 등 강화물을 제공하여 동기를 부여하면 효과적이다.

(7) 외출 계획 회의(참고자료 붙임)

일정은 진행자(리더)로부터 주어지지만, 그 외 세부적인 콘텐츠는 집단원들이 회의를 통하여 정할 수 있도록 한다. 일상생활에서 또래와 약속을 정하고 이견을 조율하는 것 또한 훈련이 필요한 부분이며, 결과를 수용하는 것도 배울 기회가 된다.

① 장소 및 활동

사전에 공지하여 가고 싶은 곳과 활동을 조사할 수 있도록 한다. 시간과 이동 수단을 고려하여 실행 가능한 아이디어를 낼 수 있도록 사전에 구조화하는 것이 좋다. 이때 진행자(리더)와 보조 인력은 경험적인 아이디어나 주변 식당 및 활동 가능한 곳을 제시하여 큰 가이드를 잡아주고 자유롭게 토론할 수

있도록 하는 것이 효율적이다.

② 조장

조장은 팀별로 배정된 보조 인력을 돕기도 하고, 리더를 경험하는 기회가 되기도 한다. 미션을 수행하고 이를 오픈채팅방에 올리는 역할을 주기도 한다. 조장은 팀 안에서 자유롭게 정할 수 있도록 하고, 이때 치료사나 보조 인력은 리더를 경험해 보지 못한 집단원에게 기회를 주는 것도 좋다.

③ 개별 목표 정하기

평소 자신이 느끼는 또래와 외출에서의 어려움과 이번 외출을 통하여 연습하고 싶은 사회기술 훈련을 작성해보도록 한다. 평소 느끼는 어려움과 자신이 연습하고자 하는 사회기술이 연결될 수 있도록 도와주는 것이 좋다. 또한, 활동을 진행하면서도 개별 목표를 생각하며 스스로 조절하고 적극적으로 참여할 수 있도록 팀별로 배정된 보조 인력은 각 집단원의 내용을 기억하고 언급해 주는 것이 좋다.

(8) 모의훈련

다양하고 예상하지 못한 상황을 어떻게 대처할 수 있을지 미리 훈련해 보는 것이 좋다. 이동하며 갑자기 학교 친구를 만나거나, 지나가던 사람과 문제가 생기는 경우, 많은 인파를 지나 이동해야 하는 경우 등 흔한 경우부터 아주 예외적인 경우까지 연습해 보는 것이 좋다. 다양한 상황을 일방적으로 이야기하고 대처 행동을 교수하는 것보다는, 역할극으로 직접 훈련해 보는 것이 더 흥미롭고 효과적이다. 물론 이런 상황이 생기지 않길 바라지만, 반면 더 예상하지 못한 상황이 발생하기도 한다.

2. 외출 계획 세우기

1회기 외출 계획 세우기

활동명	외출 계획 세우기(개별 과제 정하기)
목표	① 친구들과의 외출 계획을 세우고 외출 시 필요한 것을 준비할 수 있다. ② 외출 시 필요한 예상되는 어려움과 필요한 사회기술을 알아보고 연습하고 싶은 사회기술을 생각해 볼 수 있다. ③ 친구들과의 외출 시 지켜야 할 규칙을 알 수 있다.
도입	① 외출 프로그램의 목적과 진행 방법 및 일정을 설명한다. (계획 세우기, 모의훈련, 외출, 외출 평가에 관한 내용) ② 요즘 또래들 사이에서 유행하는 활동, 자주 가는 장소를 공유하고 친구들과 함께 하는 외부 활동을 즐겁게 하려면 필요한 태도를 이야기한다.
활동내용(과정)	① 외출 일정, 준비물, 예산 등을 그룹 전체가 함께 상의하여 결정하고 정해진 일정, 예산, 준비물을 워크시트에 각자 정리한다. ② 조를 나눠 조장을 선출하고 역할을 나눈다. ③ 단체 활동 시 지켜야 할 규칙과 중요하게 생각하는 부분을 조별로 이야기하고 조별 규칙을 정한다. ④ 외출 진행 시 개인적으로 걱정되거나 어려움이 예상되는 부분을 이야기한다. ⑤ 각자 연습하고 싶은 사회기술에 관한 개인 목표를 정한다.
요약 및 마무리	① 외출 일정과 장소, 준비물, 예산 등 중요한 내용을 다시 확인한다. ② 정해진 조별 규칙을 다시 한번 정리하고 개인적으로 정한 목표를 함께 이야기한다. (조장과 각자 맡은 역할 공유) ③ 다음 회기에 대한 안내와 함께 마무리한다.

주의사항 및 활동 팁

① 프로그램 시작 전 구조화

- 프로그램 진행 3~4회기 전부터 외출 일정을 미리 알려 주고 가고 싶은 장소를 고민해 볼 수 있도록 돕는다.

② 조 나누기

- 조를 나누기 전 진행자는 그룹의 특성을 파악하여 어떤 방식으로 조를 나눌지 고민해야 한다. 집단원들의 기능 수준이 비슷한 경우 무작위로 조를 나눌 수 있지만 적절한 분배가 필요한 경우 집단원들의 성향과 기능을 고려하여 미리 조를 나누어 공지할 수 있다. 조의 인원 역시 그룹의 특성에 따라 달라질 수 있지만, 조원 모두의 참여와 원활한 의사소통을 위해 3~4명 정도가 적절하다.

③ 외출 장소 선택

- 외출 장소는 단순히 단체 활동에만 초점을 두기보다, 또래문화를 경험할 수 있고 친구들과 상호작용이 일어날 수 있는 장소를 선택한다. 집단원들이 회의를 통해 의견을 제시하고 나눌 수 있도록 장소를 미리 고민하고 조사해 볼 수 있도록 사전 구조화하는 것이 좋다. 진행자 역시 활동 시간, 이동 수단 등을 고려하여 적절한 장소들을 사전에 조사하고 장소 선택 시 제시하여 가이드를 제공할 수 있다.
  * 박물관, PC방, 메이드 카페 등을 비롯하여 다음과 같이 부적절한 장소는 진행자의 적절한 제한이 이루어져야 한다.
  * 활동 목적에 어긋나는 경우
  * 일반적이고 보편적인 또래문화로 생각하기 어려운 경우
  * 통제할 수 없는 요인(알레르기 등)에 의해 일부 제한이 따르는 경우

④ 과제/ 예상되는 어려움/ 규칙

- 기본적인 사회기술을 비롯하여 장소별로 연습해 볼 수 있는 사회기술을 생각해 볼 수 있도록 하며 필요에 따라 예시를 제시할 수 있다.
- 외출 시 예상되는 어려움을 이야기하고 외출에 대한 걱정을 확인하고 긍정적 기대와 적절한 동기를 가질 수 있도록 돕는다.
- 외출 당일 제시될 공동과제(미션 활동)를 미리 안내한다.
- 지켜야 할 규칙을 이야기하며 문제가 될 수 있는 개인 행동 및 위험 행동은 사전에 개입한다.

참고 1) 외출 장소 및 연습할 수 있는 사회기술

장소	연습할 수 있는 사회기술
인생네컷	여럿이 함께 사진 찍을 때의 매너 알기, 자연스러운 표정과 포즈 취하기, 함께 사진 선택하기, 계산하기
패스트푸드점, 분식집, 디저트 카페 등	친구들과 메뉴 의논하기, 예산 안에서 적절히 주문하기, 함께 식사할 때의 매너 알기, 계산하기, 키오스크 이용하기
영화관	관람할 영화 결정하기, 상영 시간 확인하기, 예매하기, 키오스크 및 매점 이용하기, 영화 관람 시 매너 알기, 관람 후 감상 나누기
놀이공원	티켓 구매하기, 친구들과 함께 탈 수 있는 놀이기구 정하기
방 탈출 카페	친구들과 함께 방 탈출 테마 정하기, 기회를 독점하거나 독단적으로 움직이지 않고 의논하고 협력하기, 결과 받아들이기
보드게임카페	친구들과 함께 보드게임 고르기, 게임규칙 지키기, 감정조절 및 결과 받아들이기
코인노래방	마이크 독점하지 않기, 적절히 호응하며 분위기에 어울리기
볼링장	볼링장 이용 매너 알기, 친구들의 플레이에도 관심 두고 호응하기, 결과 받아들이기
공원	친구들과 함께 공원에서 할 수 있는 활동 정하기
쇼핑몰	시설 이용 예절 알기, 금액에 맞는 물건 구매하기

참고 2) 개별 과제 예시

그룹 1 (승비, 꽃초롱, 다미)	
연습하고 싶은 사회기술	<전체> - 배려하고 공감해 주기 - 민폐 부리지 않기(소리 지르지 않기)
외출할 때 가장 힘든 부분	<전체> - 서로 의견이 맞지 않을 때 갈등이 발생하는 것 - 사람들이 많아서 길을 잃어버릴 수 있음 - 날씨가 더워서 힘들 수 있음
외출 프로그램 시 지켜야 할 규칙	<전체> - 핸드폰 사용하지 않기 - 개별 행동하지 않기 - 친한 친구랑 같은 팀 안됐다고 툴툴거리지 않기

그룹 2 (주리, 유나, 수정)	
연습하고 싶은 사회기술	- 혼자 나서지 않기(주리) - 개인적인 행동하지 않기(유나) - 사람들이랑 대화하기, 감정조절 잘하기(수정)
외출할 때 가장 힘든 부분	- 핸드폰 못 보는 것(주리) - 사람이 많고 날씨가 더워서 이동하기 힘듦(유나) - 사람 많은데 서 있기, 길 잃어버리는 것(수정)
외출 프로그램 시 지켜야 할 규칙	<전체> - 단독 행동하지 않기 - 감정조절 잘하기 - 친한 친구랑 같은 팀 안됐다고 툴툴거리지 않기

3. 외출 모의훈련

2회기	외출 모의훈련
활동명	외출 모의훈련(역할극)
목표	① 외출 시 발생할 수 있는 돌발 상황 및 어려움을 예상해 볼 수 있다. ② 모의훈련을 통해 예상되는 돌발 상황 및 어려움에 대처하는 방법을 고민하고 연습할 수 있다.
도입	① 지난 회기에서 이미 결정된 사항을 확인하고 중요내용을 복습 및 반복한다. ② 진행하게 될 모의훈련을 간략히 안내하고, 진행에 앞서 외출 시 각자가 경험했던 돌발 상황과 그에 대처했던 방법을 이야기한다.
활동내용 (과정)	① 외출 당일, 일정과 장소 및 상황에 따라 일어날 수 있을 것으로 생각되는 상황을 이야기하고 그 가운데 조별로 연습해 볼 상황을 결정한다. ② 조별로 돌아가며 역할극을 진행한다. ③ 대처 행동을 평가하고 방법이 적절하지 않았을 때 보다 적응적인 대처 행동을 함께 고민하거나 제시하고 연습한다.
요약 및 마무리	① 주어진 상황에서의 느낌과 새로운 대처 행동을 시도하고 이야기하는 등 실제로 역할극을 해 보며 느낀 소감을 나눈다. ② 만나는 시간과 장소, 준비물을 다시 확인하고, 외출 장소를 찾아가는 방법이나 길을 미리 찾아볼 수 있도록 안내한다.

주의사항 및 활동 팁	- 역할극 진행 시 조별로 각기 다른 상황을 설정하고 돌아가며 역할극을 진행하되, 각자에게 주어진 상황뿐 아니라 최대한 다양한 상황을 함께 고민하고 모델링과 학습이 이루어질 수 있도록, 매 상황에서 해당 조원들은 문제 상황을 해결하는 주체가 되고 다른 조원들은 상대역을 하는 등 역할을 부여하여 모든 집단원의 참여가 이루어질 수 있도록 한다.

참고 1) 역할극 상황 예시

주요 일정 및 장소		상황
집합 시		약속 시간보다 늦은 경우, 조원이 늦는 경우, 교통카드를 두고 온 경우, 준비한 돈이 보이지 않는 경우 등
이동 시	길거리	길에서 다른 사람과 어깨가 부딪힌 경우, 길에서 반 친구를 우연히 만난 경우, 무리와 떨어져 길을 잃었을 때 등
	지하철, 버스	잘못 승하차한 경우, 지하철과 버스 내부가 혼잡한 경우, 물건을 잃어버리거나 놓고 내린 경우, 잘못된 매너 행동으로 지적을 받게 되는 경우 등
외출	매장 이용 시	실수로 진열된 물건을 떨어뜨리거나 망가뜨린 경우, 계산 시 거스름돈을 잘못 받은 경우, 예약이 누락된 경우, 점원이 불친절한 경우, 점원이 자리를 비운 경우 등
	식사 시	음식을 바닥에 쏟거나 다른 사람에게 쏟은 경우, 자리가 부족한 경우, 주문한 음식이 잘못 나온 경우, 주문한 음식이 나오지 않는 경우, 바빠 보이는 직원에게 주문하거나 무언가를 요청해야 하는 경우 등

4. 외출 및 외출 평가

3회기 외출

활동명	현장실습(외출)
목표	① 친구들과 긍정적으로 상호작용하며 또래문화를 경험하고 좋은 추억을 만든다. ② 다양한 실제 상황에서 주어진 과제를 수행하며 사회기술을 연습한다.
도입	① 조별로 모여 사전에 정했던 준비물, 회비 등을 확인하고 진행자는 이동 방법과 이동 시 주의해야 할 부분을 다시 안내한다. ② 공동 과제(미션 활동)를 조별로 나누어 주고 주의사항을 안내한다. (조원들이 함께 협력해서 진행해야 하는 활동임을 설명)
활동내용 (과정)	① 조별로 대중교통을 이용하여 목적지로 이동한다. ② 이동 중 조원들과 협력하여 공동 과제를 수행한다. ③ 목적지에 도착하여 계획된 활동에 참여한다. ④ 공동 과제의 미션 결과를 발표하고 상금을 수여한다. ⑤ 식사 등 휴식시간을 가지며 활동 소감을 나누고 간단한 평가가 함께 이루어질 수 있다.
요약 및 마무리	① 프로그램의 목적을 상기시키며 실습을 마무리한다. ② 각자 집에 가는 방법을 확인하고 귀가한다.
주의사항 및 활동 팁	**① 진행** - 외출 진행 전, 오픈 채팅 등 서로의 연락처를 공개하지 않고 함께 소통하고 연락을 나눌 수 있는 수단을 마련한다. 이를 통해 외출 시 조별 진행 상황과 미션 활동 및 사진을 공유할 수 있으며, 친구들과의 메신저 사용을 연습할 수 있다. - 외출은 두 회기를 묶어서 약 3시간 30분~4시간 동안 진행하며, 외출과 평가는 묶어서 진행할 수 있다.

- 집단의 진행자는 집단원의 행동을 관찰하고 문제 행동에 개입하는 한편, 주변 상황을 민감하게 살펴 문제 상황을 빠르게 인지하고 집단원이 적절한 대처를 연습할 수 있도록 도와야 한다.
- 여러 개의 소집단으로 프로그램이 진행되는 경우, 소집단 진행자는 전체 진행자와 활동 진행 상황을 공유하며 긴밀히 소통할 수 있어야 한다.

② 미션

- 외출 시 조별 미션을 제공하여 목적지까지 이동하는 중에 수행할 수 있도록 한다. 이 때 미션은 모든 조원이 참여하고 협력해서 풀어나갈 수 있는 활동으로 구성해야 하며 이러한 미션 수행을 통해 조원들 간의 상호작용을 돕고 단합력을 높일 수 있다.
- 공동 과제 수행에 협조적으로 참여하고 그 결과를 받아들이는 것, 미션 상금을 조원들과 상의하여 사용하는 것 등 이 또한 중요한 사회기술 훈련이 될 수 있다.

③ 귀가 시

- 기본적으로 헤어지는 장소는 원래 활동을 진행하는 기관이지만, 외출 시 헤어지는 장소가 달라지면 사전에 보호자에게 공지가 이루어져야 한다.
- 집단원마다 각기 다른 교통수단으로 귀가가 이루어질 수 있고, 귀가 중 다른 곳으로 이탈하는 일이 없도록 귀가 장소 및 방법을 보호자와의 확인이 이루어져야 한다.

4회기 평가

활동명	평가
목표	① 친구들과의 긍정적인 경험을 돌이키고 소감을 공유한다. ② 현장 과제 및 개별 과제의 수행에 대한 자기평가를 통해, 추후 연습이 필요한 사회기술을 점검하고 계획할 수 있다.
도입	① 각자 외출 경험을 비롯해 전체 프로그램에 대한 소감을 이야기한다(가장 기억에 남는 점, 좋았던 점, 아쉬웠던 점 등). ② 외출이 어떤 의미였는지 이야기한다.
활동내용(과정)	① 자신의 팀 내 역할, 개별 과제, 팀의 공동 과제가 어떻게 이루어졌는지 생각하며 활동지를 작성한다. ② 개별 과제는 계획대로 잘 실행되었는지, 수행하지 못한 경우 왜 하지 못했는지, 공동 과제 역시 잘 실행되었는지 잘 수행하지 못했다면 그 이유는 무엇인지 함께 이야기한다. ③ 이번 외출 시 어려웠던 점, 다음 외출 진행 시 연습하고 싶은 부분을 이야기한다.
요약 및 마무리	다음에 친구들과 함께 가고 싶은 장소에 대한 의견을 공유하고 다음을 기약하며 마무리한다.
주의사항 및 활동 팁	이야기를 나누는 동안 간단한 다과를 곁들여 함께 나눠 먹으며 좀 더 부드러운 분위기를 조성할 수 있다.

<붙임 1>

〈경험중심 사회기술훈련 - 외출 계획 세우기〉

함께하는 친구들 / 선생님	
일시	
장소	
목표	
진행 일정	*구체적으로 기록해 주세요.
개별 과제	① 연습하고 싶은 사회기술은 무엇인가요? ② 외출할 때 가장 힘든 부분은 무엇인가요? ③ 외출 프로그램 시 지켜야 할 규칙은 무엇인가요?
예산	
교통편	
준비물	

<붙임 2>

MISSION IMPOSSIBLE~!!

① 팀원들의 나이를 33세를 만들어서 핸드폰 카메라로 찍으세요.

② 모든 팀원의 상반신이 나오도록 셀카를 찍으세요.

③ 빨주노초파남보(무지개) 색깔을 찾아 핸드폰 카메라로 찍으세요.

④ 1,000원을 가지고 30원을 남겨 오세요. (영수증 첨부할 것)

⑤ 모든 팀원의 점프 샷을 찍으세요. (발이, 떠 있어야 인정)

⑥ 스노우 어플을 사용해서 팀원 전부 얼짱 사진 도전! 팀원 전부 다 나와야 함.

⑦ 자동차, 전철, 비행기를 핸드폰 카메라로 찍으세요.

⑧ 뽀로로와 모든 팀원 단체 사진을 찍으세요.

⑨ 5가지의 음식 사진을 찍으세요.

** 주의사항 **

★ 핸드폰 사진은 조장 것으로 모을 것(각자 찍더라도).

★ 융통성 있게 어떻게든 미션을 수행하면 성공으로 인정하겠음.

★ 미션을 다 마치면 [미션클리어]라고 오픈 채팅방에 올리는 팀에게 승리의 현금!

<붙임 3>

〈경험중심 사회기술훈련 - 외출 평가〉

<table>
<tr><td>일시</td><td></td><td>장소</td><td></td></tr>
<tr><td>함께하는 친구들 / 선생님</td><td colspan="3"></td></tr>
<tr><td>평가사항</td><td colspan="3">* 진행된 내용을 기억해 보아요!
① 나의 개별 과제는 무엇이었지요?

② 조에서 내가 맡은 역할은 무엇이었지요?

③ 나의 개별 회비는 얼마였지요?

* 진행된 내용을 평가해 보아요!
▶ 개별 과제를 수행했을 경우
① 나의 개별 과제는 계획했던 대로 잘 실행되었나요?(구체적으로 어떻게 했는지 적어 주세요)

▶ 개별 과제를 수행하지 못했을 경우
② 어떠한 이유로 개별 과제를 하지 못했나요?(구체적으로 왜 하지 못했는지 적어 주세요)

▶ 우리 조의 공동 과제는 잘 수행되었나요?</td></tr>
<tr><td colspan="4">▶ 계획에서부터 외출까지 프로그램하면서 좋았던 점이나 아쉬웠던 점을 써 주세요!</td></tr>
</table>

7장 학부모를 위한 가이드

1. 학부모 총회
2. 공개수업 참관하기
3. 학부모 상담 준비하기
4. 치료 상황 공개 여부
5. 반 모임
6. 교외 활동(수련회, 수학여행)

학부모를 위한 가이드

1. 학부모 총회

Q 학부모 총회는 꼭 참석해야 할까요? 참석한다면 주의 깊게 살펴야 할 것은 무엇일까요?

A 학부모 총회는 교실에서 갖는 담임선생님과의 시간을 통해 선생님의 성향을 파악하고 아이의 자리와 책상 서랍 상태를 확인할 기회가 되기도 한다. 선생님마다 성향이 다르므로 중요하게 생각하는 것은 모두 다를 수 있다. 숙제나 준비물, 지각이나 생활습관, 식습관 등 이야기 가운데 강조가 되는 부분이나 중요하게 느껴지는 부분을 파악하여 특별히 주의가 필요한 것은 무엇일지, 그것에 맞게 아이를 훈련하거나 도움을 제공하는 것이 필요하다.

2. 공개수업 참관하기

Q 공개수업에서는 어떤 부분을 신경 써서 봐야 하나요?

A 우선 전체적인 반 분위기는 어떤지 살펴보는 것이 중요하다. 더불어, 반 아이들의 성향을 파악할 필요가 있다. 아이마다 성향은 각기 다르지만, 혹시 우리 아이와 부딪힐 수 있는 아이는 없는지 확인해 주고, 만약 있다면 조심 시켜야 할 부분이 무엇인지 설명해 주는 것이 좋다. 다음으로 우리 아이의 수업 태도는 어떤지 확인할 필요가 있다. 의자에 앉아 있는 자세, 지시 따르기의 정도, 수업 이해도 및 집중도가 어떤지 주의 깊게 관찰하고 혹시 우리 아이의 산만한 행동으로 인해 수업에 방해가 되는 것은 아닌지도 확인해 주세요.

tip) 공개수업 중 아이의 고쳐야 할 부분이 관찰될 수 있다. 대부분 단시간에 고쳐지지 않는 문제인 경우가 많으므로 공개수업 때 발견한 자녀의 문제점은 앞으로 아이가 학교생활을 해 가는 과정에서 꾸준한 관심을 가지고 전문가의 도움이 필요한 경우 전문적인 상담을 받는 것도 도움이 될 수 있다.

3. 학부모 상담 준비하기

Q 학부모는 무엇을 준비해야 하나요?

Ⓐ 1학기 상담에서는 아동의 기본적인 특성과 성향 및 우려되는 부분을 준비하는 것이 좋다. 2학기 상담에서는 담임교사가 파악한 우리 아이의 학업 및 학교생활, 교우 관계를 듣고 가정에서 가르쳐 보완할 부분이 있는지 질문하는 것도 좋다. 가정에서 보완하기 어려운 경우에는, 전문가와의 상담을 추천해 드린다.

Q 학부모 상담을 꼭 해야 하나요?

Ⓐ 꼭 하는 것을 추천한다. 학부모 상담을 통하여 아이의 문제행동 수정에 개선의 노력을 하고 있다는 것을 보여 주어 담임교사와의 긍정적인 협력관계를 만들 필요가 있다.

4. 치료 상황 공개 여부

Q 선생님께 아이의 치료 상황을 알려야 할까요? 알린다면 어느 정도로 어떻게 공유를 하는 것이 좋을까요?

Ⓐ 아이의 치료 상황을 공개하는 데 있어 가장 중요한 원칙은 정보의 공개가 우리 아이를 보호하기 위한 목적이 되어야 한다는 것이다. 담임선생님의 이야기를 먼저 들어본 뒤에 치료 상황 및 증상에 대한 공개 여부나 공유 정도를 결정할 필요가 있고, 무엇보다, 정보를 공개하기 전에 담당 주치의나 치료사에게 조언을 구하고 안내 받기를 권유한다.

치료 상황을 공개하는 것에 대한 염려의 마음을 가질 수 있으나, 조절의 어려움과 더불어 이를 개선하기 위한 노력이 이루어지고 있음을 드러낼 필요가 있는 경우, 정보를 공개하는 것이 더 도움이 되는 예도 있다. 우려가 되는 부분을 담임선생님과의 충분한 상의를 통해 도움을 받기를 바란다.

5. 반 모임

Q 반 모임은 무엇인가요?

Ⓐ 반 모임은 학급의 학생과 학부모의 모임으로 함께 생일파티, 키즈 카페, 숲 체험 등 다양한 또래 문화를 경험할 수 있다.

Q 반 모임에서 걱정되는 부분은 무엇인가요?

Ⓐ 의무가 아니며 자유롭게 참여 의사를 정할 수 있고, 초등학교 고학년으로 갈수록 모임이 형성되지 않는다. 우려되는 부분이 있다면, 반 전체 모임이 아닌 소규모 모임 먼저 참여해 보는 것을 추천하며 담임교사 및 전문가와 상의하는 것도 추천한다.

6. 교외 활동(수련회, 수학여행)

Q 아이의 산만한 행동이 다른 친구들에게 방해가 될까 봐 걱정된다. 이런 경우에는 활동에 참석하지 않는 것이 맞을까요?

Ⓐ 먼저 수련회와 수학여행의 경우 우리 아이가 자조가 어느 정도 되는지에 따라 참석 여부를 고민해 보는 것이(결정하는 것이) 좋다. 그리고 치료를 받는 아이들의 경우 이런 부분들을 치료사에게 요청하여 수련회 전에 미리 필요한 자조 기술이나 사회기술을 도움을 받길 권한다.

8장 학교폭력 대처 가이드

1. 학교폭력의 정의 및 유형
2. 학교폭력의 심의 절차
3. 교급별 학교폭력 부모 대응 방식
4. 자녀가 학교폭력 피해/가해 학생일 경우
5. 학교폭력 Q&A

학교폭력 대처 가이드

1. 학교폭력의 정의 및 유형

1) 학교폭력의 정의

학교 내외에서 학생을 대상으로 발생한 상해, 폭행, 감금, 협박, 약취, 유인, 명예 훼손, 모욕, 공갈, 강요, 강제적인 심부름 및 성폭력, 따돌림, 사이버 따돌림, 정보통신망을 이용한 음란, 폭력 정보 등에 의하여 학생에게 신체적, 정신적, 재산상의 피해를 주는 행위를 말한다.

- 학교폭력 예방법 제2조 -

2) 신체폭력

학교폭력 사안 중 가장 많은 비중을 차지하는 것으로 신체를 손발로 때리는 등 고통을 가하는 행위, 장난을 빙자한 꼬집기, 때리기, 힘껏 밀치기 등 상대방이 폭력으로 인식하는 행위다. 예) 타인의 이마 부위를 자신의 검지로 미는 행위

- 일방적 폭행: 상황의 인과관계 판단 필요. 갈등상황/우발적 폭행
- 쌍방 폭행: 학폭위에서는 행위를 보고 판단함. 피해 정도 파악 후 학폭위 개최 요구
- 집단 폭력: 실제 폭력을 가한 학생 및 주도하고 사주한 학생들도 함께 선도조치 필요

3) 언어폭력

여러 사람 앞에서 상대방의 명예를 훼손하는 구체적인 말을 하거나 그런 내용의 글을 인터넷, SNS 등으로 퍼뜨리는 행위다.

예) 타인이 싫어하는 별명을 부르는 행위

4) 금품갈취(공갈)

돌려줄 생각이 없으면서 돈을 요구하거나 옷, 문구류 등을 빌린다며 되돌려주지 않고 돈을 걷어오라고 하는 행위다.

5) 강요

속칭 빵 셔틀, 와이파이 셔틀, 과제 대행, 게임 대행, 심부름 강요 등 의사에 반하는 행동을 하는 행위다.

6) 따돌림

집단으로 상대방을 의도적이고 반복적으로 피하는 행위(싫어하는 말로 바보 취급 등 놀리기, 빈정거림, 면박을 주기, 겁주는 행동, 비웃기 등)다.

7) 성폭력

폭행, 협박하여 성행위를 강제하거나 유사 성행위, 성기에 이물질을 삽입하는 등의 행위, 상대방에게 폭행과 협박을 하면서 성적 모멸감을 느끼도록 신체적 접촉을 하는 행위다.

8) 사이버폭력

사이버 언어폭력, 사이버 명예 훼손, 사이버 갈취, 사이버 스토킹, 사이버 따돌림, 사이버 영상 유포 등 정보통신기기를 이용하여 괴롭히는 행위다.

특정인에 대해 모욕적 언사나 욕설 등을 인터넷 게시판, 채팅, 카페 등에 올리는 행위(특정인에 대한 저격 글 등)다.

2. 학교폭력의 심의 절차

1) 신고 접수

학교폭력 현장을 보거나 알게 되면 학교장에게 보고하고 관련 학생이 보호자에게 알린다. 업무 담당자는 사안을 접수하고 신고 접수 대장에 기재한다.

2) 사안 조사

전담기구와 소속 교원은 피해 및 가해 사실을 확인하고 사안 조사 보고서를 작성하며, 필요하면 피해 학생이나 가해 학생에 대한 학교장 긴급조치를 시행할 수 있다.

3) 학교장 자체해결 여부 심의

피해 학생과 그 보호자가 심의위원회의 개최를 원하지 않고, 전담기구의 심의 결과가 아래의 네 가지 요건에 모두 해당하는 경미한 학교폭력의 경우에 학교의 장은 자체적으로 문제를 해결할 수 있다.

① 2주 이상의 신체적, 정신적 치료가 필요하나 진단서를 발급받지 않은 경우

② 재산상 피해가 없거나 즉각 복구된 경우

③ 학교폭력이 지속적이지 않은 경우

④ 학교폭력에 대한 신고, 진술, 자료제공 등에 대한 보복행위가 아닌 경우

4) 심의위원회 개최

심의는 대면이 원칙으로, 특별한 경우가 아니면 피해 및 가해 학생과 보호자가 심의위원회에 직접 출석하여 진술해야 한다. 심의위원회는 학교의 요청이 있는 경우, 21일 이내에 개최하는 것을 원칙으로 하며 상황에 따라 7일 이내에서 연장 가능하다.

5) 조치 결정 및 이행

피해 학생에 대한 보호조치 및 가해 학생 교육 및 선도 조치가 이루어지며, 심의위원회에서 조치 결정이 나면 조치권자인 교육장은 피해 측 및 가해 측 그리고 학교장에게 서면으로 조치 결정을 통보한다. 통보받은 학교장은 조치를 이행하고 교육청에 결과를 보고한다.

6) 조치에 대한 불복 절차

피해 학생은 본인이 받은 보호조치와 가해 학생이 받은 선도 조치에 대하여, 가해 학생은 본인이 받은 선도 조치에 대하여 받아들일 수 없으면 관할 교육청의 행정심판 위원회에 행정심판을 청구할 수 있으며, 관할 법원에 행정소송을 제기할 수 있다.

> 학교는 사안 처리 전 과정에서 '관계회복 프로그램'을 운영할 수 있으며, 관계회복 프로그램을 적절히 운영하면 불필요한 분쟁을 줄이고 재발 방지 등 교육적인 효과를 거둘 수 있다.

- 사소한 괴롭힘, 학생들이 장난이라고 여기는 행위도 학교폭력이 될 수 있음을 인식할 수 있도록 가르쳐야 한다.
- 학교폭력예방법의 학교폭력은 '학교 내, 외에서 학생을 대상으로 하는 폭력'이므로, 가해 학생이 아니어도 필요하면 피해 학생에 대해 보호조치를 할 수 있다.
- 성폭력의 경우 피해 사실을 알게 된 학교장과 교직원은 즉시 신고 의무자로 피해 학생의 의사와는 관계없이 반드시 수사기관(112, 117)에 신고하여야 한다. 그러므로 양육자는 자녀에게 신고의무의 당위성을 설명하고, 신고과정에서도 자녀의 의사를 충분히 전달할 수 있도록 돕는다.

3. 교급별 학교폭력 부모 대응 방식

1) 초등학교에서 발생하는 학교폭력 부모 대응 방식

(1) 초등 저학년

초등학교 저학년의 경우 사소한 장난에서 학교폭력이 발생하는 경우가 많으므로 되도록 학교 내에서 원만하게 해결하기를 권유한다.

학교와 교사들에게 일정 부분 슬기로운 해결책을 요구하고 그들의 중재 과정을 일단 지켜볼 필요가 있다.

(2) 초등 고학년

초등학교 고학년의 경우 학교폭력이 좀 더 계획적이고 집단화되는 경향을 보임에 따라 저학년보다 상대적으로 피해가 큰 경우가 많다. 따라서 사안을 단순히 사소한 장난으로만 치부하여 가볍게 인식하지 않도록 주의해야 한다. 가해 학생의 경우 피해 학생을 향한 진지한 대응과 합의 과정을 고려하고, 피해 학생의 경우 신체적, 정신적 피해가 상당하다고 판단이 될 때 교육지원청에서 주관하는 학폭위 개최 요청을 통해 사안이 가볍지 않다는 것을 인식시키고 가해 학생에 의한 재발을 방지해야 한다.

2) 중, 고등학교에서 발생하는 학교폭력 부모 대응 방식

(1) 가해 학생

학교 측에 사과 편지와 함께 사죄의 뜻을 전달하고 학교장 자체해결 절차를 요청한다. 피해 학생 부모님의 연락처를 물어보고 사과한다. 자필 반성문과 함께 이전 단계에서 수집한 자료를 제출한다. 어머니뿐만 아니라 아버지도 심의위원회에 참석한다.

• 가해 징후

자녀에게 학교폭력 사안으로 다루어 질 수 있는 부분에 대해 충분히 설명하고 자녀의 선에서 수정할 수 있도록 한다. 또래 관계와 관련되어 있기에 자녀가 해결할 수 없다면, 학교 담임교사에게 알려 도움을 요청하도록 한다.

(2) 피해 학생

자녀가 본 피해가 학교폭력이 맞는지 확인한다. 사진을 찍고 상해진단서를 발급 받는다. 핸드폰과 SNS 대화 내용을 전부 캡처한다. 사이버 모욕죄 기간을 놓치지 않는다(피해자의 고소가 있어야 처벌이 가능한 범죄. 6개월 안에 고소). 가해 학생 측에서 사과한다면, 구체적인 사실을 기재한 사과 편지를 받는다. 가해 학생 측에서 학교폭력을 부인한다면, 학폭위 신고와 형사고소, 민사 소송까지 할 수 있다.

• 피해 징후

자녀의 학교폭력 피해 징후에 대해 성급한 판단은 자녀의 또래 관계에 오히려 방해될 수 있다. 자녀에게 일상적인 대화 속에서 학교생활을 질문해 보기도 하고, 학교 및 학원 담임교사와 면담 신청을 통하여 파악하는 것이 좋다. 자녀의 정보통신기기와 SNS를 보기 전에 양해를 구해야 한다는 것을 잊어서는 안 된다.

4. 자녀가 학교폭력 피해/가해 학생일 경우

1) 학교폭력 피해 학생일 경우 부모 대응 방식

(1) 학교폭력 증거, 무엇을 어떻게 준비해야 할까

사건 당일 신체적 폭행, 접촉이 있었다면 될 수 있는 대로 병원을 방문해서 상해진단서를 발급 받길 바란다. 학교폭력대책심의위원회는 물론 법적 절차에 있어서 손해배상이든, 형사고소든, 행정심판, 행정소송이든 상해진단서를 피해를 증명할 수 있는 가장 객관적인 증거로 작용한다. 한편, 거의 모든 학교폭력 사건에서 항상 증거로 사용되는 것이 카톡 대화, 페이스북 게시글, 페이스북 메신저 등 SNS다. 만약 자녀가 사이버폭력을 당했다면 대화 내용을 즉시 캡처하여 보관하는 것이 좋다.

[증거 확보 방법]

① SNS

문자가 오간 상황이기 때문에 쌍방의 책임으로 몰릴 가능성도 있다. 그러나 무대응으로 대응하는 것이 좋으며, 캡처하여 삭제되지 않도록 보존하는 것을 권한다.

② 녹취

사건의 당사자이면서 자신의 목소리가 들어가 있으면 합법적인 증거로 활용될 수 있다. 녹취록으로 서면화하여 제출한다.

③ 영상

인과적인 맥락에서 사진이나 영상이 증거로 잘 발휘될 수 있도록 하는 것이 중요하다. 폭행장면이 CCTV에 저장되어 있는지 확인해 보아야 하며 학교나 지자체에서 운영하는 것이라면 행정정보 공개 신청을 통하여 해당 영상 자료를 확보할 수 있으며, 별도로 경찰에 고소하여 경찰이 증거 자료로 채택할 수 있도록 해야 한다. 다만, CCTV가 사유공간(편의점, 식당, 상가 등)에서 운영하는 것이라면, 별도의 피해 부모가 그 영상을 저장할 수 없다. 그럴 때 경찰에 신고하여 경찰 입회하에 해당 영상을 확인한 후, 경찰이 영상을 확보할 수 있도록 조치를 취해야 한다.

④ 사진

폭행으로 상처를 입었다면 사진으로 찍어서 구체적인 피해 사실을 남겨 놓을 필요가 있다. 그리고 폭행 당시에 목격자가 누가 있었는지 확인하는 것이 도움이 된다.

⑤ 진단서

눈으로 보이는 피해의 정도와 실제로 얻은 피해의 정도가 매우 다른 때도 있으므로 병원이나 심리센터를 방문하여 피해의 정도를 객관적으로 가늠할 수 있도록 도울 수 있다. 무엇보다 가해 학생에게 폭행을 당했다면 가장 먼저 병원에 방문하여 신체적 피해에 대한 상해진단서를 발급받아야 한다. 진단서는 폭행의 인과관계가 밝혀질 시 간접적인 증거로 인식될 수 있다.

⑥ 사실 확인서

학교폭력으로 신고하게 되면 피해 학생 측에서 사실 확인서를 작성하게 된다. 학교폭력으로 피해당했던 사실을 기술하며, 되도록 육하원칙에 따라 자세하게 작성하는 것이 좋다. 최종 작성한 사실 확인서의 내용 그대로 학폭위에 보고가 되고, 향후 학폭위 참석 시, 심의 위원들은 자녀들이 작성한 사실 확인서를 바탕으로 질의를 하게 된다. 직, 간접적인 증거 확보가 어렵다고 판단될 경우 정황 증거를 충분히 활용해야 한다.

* 작은 피해라고 하더라도 큰 피해의 시작점이 되는 예도 있으므로 신고에 대한 절박성이 없더라도 스스로 심리적, 신체적 타격을 입었다고 판단이 된다면 적절하게 기록을 해 두는 것이 좋다.

(2) 신고하면 가해 학생이 보복할까 무서워요

부모님들이 학교폭력 신고를 꺼리는 이유는 바로 2차 피해가 발생할지도 모른다는 두려움 때문이다. 이는 피해 학생들이 두려워하는 지점이기도 하다. 그렇다면 정말로 학교폭력 신고를 하지 않는 것이 오히려 학교폭력을 예방하는 방법일까요? 그렇지 않다.

신고하지 않는 학생은 가해 학생들이 괴롭힐 수 있는 손쉬운 상대로 인식된다. 가해 학생들은 물론, 그 이후 제2, 제3의 잠재적 가해 학생들의 타깃이 될 가능성이 크다. 학교폭력으로 신고되면 대개는 일단 가해행위를 중단하기 때문에 그 자체로 추가적인 학교폭력을 막을 수 있다. 신고하는 것이 피해 학생을 보호하고 가해 학생들에게 책임을 묻는데 훨씬 용이해진다는 점을 기억한다.

※ 아이가 학교폭력에 피해를 보았다면 아래 체크리스트를 확인하며 정확한 정보를 탐색해야 한다.

① 언제, 어디서, 누구로부터 피해를 받았는지?

② 가해자가 한 명인지, 여러 명인지, 또 누구인지 지목할 수 있는가?

③ 당시 상황을 목격한 사람이 있는가?

④ 피해의 내용을 설명할 수 있는 문자 등의 자료가 있는가?

2) 학교폭력 가해 학생일 경우 부모 대응 방식

(1) 피해 학생 부모님을 어떻게 대해야 할까

학부모님의 연락처를 사전에 아는 경우라면 사건 발생 당일 혹은 되도록 이른 시일 내에 사과 말씀을 전달하고, 상대방 아이가 어떤 상황인지, 얼마다 다쳤는지 등을 물으면서 연락을 취하는 것이 좋다. 방문하거나 면담을 통해 사과의 말을 전달하고 싶다면 정중하게 방문을 해도 좋을지 사전에 허락을 구하도록 한다. 만일 상대방 부모님이 '지금은 연락할 시기가 아닌 것 같다' '연락하기 곤란하다'라는 반응을 보인다면 그 뒤로는 문자를 남기면서 연락을 취하도록 한다.

학부모님의 연락처를 사전에 모르는 경우 주변 학부모님들을 통해 연락처를 수소문하면 피해 학생 측 부모님은 더 불쾌해 할 수 있다. 따라서 학교폭력 담당 선생님께 사과의 말씀을 드리고 싶은데 상대방 부모님의 연락처를 알려주실 수 있는지, 면담 자리를 만들어 주실 수 있는지 상대방 부모님께 여쭤봐 달라고 의견을 전달하는 단계를 거치길 바란다.

만약 상대방 부모님께서 거부하면 사과 편지 등을 작성해서 학교폭력 담당 선생님께 전달을 부탁드리는 것도 한 방법이다. 그 사과 편지마저도 수령을 거부할 수 있지만 어쨌거나 우리 측에서는 화해를 위해 이렇게 시도했다는 점은 반영될 수 있다.

(2) 학교폭력 가해 학생 부모님께 전하고 싶은 말

간혹 학폭위에 출석하여 자녀가 옆에서 듣는 가운데 '피해 학생이 평소 맞을 만한 행동을 했으니 당한 것 아니냐'고 피해 학생을 깎아내리거나 '우리 애가 막말로 사람을 죽였습니까. 뭐 이렇게 학폭위까지 열고, 호들갑입니까' 등의 발언을 하는 일부 부모님들이 있다.

무조건적인 옹호는 옳지 않다. 자녀의 기를 죽이지 않겠다며 '네가 한 일은 별거 아니다. 피해 학생이 원래 이상한 아이다'라는 식의 태도를 보인다면 가해 학생은 자신의 행동을 반성하지 않을 것이고, 학교폭력 사건이 재발할 수도 있다.

자녀의 잘못을 과도하게 비난하는 것도 문제겠지만 잘못된 행동에 대해서는 잘못을 분명히 인지시키고, 그것이 피해 학생에게 어떤 피해를 주는지 등을 지도, 훈육하는 것이 자녀가 반성하고 변화하기 위한 가장 중요한 조건이다.

아이가 잘못한 부분은 경중을 떠나 '잘못된 행동이다'라는 의사를 보여주는 것이 중요하다. 자녀와 대화의 시간을 충분히 가지면서 아이는 어떤 생각을 하고 있는지, 그리고 이 사건에 대한 부모님의 생각은 어떤지 소통하고 위로하는 시간을 가지길 바란다.

※ 아이가 학교폭력의 가해자인 것을 알게 되었다면 아래 체크리스트를 확인하고 대응한다.

① 피해 학생과의 평소 친분이 어떠하였는가?

② 친구에게 폭력을 행사하거나 기분 나쁜 말을 한 이유는 무엇인가?

③ 가해행위가 처벌이 가능한 종류(상해, 성범죄 등)인가?

④ 당시 상황을 목격한 사람이나 관련 문자 등의 증거가 있는가?

사실관계를 확인해야 하며 어떤 맥락과 이유로 그런 행위를 하게 되었는지 확인해야 한다. 장난이었는지, 상대의 도발이 있었는지 그래서 아이의 행동에 정당한 이유가 있었는지 따져보고 아이가 잘못한 부분에 대해서는 피해 학생에게 빠르게 사과하고 반성하는 모습을 보이는 것이 좋다.

출처: 내가 몰랐던 내 아이의 SNS

5. 학교폭력 Q&A

Q - 1 그동안 괴롭힘을 당한 건 우리 아이인데, 참다가 처음으로 욕을 했는데 학교폭력 가해자가 돼서 너무 억울해요.

Ⓐ 한 학교폭력 신고로 가해 학생과 피해 학생이 뒤바뀔 순 없다. 학교폭력의 피해자로 다시 신고해야 한다. 경중 판단에서 '지속성'도 요소로 포함되오니 지금까지 자녀가 지속해서 당해온 괴롭힘에 대해 강조하는 게 좋다.

Q - 2 아이가 학교폭력의 피해자인데 신고하는 것을 원하지 않습니다. 부모로서 저는 너무 화가 나 꼭 신고하고 싶습니다.

Ⓐ 우선 아이의 피해 정도를 전문가 상담이나 담임교사와의 상담을 통해 객관적으로 바라볼 필요가 있다. 또한, 자녀에게 신고를 위한 피해 사실을 다그치기보다는 지금 신고하고 싶지 않은 마음을 먼저 이해해 주고 이에 적절한 방법부터 도와주는 것이 좋다.

Q - 3 그냥 옆에만 있었다는데 학교폭력에 가담한 가해자가 되었습니다. 친구를 말리지 않은 건 맞지만 폭력은 행사하지 않았다는데 속상해요.

Ⓐ 직접적인 가해자의 옆에만 있었어도 피해 학생이 상대적으로 혼자였다면 수적으로 압박을 주었다는 것으로 인해 가해자가 될 수 있다.

Q - 4 우리 아이를 괴롭힌 가해자는 여러 명이라 1대 다수인데 오히려 보복을 당하거나 불리해질 것 같아요.

Ⓐ 가해 정도에 따라 다르지만, 직접적인 폭력을 가한 학생만 신고하는 것이 나을 수 있다. 신고하지 않은 다른 학생의 부모와 연락을 취하여 피해 사실 목격에 대한 도움을 청할 수도 있겠지요. 그러나 이 부분은 전문가 및 학교 측과 충분한 상의 후 결정하기를 권한다.

Q-5 가해자가 된 우리 아이, 제가 피해 학생 부모님 연락처를 알고 집도 알고 있는데 바로 찾아가 사과해도 될까요?

Ⓐ 평소에 연락을 주고받던 사이라도 학교 측에 사과의 뜻을 전하고 피해 학생 부모님에게 연락을 받아줄 의향이 있는지 물어볼 것을 제안한다. 직접 연락하고 싶더라도 메시지로 먼저 사과를 받아 줄 시기에 대해 양해를 구하는 것이 좋다. 이때 사과는 변명의 자세보다는 진심으로 피해 사실에 대해 사과하는 것이 맞다.

Q-6 학교폭력이 많이 발생하는 때가 있나요?

Ⓐ 학교폭력은 학생들의 '서열 관계'가 형성되는 1학기에 특히 4월에 보다 많이 발생한다. 학기 초인 3월에는 아직 친해지지 않아 아이들도 서로 조심하지만, 교우 관계를 형성한 4월쯤부터 교실에는 강자와 약자로 자연스레 서열이 나누어지고 편해진 만큼 상대방에 대한 거친 언어, 장난을 빙자한 폭력이 빈번하게 발생하기 시작한다. 3월 초 아이들이 잘 지내는 모습에 안심했다가 피해의 징후를 놓치지 않도록 평소 아이가 달라진 모습은 없는지 늘 관찰하길 권유한다.

출처: 엄마 아빠가 꼭 알아야 할 학교폭력의 모든 것

Q-7 우리 아이가 가해자인 것을 알게 됐습니다. 어떻게 해야 하나요?

Ⓐ 아이가 가해자인 것을 알게 된다면 ① 피해 학생과의 평소 친분이 어떠하였는지, ② 친구에게 폭력을 행사하거나 기분 나쁜 말을 한 이유는 무엇인지, ③ 가해행위가 처벌이 가능한 종류인지, ④ 당시 상황을 목격한 사람이나 관련 문자 등의 증거가 있는지 등 사실관계를 확인해야 하며 어떤 맥락과 이유로 그런 행위를 하게 되었는지 확인해야 한다. 장난이었는지, 상대의 도발이 있었는지 그래서 아이의 행동에 정당한 이유가 있었는지 따져보고 아이가 잘못한 부분에 대해서는 피해 학생에게 빠르게 사과하고 반성하는 모습을 보이는 것이 좋다.

Q-8 일반적으로 학교폭력 징계는 어떻게 내려지나요?

<table>
<tr><th>가해학생 조치사항
「학교폭력예방 및 대책에 관한 법률」
제17조제1항</th><th>학교생활기록부
영역</th><th>삭제 시기</th></tr>
<tr><td>제1호(피해학생에 대한 서면 사과)</td><td rowspan="3">행동특성 및
종합의견</td><td rowspan="3">• 졸업과 동시(졸업식 이후부터 2월 말 사이 졸업생 학적 반영 이전)
• 학업중단자는 해당 학생이 학적을 유지하였을 경우를 가정하여 졸업할 시점</td></tr>
<tr><td>제2호(피해학생 및 신고·고발 학생에 대한 접촉, 협박 및 보복행위의 금지)</td></tr>
<tr><td>제3호(학교에서의 봉사)</td></tr>
<tr><td>제4호(사회봉사)</td><td rowspan="3">출결상황
특기사항</td><td rowspan="4">• 졸업일로부터 2년 후
• 졸업 직전 학교폭력 전담기구의 심의를 거쳐 졸업과 동시에 삭제 가능
• 학업중단자는 해당 학생이 학적을 유지하였을 경우를 가정하여 졸업하였을 시점으로부터 2년 후</td></tr>
<tr><td>제5호(학내외 전문가에 의한 특별교육 이수 또는 심리치료)</td></tr>
<tr><td>제6호(출석정지)</td></tr>
<tr><td>제7호(학급교체)</td><td>행동특성 및
종합의견</td></tr>
<tr><td>제8호(전학)</td><td rowspan="2">인적·학적사항
특기사항</td><td>• 졸업일로부터 2년 후</td></tr>
<tr><td>제9호(퇴학처분)</td><td>• 삭제 대상 아님</td></tr>
</table>

Q - 9 학교폭력 피해 학생을 위한 지원기관이 있나요?

기관	주요 지원체제
117 학교폭력 신고 상담센터	전화로 신고, 상담할 수 있으며, 24시간 운영. 긴급 상황 시에는 경찰 출동, 긴급구조를 실시
위(Wee)센터	학교, 교육청, 지역사회가 연계하여 학생들의 건강하고 즐거운 학교생활을 지원하는 다중의 통합지원 서비스망
청소년상담복지센터	위기청소년에게 적합한 맞춤형 서비스를 제공하는 one-stop 지원센터
청소년상담 1388	청소년의 위기, 학교폭력 등의 상담, 신고전화, 카카오톡에서 '청소년상담 1388'을 검색하여 채널 추가 후 상담할 수 있고 스마트폰 수신자번호에 '1388' 입력 후 고민 전송도 가능
푸른나무재단(1588-9128)	학교폭력 관련 전화 및 사이버 상담을 실시하고, 학교폭력 피해 학생 및 가족 대상 통합지원을 하는 비영리기관. 화해 분쟁 조정지원, 사안처리 진행 자문 및 컨설팅 지원도 제공
대한법률구조공단(132)	법률상담, 변호사 또는 공익법무관에 의한 소송대리 및 형사변호 등의 법률적 지원을 받을 수 있는 곳

출처: 내가 몰랐던 내 아이의 SNS

참고문헌

곽은아(2013). 청소년을 위한 사회성 향상 워크북. 나눔의집.

교육부, 이화여자대학교 학교폭력예방연구소(2023). 학교폭력 사안처리 가이드. 교육부.

김다희, 장권수(2023). 도와줘요 엄마 아빠. 박영사.

노윤호(2019). 엄마 아빠가 꼭 알아야 할 학교폭력의 모든 것. 시공사.

방명애(2012). 전환기 장애학생을 위한 자기결정기술 활동 프로그램. 핑키밍키.

신정우(2023). 학교폭력 공략집. 유페이퍼.

우에노 카즈히코, 오카다 사토시(2015). 장애아동을 위한 사회성 기술 지도 매뉴얼. 학지사.

이보람(2017). 교사와 학부모를 위한 학교폭력 대처법. 시대의 창.

이상희(2021). 현직 경찰관이 알려주는 학교폭력 대처법. 굿위즈덤.

이수지, 최하나(2023). 내가 몰랐던 내 아이의 SNS. 자음과 모음.

이용표(2003). 현장과제를 활용한 정신장애인 사회기술훈련 프로그램의 효과: 역량강화와 증상에 관한 훈련효과를 중심으로. Mental Health & Social Work, Vol.15 2003. 6. pp.77~105.

이해준(2023). 학교폭력 부모 바이블 1. 바다사.

임승훈(2019). 학교폭력, 형이 도와줄게!. 좋은땅.

정승훈(2020). 어느 날 갑자기 가해자 엄마가 되었습니다. 길벗

초등상담나무연구회(2013). 공감대화카드. 인싸이트.

최우성(2023). 학교폭력, 우리 아이를 지켜주세요. 성안당.

최외선, 김갑숙, 서소희, 홍인애(2010). 창의성과 사회적 기술 향상을 위한 미술치료 열두 달 프로그램. 학지사.

최정원, 이영호(2006). 시험불안 다루기 전략 및 시험 전략. 학지사.

Ruth Weltmann Begun (2002). 사회적 기술향상 프로그램. 시그마프레스.

Culler, R. E., & Holahan, C. J. (1980). Test anxiety and academic performance: the effects of study-related behaviors. *Journal of educational psychology, 72*(1), 16.

Dendato, K. M., & Diener, D. (1986). Effectiveness of cognitive/relaxation therapy and study-skills training in reducing self-reported anxiety and improving the academic performance of test-anxious students. *Journal of Counseling Psychology, 33*(2), 131.

Desiderato, O., & Koskinen, P. (1969). Anxiety, study habits, and academic achievement. *Journal of Counseling Psychology, 16*(2p1), 162.

Eysenck, M. W., & Calvo, M. G. (1992). Anxiety and performance: The processing efficiency theory. *Cognition & emotion, 6*(6), 409-434.

Lindemann, C. G. (Ed.). (1996). Handbook of the treatment of the anxiety disorders. Jason Aronson.

Lisa Weed Phifer, Amanda K. Crowder, Tracy Elsenraat, Robert Hull. (2017). *CBT Toolbox for Children and Adolescents.* PESI Publishing & Media

Lisa Weed Phifer, Laura K. Sibbald, Jennifer Hunt Roden. (2018). *Parenting Toolbox.* Pesi, Inc.

Morris, L. W., & Liebert, R. M. (1970). Relationship of cognitive and emotional components of test anxiety to physiological arousal and academic performance. *Journal of consulting and clinical psychology, 35*(3), 332.

Richards, A., French, C. C., Keogh, E., & Carter, C. (2000). Test-anxiety, inferential reasoning and working memory load. *Anxiety, Stress and Coping, 13*(1), 87-109.

Sarason, I. G., & Koenig, K. P. (1965). Relationships of test anxiety and hostility to description of self and parents. *Journal of Personality and Social Psychology, 2*(4), 617.

Sarason, S. B., & Mandler, G. (1952). Some correlates of test anxiety. *The Journal of Abnormal and Social Psychology, 47*(4), 810.

Spielberger, C. D. (Ed.). (2013). Anxiety: Current trends in theory and research. Elsevier.

Taylor, J. A., & Spence, K. W. (1952). The relationship of anxiety level to performance in serial learning. *Journal of Experimental Psychology, 44*(2), 61.

저자 소개

채수정(Chae Sujung)

숭실대학교 일반대학원 사회복지학 석사

1급 정신건강사회복지사(보건복지부), 2급 청소년상담사(여성가족부) 자격 취득

아동·청소년 사회성집단치료사, 부모교육전문가

전) 분당서울대학교병원, 좋은마음정신건강의학과, 서울수마음정신건강의학과

현) 화인정신건강의학과, 인터넷꿈희망터(아이도스상담센터)

김주경(Kim Jukyeong)

경희대학교 행정대학원 사회복지학 석사

1급 사회복지사(보건복지부), 인지치료전문가(인지치료학회), 2급 청소년상담사(여성가족부) 자격 취득

아동·청소년 사회성인지치료사, 인지치료전문가

전) 삼성아이정신건강의학과, 화인정신건강의학과, 위드정신건강의학과

현) 신석호정신건강의학과, 인터넷꿈희망터(아이도스상담센터)

김유나(Kim Yuna)
명지대학교 통합치료대학원 미술치료학 석사
예술심리상담사/미술심리(명지대학교), 2급 청소년상담사(여성가족부) 자격 취득
미술심리상담사, 청소년상담전문가
현) 디딤정신건강의학과, 서울아이마음정신건강의학과, 아이클소아청소년발달클리닉

국주리(Kook JuRi)
단국대학교 특수교육대학원 심리치료 석사 과정
1급 사회복지사(보건복지부), 2급 인지학습심리상담사(한국정신건강심리학회) 자격 취득
인지학습치료사, 부모교육전문가
현) 이보라소아청소년과발달클리닉

박꽃초롱(Park Kkotchorong)
홍익대학교 금속조형디자인과 학사
가천대학교 특수치료대학원 미술치료학과 석사
미술심리상담사(가천대학교), 2급 청소년상담사(여성가족부) 자격 취득
미술심리상담사, 청소년상담전문가
전) 가천대학교 길병원 특수치료센터, 한국예술협동조합 마음아뜰리에
현) 희망가득정신건강의학과, 돈보스코심리발달연구센터 상담/미술치료사

곽다미(Kwak Dami)
이화여자대학교 일반대학원 아동학 석사
이화여자대학교 일반대학원 아동학 박사 과정
2급 중등학교 정교사(교육부), 2급 청소년상담사(여성가족부) 자격 취득
아동·청소년 사회성인지치료사, 놀이치료사
전) 화인정신건강의학과
현) 마리정신건강의학과, 이화봄심리상담센터

임승비(Lim Seungbee)
University of Iowa 학사 Psychology 전공
이화여자대학교 일반대학원 아동학과 석사
ADOS-2 Researcher(분당서울대병원), 부모교육전문가(이화여자대학교) 자격 취득
발달놀이전문가, 부모교육전문가
현) 서울대학교병원 소아청소년정신과 연구원

아동 · 청소년을 위한

경험중심 사회기술훈련 1

-일상생활 · 학교생활을 돕는 적응 기술-

Experiential social skills training for children and teens
: Adaptive skills to help with daily living and school

2024년 10월 30일 1판 1쇄 발행
2025년 1월 20일 1판 2쇄 발행

지은이 • 채수정 · 김주경 · 김유나 · 국주리 · 박꽃초롱 · 곽다미 · 임승비
펴낸이 • 김 진 환
펴낸곳 • (주) 학지사
04031 서울특별시 마포구 양화로 15길 20 마인드월드빌딩 5층
대표전화 • 02) 330-5114 팩스 • 02) 324-2345
등록번호 • 제313-2006-000265호
홈페이지 • http://www.hakjisa.co.kr
인스타그램 • https://www.instagram.com/hakjisabook

ISBN 978-89-997-3266-9 93180

정가 19,000원